掌尚文化

Culture is Future

尚文化·掌天下

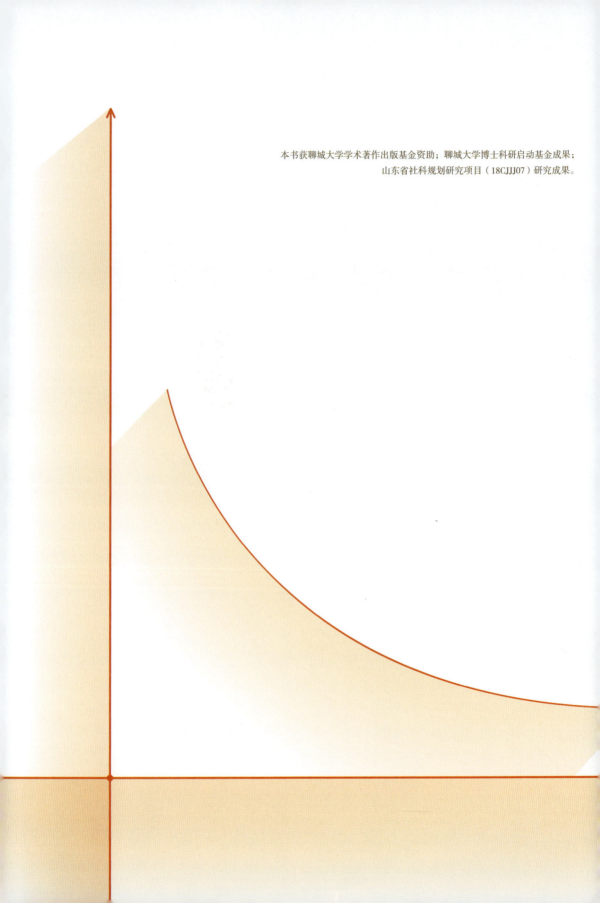

本书获聊城大学学术著作出版基金资助；聊城大学博士科研启动基金成果；
山东省社科规划研究项目（18CJJJ07）研究成果。

县级 | 财政压力测评

Measurement and Affecting Elements on
Fiscal Pressure at the
County Level

与

级 | 影响因素研究

匡萍 著

经济管理出版社
ECONOMY & MANAGEMENT PUBLISHING HOUSE

图书在版编目（CIP）数据

县级财政压力测评与影响因素研究/匡萍著.—北京：经济管理出版社，2022.10
ISBN 978-7-5096-8760-4

Ⅰ.①县…　Ⅱ.①匡…　Ⅲ.①县—地方财政—研究—中国　Ⅳ.①F812.7

中国版本图书馆 CIP 数据核字（2022）第 186986 号

组稿编辑：张　昕
责任编辑：张　昕
责任印制：许　艳
责任校对：王淑卿

出版发行：经济管理出版社
　　　　　（北京市海淀区北蜂窝 8 号中雅大厦 A 座 11 层　100038）
网　　址：www.E-mp.com.cn
电　　话：（010）51915602
印　　刷：唐山昊达印刷有限公司
经　　销：新华书店
开　　本：720mm×1000mm/16
印　　张：16.25
字　　数：255 千字
版　　次：2022 年 12 月第 1 版　　2022 年 12 月第 1 次印刷
书　　号：ISBN 978-7-5096-8760-4
定　　价：98.00 元

前　言

　　"十四五"时期是我国全面建成小康社会、实现第一个百年奋斗目标之后，乘势而上开启全面建设社会主义现代化国家新征程的第一个五年。面对中华民族伟大复兴战略全局和世界百年未有之大变局深度演进互动的复杂条件，面对机遇与挑战并存的战略机遇期，进一步实现国家治理体系的现代化，对我国全面建设社会主义现代化国家具有极为重要的理论意义和现实意义。在市场经济条件下，财政制度既体现政府和市场、社会、微观主体之间的关联，也体现政府各层级内部之间的关联，是国家治理体系的重要组成部分。实践证明，国家治理体系的现代化与财政制度的现代化密不可分。

　　沿历史长河追溯，先秦时期的郡县制使县成为一种稳定的行政区划，并且在两千多年里一直是我国地方政府最重要的层级构成。进入现代社会，县级政府依然承担着政令上传下达的重要职能，在国家治理过程中发挥着重要的作用。县级财政"麻雀虽小，五脏俱全"，既是县级政府职能实现的基础，也是地方财政运行的"晴雨表"，更是衡量县级治理能力与水平的核心变量。

　　县级政府介于市、乡两级政府之间，在五级行政层级中位居第四级，在实践中往往面临财政压力大的窘况，具体表现为支出责任和可供使用的财力不匹配、财政收支缺口扩大，由此引发了公共产品供给不平衡、部分基层财政困难、县级债务负担加重等一系列现实问题。

　　县级财政压力既是一个经济问题又是一个社会问题。本书认为，县级财政压力不同于以往研究中的县级收支缺口、财政赤字、财政风险等概念，它是相对的、动态变化的，表现出一定的时代特征。按照来源、成因、程度和表现形态等分类标准可将县级财政压力分成若干种类型。在具体分析中进一步发现，适度的财政压力不会引发财政或金融风险，反而能够激发改革的动力，有利于现代财政制度改革的深化与完善，有利于财政部门优化财政支出结构、提高资金管理使用效率。因此，适度的财政压力是可控的、有益的。但是，县级财政实际承受的压力不能没有限制，否则就会因为财政压力过大而引发一系列不良后果。因此，县级财政在运行过程中，通过对财政压力的科学测评并安装符合地区实际的"财政压力风险阀"，可以有效地监控县级财政压力的大小，形成财政压力风险预警调控机制，有效地区分压力的程度，避免财政压力过度造成的不良后果。

本书采用归纳研究与比较、定性与定量分析相结合的研究方法。在构建县级财政压力测评模型时，借鉴 Kloha 等的模型，运用德尔菲法选取人口增长率、人均一般预算收入增长率、税收收入增长率、非税收入增长率、一般公共预算自给率、地方一般公共预算缺口、上年度一般公共预算缺口、偿债率八个指标进行测评打分，通过对比财政压力阈值判断是否存在过度的财政压力。

构建财政压力测评模型并通过设定县级财政压力风险阈值对财政压力和县级财政健康状况进行预警，最终目的是服务于县级财政压力的化解。影响因素的数量分析不仅对于研究县级财政压力的成因非常重要，而且有助于寻找直接、有效地化解县级财政压力的途径。在对影响因素的分析中，本书以县级财政压力为二元被解释变量，以财政分权、转移支付为核心解释变量，选取经济、社会和制度因素作为其他控制变量构建模型，并逐步增加变量以尽可能地使分析更为全面。针对学术界存在争议的省直管县体制问题，本书增加了省直管县政策执行的时间虚拟变量，以考虑其对被解释变量的冲击效果，并充分考察了县级财政压力的区域异质性及内在原因。

在借鉴国际上化解县级财政压力做法的基础上，结合中国的实际情况，综合考虑事权与支出责任划分、县级自有财力、政绩考核指标体系和转移支付制度等方面，多角度、全方位入手，提出化解县级财政压力的短期举措和长期举措，保证县级财政的高质量发展。其中，短期举措的目的是紧急化解财政压力，主要从收支和债务管理等短期可以见效的政策角度化解风险，这些举措通常并不涉及财政体制等根本性的变革，强调的是周期短、见效快。从长远来看，必须通过制度性的变革从根本上杜绝不良财政压力的产生与累积。

本书研究的特色体现在以下三个方面：

第一，初步实现了对县级财政压力的定性描述。当前学术研究非常关注财政压力，但在现有的文献中却鲜见对这一概念的具体描述。本书认为，县级财政压力是财政压力具体到县这一级行政权力的集中表现，是在较长时间内县级政府收支持续紧张的状态。县级财政压力的绝对性与相对性并存，且呈现出随时代变化的特征。通过对财政压力的形成、预警、影响机制等进行刻画，以期更清楚地描述这一概念。本书对县级财政压力的定性描述固然存在很多需要改进的地方，但在一定程度上也是对现有研究的补充。

第二，构建了定量指标体系测量县级财政压力，并通过阈值设定判断财政压力是否可控。判断县级财政压力是否形成以及衡量财政压力的大小是研究的关键内容之一。科学的方法是通过定量的指标体系测量相对的、动态变化的财政压力，并根据预先确定的压力阈值来判断财政压力大小是否可控。本书以实践中科学易得的统计指标为基础，构建了县级财政压力测评模型，设定低、中、高三种压力阈值对县级财政压力进行评估。这一做法打破了"一刀切"的评测惯例，有助于地方政府根据地区发展的实际需要选择压力阈值进行预警，规避压力持续累积导致的财政风险。

第三，对县级财政压力的影响因素展开定量分析进而判断影响较大的因素，为后续提出对策建议提供借鉴。影响县级财政压力的因素有很多，如经济的、政治的等。本书在前人研究成果的基础上，挑选出最具典型性的因素展开数量分析，考察这些因素的变动如何影响财政压力，并根据影响因素提出对策建议。此外，现有文献对省级层面财政压力的影响因素研究较多，但鲜见对县级财政压力的定量研究。这主要是因为县级财政统计数据分散甚至缺失，导致研究数据难以获取。本书基于2009~2018年县级财政的真实数据展开数量分析，有助于贴近财政管理体制的末端，了解县级财政压力的具体情况。

由于作者水平有限，加之编写时间仓促，所以书中错误和不足之处在所难免，恳请广大读者批评指正。

匡 萍

2022 年 10 月

目　录

第一章 绪论

本章主要就本书的研究背景、研究意义、研究的思路和研究方法，以及研究的创新和不足之处加以简要说明。

第一节 研究背景

改革开放 40 多年以来，我国的社会生活发生了翻天覆地的变化，经济发展的质量和效益不断提高。近年来，我国国内生产总值稳居世界第二位，经济长期向好的基本面未变，经济增长中枢仍然处于稳定运行通道。即使是在新冠肺炎疫情肆虐的 2020 年，GDP 依然增长了 2.3%，首次突破 100 万亿元大关。在宏观经济保持中高速增长的同时，我国经济结构持续优化升级，科技创新能力不断提升，战略性新兴产业和高新技术产业迅猛发展。与此同时，现代财税金融体制改革不断深入，公共产品和服务的数量和质量也有了明显改善，基础设施建设快速推进，教育和就业状况持续改善，医疗、住房等社会保障体系基本建立并逐步完善，脱贫攻坚取得了全面胜利。从总体上看，我国经济发展较为稳定，区域协调性不断增强，国家治理体系更加完善。

然而，受到全球经济衰退风险加大、不平衡问题更加突出的影响，近年来，全球化趋势日趋迟滞甚至倒退，世界进入动荡变革期，进一步加大了发展的外部环境不确定性和风险。特别是突如其来的新冠肺炎疫情，给我国及全球经济都带来了前所未有的挑战与冲击。全球治理体系正在加速重构，我国经济社会的许多方面也面临诸多新的机遇与挑战。从国内来看，发展不平衡不充分问题仍然突出，科技创新能力和一些关键技术亟须提升与突破，重点领域、关键环节的改革任务仍然艰巨。从机遇来看，疫情冲击下我国社会主义制度的突出优势和现代国家治理能力得以彰显，数字化革命推动未来经济社会变革的速度不断加快，为我国实现"弯道超车"创造了有利条件。2020 年，党的十九届五中全会审议通过的《中共中央关于制定国民经济和社会发展第十四个五年规划和二〇三五年远景目标的建议》指出，"十四五"时期是我国全面建成小康社会、实现第一个百年奋斗目标之后，乘势而上开启全面建设社会主义现代化国家新征程、向第二个百年奋斗目标进军的第一个五年。面对中华民族伟大复兴战略全局和世界百年未有之大变局深度演进互动的复杂条件，面对机遇与挑战并存，科学把握好发展的战略机遇期，进一步实现国家治理体系的现代化，对我国全面建设社会主义现代化国家具有极为重要的理论意义和现实意义。

古今中外的学者和思想家在研究社会经济问题时都极为重视财政制度的重要作用。英国古典政治经济学之父亚当·斯密在 1776 年出版的《国民财富的性质和原因的研究》一书中指出："财政是庶政之母。"马克思在 1853 年发表的《新的财政把戏或格莱斯顿和辩士》一文中指出："国家，这是土地贵族、金融巨头联合统治的化身，它需要金钱来实现对国内和国外的压迫"，并认为"国家存在的经济体现就是捐税"。

《周礼》《管子》等都是史学界公认的论述传统财政问题的经典著作，对后世财政管理与财政制度的发展影响深远。《周礼》开篇就指出，"惟王建国，辨方正位，体国经野。设官分职，以为民极"。《周礼》的这段话事实上认为，国家职能首先在于国家领域和行政区划的划分、官职的设定和人民必须遵守的规则的制定，而财政管理正是官员职责的重要部分。在《周礼》设置的六官中，天官冢宰的职务是"使帅其属而掌邦治，以佐王均邦国"，即均节邦国的财用，也就是管理国家的财政收支。中国历代的思想家、政治家都高度重视财政在国家治理中的作用，并就此做出了深刻的阐述。东汉史学家班固在总结历史经验的基础上，提出"财者，帝王所以聚人守位，养成群生，奉顺天德，治国安民之本也"。实行"两税法"改革的唐代著名宰相杨炎提到："财赋者，邦国大本，而生人之喉命，天下治乱轻重系焉。"北宋著名政治家、改革家王安石则把财政提升到前所未有的政治高度，宣扬"政事所以理财"的理念，突出强调财政在国家治理中的关键作用；同时，与王安石处于同一时代的苏辙也指出，"财者，为国之命而万世之本。国之所以存亡，事之所以成败，常必由之"。明代政治家刘定之也极为重视财政问题，指出："不观禹贡，不知理财为圣君之急务；不读周官，不知理财为圣相之首事。国用视之为盈缩，民命倚之为惨舒，而可不知乎？"明朝中后期的思想家李贽认为，"不言理财者，决不能治平天下"。

进入现代，毛泽东同志很早就意识到财政收入来源于经济发展，经济是基础，财政服务于经济，而且视之为财政政策的基本纲领。他在1934年1月22日第二次全国工农兵代表大会上的报告《我们的经济政策》中提出，应该"从发展国民经济来增加我们财政的收入，是我们财政政策的基本方针……这一方针的着重的执行，是我们财政机关和经济机关的责任。这里必须充分注意：国家银行发行纸币，基本上应该根据国民经济发展的需要，单纯财政的需要只能放在次要的地位"。

在党的十八届三中全会上，习近平指出："财政是国家治理的基础和重要支柱，科学的财税体制是优化资源配置、维护市场统一、促进社会公平、实现国家长治久安的制度保障"，要求"加快形成有利于转变经济发展方式、有利于建立公平统一市场、有利于推进基本公共服务均等化的现代财政制度"。

实践证明，国家治理体系的现代化，与财政制度的现代化密不可分。市场经济条件下，财政制度既体现了政府和市场、社会、微观主体之间的关联，也体现了政府各层级内部之间的关联，是国家治理体系的重要组成部分。进入新时代，面对新形势下的新机遇与新挑战，现代化财政制度的建立是需要多个维度共同实现的，既要求在中央与地方财政关系方面"权责清晰、财力协调、区域均衡"，又要求通过绩效管理让预算制度更加"规范透明、标准科学、约束有力"，还要求不断完善地方税体系。这种多层次、多维度的现代化财政制度，才是符合中国特色社会主义制度需求的，与现代化的国家治理体系、治理能力相匹配的财政制度。

当前我国财政制度是建立在分级分税财政管理体制基础之上的，其内容主要包括三个方面：一是收入划分，也就是以税收为主体的政府收入在政府之间如何安排；二是财政事权和支出责任划分，也就是事该由哪级政府干，钱该由哪级政府出；三是转移支付制度，也就是事和钱都分清楚之后，政府间的财力盈缺如何调节，如果地方收入不能满足干事的需求，如何通过科学规范的转移支付得到弥补。在此基础上，通过建立预算管理制度，明确财政收支活动的基本规则，保障财政发挥职能作用，促进中央和地方各级政府分工协作、有序运转、有效履职。在市场经济条件下，政府要有效地提供公共产品和服务，首先必须科学合理地划分财政事权与支出责任。分税制基本确立了中央与地方财政收入的分配格局，在事权和支出责任划分方面虽然已经出台了医疗卫生、科技、教育、交通运输、生态环境等分领域的改革方案，但还有大量工作应做而未做，这就导致事权、支出责任、财权、财力等错配的情况依然存在。

党的十九大报告提出："加快建立现代财政制度，建立权责清晰、财力协调、区域均衡的中央和地方财政关系。"党的十九届四中全会进一步要求："优化政府间事权和财权划分，建立权责清晰、财力协调、区域均衡的中央和地方财政关系，形成稳定的各级政府事权、支出责任和财力相适应的制度。"具体来说，就是要求理顺中央与地方的事权关系，强调中央财政的统筹作用，在适当增加中央事权的基础上，分解细化各级政府实际承担的职责。这样既有助于推动公共服务均等化，也有利于解决政府间职责不清的问题，以提升政府公共服务质量。

先秦时期的郡县制统治，使县成为一种稳定的行政区划，并且在两千多年里一直是我国地方政府最重要的层级构成。进入现代社会，县级政府依然承担着政令上传下达的重要职能，因此在国家治理过程中发挥着重要的作用。特别是我国经济转轨以来，县级政府成为城乡结合的关键纽带，在农村经济发展和城市工业调整过程中承担了极为重要的角色。Blecher 和 Shue（1996）认为，在探讨中国政治经济问题的时候，如果抛开中央与省级的关系不谈，那么最值得研究和探讨的就是县级及县级以上和以下政府间的关系，因为这种关系既充满争议又彼此合作。作为国家治理的基石，县级政府职能的实现不仅关系到国家政令是否顺畅，也关系到社会经济发展的全局。县级财政既是县级政府职能实现的基础，也是地方财政运行的"晴雨表"，更是衡量县级治理能力与水平的核心变量。正因如此，科学合理的县级财政体制也是建立现代财政制度的枢纽。

县级政府介于市、乡两级政府之间，在五级行政层级中位居第四级，在实践中往往面临事权与支出责任过多、过繁，财力保障难以满足支出需要的窘况。1994 年实行分税制改革以来，中央财政收入占全国财政总收入的比重有了显著提高，省际财力也更为均衡，但是省以下财力缺口问题表现突出。尽管中央财政实施的县级基本财力保障机制等一系列措施提高了财力的均衡度，但问题依然存在。一方面，县级人均一般公共财政支出水平的区域差距明显，水平高的地区是水平低的地区的近 20 倍，缩小地区财力差距还有很长的路要走；另一方面，在共同事权较多的情况下，上级政府可以凭借其权威性层层向下转移支出责任，但县级财政处于层级末端，财力没有充分可靠的收入保障，最终导致财政压力不断增大，具体表现为支出责任和可供使用的财力不匹配，财政收支缺口扩大，由此引发了公共产品供给不平衡、部分基层财政困难、县级债务负担加重等一系列现实问题。

纵观历史长河，重大的社会变革背后往往都隐藏着财政压力的影子。县级财政压力不仅属于经济问题，而且属于社会问题；不仅可能制约政府职能实现、公共产品均等化供给和辖区民众社会福利改善，而且会进一步影响基层政权的公信力进而影响国家治理能力，不利于县域经济的持续稳定发展。面对全球经济增长缓慢，财政收入增速下滑，金融风险加剧并存的局面，我国继续实施积极财政政策，扩大减税降费空间，深化改革构建新发展格局。在现代财政制度治理框架下，科学划分县级财政事权与支出责任，赋予县级财政充分的财力保障，进而"标本兼治"地化解财政压力，是当前和今后较长时期内经济和社会发展的核心任务，也是财政理论界和实际工作部门亟待解决的热点问题和难点问题，具有全局性、战略性和时效性。

第二节　研究意义

从政治层面来看，县级政权尽管已经接近国家政权的末梢，但依然是一级完备的政治实体，是国家权力往基层的延续。沿历史长河追溯，春秋中期，齐、楚、秦、晋等国就已经开始设"县"。县，原意为悬挂。在《周礼·地官》和《礼记·王制》中，"县"均指王畿附近，周天子用以赏赐的土地。《左传·昭公十九年》记载了郑国子产的话，他所提到的"县"是指"鄙"，也就是国都以外的郊野之地。"县"的原始含义并无行政区划的意义，但是已经具有国君直属土地的含义。齐桓公之所以能够成为春秋五霸之首，与其对治下社会资源的效率化掌控关系甚大。齐国通过管仲改革，行"制鄙之制"，即"三十家为邑；十邑为卒；十卒为乡；三乡为县；十县为属；属有大夫，故立五大夫"。当时县作为乡之上的行政区划组织，管理9000户人家，人口规模相当大。

尽管郡县制度的产生并不始自秦国，但全国范围内在制度层面整齐划一，是始于秦始皇。两千多年前的《史记·黥布传》中，就有"郡县治，天下安"的说法。县级政府作为历朝历代直接面向民众的、最底层的行政级别之一，延续至今。在秦汉统一制实行了郡县两级制后的两千多年历史中，县级政权以上的较高级别的行政机构经常会被调整，但县的设置却始终没有太大变化。从数量来看，县级政权在固定区域内变化不大。自汉代以来，几乎每个朝代都有1500个左右的县级政权，在政治、经济、文化等方面都很稳定（马戎等，2000）。

一直以来，农村地区大多实行自治，历朝历代皇权对其基本不干预，因此县级政府成为联系农村和城市的最稳固的纽带。所以，自古以来我国就有"皇权不下县"的说法。县级财政"麻雀虽小，五脏俱全"，化解县级不良财政压力在整个国家治理中起着"牵一发而动全身"的重要作用，因此研究县级财政压力既有理论意义又有实践意义。

一、理论意义

本书的理论意义主要有以下三点：

第一，对县级财政压力进行定性分析。县级财政压力的存在已经是不争的事实，但是，从对现有文献的梳理总结情况来看，研究财政压力特别是研究县级财政压力的文献并不多，且大多是将财政压力作为其他相关研究的背景，而没有对其进行专门的、深入细致的分析。县级财政压力是财政压力在县级财政中的体现，对于这一事实我们需要从概念和原理上对其进行研究，才能更进一步地把握其规律。本书以现有文献为基础，试图厘清财政压力的概念，并对其进行分类，初步描述了财政压力的形成和风险预警控制机制，着重分析当前理论和实践中最受关注的不良财政压力。通过对财政压力进行定性分析，对县级财政压力的内涵及其形成机理进行剖析，为后续的研究提供理论基础。

第二，构建县级财政压力测评模型。分析县级财政压力最关键的问题之一就是寻找压力形成与否及其程度深浅的判断标准。本书在借鉴现有模型的基础上，遴选指标，构建符合中国国情的县级财政压力测评模型，对不同类型县级财政设定不同的压力阈值，当指标达到或者超过阈值时即触动财政压力风险阀。通过该模型可以判断县级财政是否存在不良压力，是否需要采取手段对其进行干预。构建该模型的优势在于：一方面，其指标科学、易得、符合中国统计习惯；另一方面，不同压力阈值的设计更符合不同地区经济发展的需要。

第三，构建模型分析县级财政压力的影响因素。本书在压力测评模型的基础上，对各种可能的影响因素展开定量分析，研究导致县级财政压力的最关键的影响因素。影响因素的分析实际上也是为了从理论上进一步回答为什么和怎么办的问题。这为后面针对不同类型的财政压力采取有效措施提供了理论基础。

二、实践意义

本书的实践意义主要有以下三点：

第一，有利于正确认识财政压力，合理规避财政风险。当前县级财政普遍面临一定的压力，但是这种压力来自哪里、怎么衡量、是否处于可控范围内、如何化解不良财政压力等问题都不存在一致的说法。本书通过梳理现有的研究成果，认为财政压力是国家财政收入与财政支出在较长一段时期内表现出来的持续紧张状态，并对财政压力产生的原因等问题进行深入分析。特别提出适度的财政压力有利于地方财政的发展，不良的财政压力才是政府要关注和解决的关键问题。一方面，为现有和后续研究提供了基本的研究基础和范围；另一方面，有利于实践工作部门认识并重视县级财政压力。

第二，有利于对未来年度财政压力及财政风险做出预测。通过对财政压力进行科学的定义和分析，有利于我们在实践中正确认识县级财政压力并警惕其可能带来的不良影响。然而对于地方政府特别是县级政府来讲，更为困难的可能是如何测算财政压力以预防财政风险。通过财政压力测算模型，县级政府可以运用科学的方法、易得的指标对财政压力进行估算和衡量，判断其所属的区间范围，预测其未来的趋势，进而采取有针对性的措施防范并规避可能引发的财政风险。

第三，有利于促进县级财政未来健康可持续地发展。本书在界定不同压力阈值的基础上对县级财政压力的影响因素展开分析。一方面综合考虑了不同发展地区县级财政的实际情况，不采取"一刀切"的标准；另一方面，利用相对较难获取的县级财政数据对导致财政压力的实践成因进行分析，进而厘清不良财政压力的主要影响因素，同时也为实践部门化解财政压力提出对策建议，助力县级财政健康、可持续发展的实现。

第三节　研究范围的界定

一、对县级政府的界定

县是我国历史上出现的一种基层政权组织形式，至今已有 2700 多年的历史。县制的建立是我国社会发展的必然产物，它是具有中国特色的重要文化符号之一，一度影响了周边国家政权的形成与发展。我国历史上的地方行政制度在历朝历代都有变化，但是县级行政不仅一直存在，而且作为最基本的一级行政层次不断得到加强，最终形成了省、市、县三级地方行政制度。

根据现行的行政区划，县级行政区包括地级市的市辖区、县级市、县、自治县、旗、自治旗、林区、特区八种类型。根据《中国统计年鉴》数据，截至2020年底，我国县级区划共计2844个，其中市辖区973个、县级市388个、县1312个、自治县117个。[①] 从所处的行政层级看，这些县级政府接近五级政府架构的最末端[②]，是国家政策执行的中坚力量，是"中国经济奇迹"出现的原因（张五常，2009），其财政状况反映了整个国家治理水平的高低。然而，现有的县级政府按照所处的地理位置和经济财政状况可以区分为以下三大类：

一是地级市的市辖区，这类县级政府在地理上位于中心城市范围，主要面对城市居民，第二产业和第三产业发达，城市化、市场化和工业化程度高，其政府职能与市级政府多有重合且财政相比其他县级政府较为宽裕。

二是县级市，这类县级政府总体上城市化的程度较高，第二、第三产业发展较快，但是地理位置距离中心城区较远。这一类的县级政府按照行政区划建制又可以分成两种情况：第一种是由地级行政区管辖。中国大部分县级市由地级行政区管辖，即所谓的"市管县"。第二种县级市独立于地级行政区之外单独建制，与地级行政区几乎享有相同的政治、经济和社会管理权限，由省直接管辖，俗称"省直辖县级市"。如河南省的济源市、湖北省的潜江市、天门市和仙桃市，完全脱离原属地级市，属于省直辖县（省辖县），其行政级别比大部分的县级市高，比地级市低。

三是城市化程度相对较低，第二、第三产业发展较为缓慢，从地理位置上看更接近于农村的县级政府。这类县级政府的数量最广泛，且由于受其地理位置和产业经济发展历史因素的影响，经济总量不高，财源比较单一且数量有限，但其同样承担着几乎与市辖区和县级市同样的财政事权，因此往往面临财政拮据的

---

① 国家统计局. 中国统计年鉴 2021［M］. 北京：中国统计出版社，2021.

② 目前，乡（镇）级财政的具体支出职责和财力分配多由县级财政决定，乡级财政的内容较"虚"（贾康，2004）。

困难。

在这三类县级政府中，有一种县在财政管理体制上较为特殊，是由省或者直辖市直接实现对县的管理控制，没有省、县之间的中间层，赋予了县较大的自主权。实行省直管县的财政体制大多与历史因素有关。例如浙江省，它的省域面积相对较小，下辖县的数量相对较少，各地民营经济蓬勃发展，这也是浙江省直管县顺利推开的原因（钟晓敏，2008；何显明，2008）。北京、天津、上海、重庆等直辖市及海南省实施省直管县的原因与浙江省相似。同时，还有一些地方推行省直管县，其出发点就是缓解县级经济发展落后的现状。在研究过程中，对于实行省直管县的采取区别对待的情况，将以缓解县级经济发展落后为出发点实行省直管县的纳入研究范围。

因此，本书所指的县级政府，主要是指在地理位置上比较接近农村地区、城市化程度相对较低、财政资源的获取能力比较有限，但在数量上占据绝对优势的县级政府。

二、对县级财政事权和支出责任的界定

财政事权就是政府运用财政资金提供基本公共产品和服务的职责，而支出责任是政府履行财政事权的支出保障。财政的事权与支出责任应该相匹配，进而体现权、责、利的统一。县级政府作为中国行政体制中兼具城市管理和农村管理双重特点的基层单位，是地方政府管理的重要环节。县级政府的职能则在一定程度上影响了县级财政的事权和支出范围。

2018年修订的《中华人民共和国宪法》（以下简称《宪法》）第一百零五条提到："地方各级人民政府是地方各级国家权力机关的执行机关，是地方各级国家行政机关。"县级政府则是地方政府中最接近行政末端的政府层级，连接城市与农村，履行着重要的社会职能。《宪法》第一百零七条规定："县级以上地方各级人民政府依照法律规定的权限，管理本行政区域内的经济、教育、科学、文化、卫生、体育事业、城乡建设事业和财政、民政、公安、民族事务、司法行政、监察、计划生育等行政工作，发布决定和命令，任免、培训、考核和奖惩行政工作人员。"借鉴现有的财政理论，如果财政职能整体上被界定为配置资源、提供公共产品和公共服务,那么县级财政职能即可界定为提供受益范围局限在辖区的公共产品(服务)和部分效益外溢的公共产品(服务)。

省以下事权与支出责任划分改革也是现代财政制度的重要组成部分,不同的省份在结合自身实践的基础上也采取了不同的做法。其中,在财政事权与支出责任划分改革过程中,一直走在前列的山东省、浙江省、云南省等的做法是把体现省级调控、区域协调和保障全省重大战略实施的基本公共服务(如制定全省发展战略、省域的经济管理等)上划为省级财政事权;把受益范围地域性强、信息获取复杂的基本公共服务(如道路交通、社会治安等)确定为市县级的财政事权;把外部性较强且具有地域管理信息优势的基本公共服务(如义务教育等)确定为省级与市县级共同的财政事权。但即使这样,由于共同事权过多,也难免造成实际工作中职责不清、互相推诿的问题。另外,在事权明晰的情况下,如何科学划分支出责任,在赋予县级政府充分自主权的同时,更好地满足基本公共服务需求并依法履行财政事权,这也是需要进一步研究和讨论的问题。

第四节　研究思路与研究内容

一、研究思路

本书遵循"是什么—为什么—怎么办"的哲学逻辑展开研究。

首先,从当前社会各界普遍关注的县级财政压力问题入手,通过对国内外学术文献的梳理总结,对县级财政压力的概念和内涵进行初步界定,并明确适度的压力不会带来过多的风险,反而有助于财政体制完善,过多的财政压力则需要充分地关注并采取必要的化解措施。研究的重点之一就是找到财政压力的判断标准。

其次,通过借鉴绝对压力模型并结合中国实际,构建县级财政压力测评模型,并判断县级财政压力的状况。考虑到各县级政府的实际情况千差万别,为提高模型测评的实际适应性，在测评模型中引入不同的压力阈值满足不同地方政府的需求。在对县级财政是否存在压力进行测评的基础上，还需要解决的一个关键问题是哪些因素影响并导致了压力的产生，于是通过定量分析来判断压力的主要影响因素。

最后，借鉴国外有益经验并结合我国实际，提出化解县级财政压力的短期举措和长期举措，以期为实际工作部门提供可供参考的政策建议。

本书研究的逻辑体系和技术路线如图 1-1 所示：

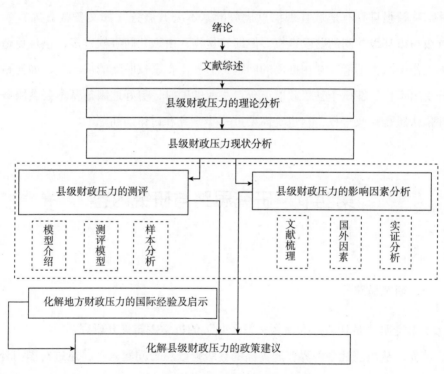

图 1-1　本书研究的逻辑体系和技术路线

二、研究内容

本书主要包括八章内容：

第一章是绪论。在这一章内容中，笔者首先介绍了选题的背景和意义，提出了新时代背景下建立现代财税制度对化解财政压力的必然要求；其次阐述了本书的研究方法与研究框架；最后说明了本书可能的创新点与不足之处。

第二章是文献综述。文献综述的目的是了解当前学界对相关问题的研究现状及进展。笔者通过对大量国内外文献进行梳理、总结、归纳，了解研究现状和方法，为研究提供思路和借鉴，并发现未来研究的重点。

第三章是县级财政压力的理论分析。前人研究中大部分把财政压力作为背景或者条件进行研究，没有解决财政压力是什么这一根本问题。笔者则从财政压力的定性研究入手，在对县级财政压力给出基本限定的基础上，层层剖析，逐步分解，细致研究财政压力的特点、分类情况和财政压力过度的不良影响，以期更全面、细致地研究县级财政压力。同时，笔者提出适度压力是有益的，过度财政压力则必须化解。判断压力是否过度的标准就是财政压力阈值，它决定了是否会触发财政风险阀门，为本书夯实了理论基础。本章还分析了公共产品、财政分权和公共选择理论对研究的支撑，从而提高研究的理论性与深度。

第四章是县级财政压力现状分析。县级财政压力的存在是一个普遍现象。本章笔者的视角从中央到地方，重点落脚在对县级财政的分析上，归纳总结了县级财政压力的基本表现。知史方能明鉴，对一个不熟悉的事物，了解它的历史是了解它的开始。本章回顾了分税制改革前后，特别是分税制改革以来有关县级财政压力的政策措施并进行了简要评价，粗略地描绘出财政压力从产生到增大的变化。回顾中笔者越来越清晰地看到中央政府对县级财政压力的重视和一直以来化解财政压力的决心，这也为后续展开的一系列分析提供了实践借鉴。

第五章是县级财政压力的测评。以 S 省为例分析，研究县级财政压力的关键之一就是对县级财政压力的测评。本章笔者借鉴评测金融压力指数的方法，运用德尔菲法，选取八个指标测算财政压力，分别设定低、中、高三种不同压力阈值进行预警，以适应不同县级财政的具体选择。为了解县级财政压力的具体情况，选取十几年间 137 个县级数据进行财政压力值测评，认为县级财政整体较为健康，部分县在一些年度存在压力，但基本可控；财政压力地区分布不均衡，东中西部差距明显。

第六章是县级财政压力影响因素的分析。在对县级财政压力影响因素分析过程中，笔者采用了规范分析与实证分析相结合的研究方法。首先从内外两个方面剖析县级财政压力的成因，在此基础上选取低、中、高不同阈值下的财政压力为二元被解释变量，构建模型分析导致压力的因素。结论包括：转移支付依赖度和财政分权是县级财政压力最主要的影响因素；县级债务率和国有土地使用权转让收入对财政压力有一定的影响；经济发展水平、产业结构和人口等在特定阈值环境下对县级财政压力有影响。在对省直管县政策对财政压力的影响分析过程中发现其效果不显著。影响因素对分析县级财政压力的成因和化解途径至关重要，因此本章是研究的重点章节。

第七章是化解地方财政压力的国际经验及启示。"它山之石，可以攻玉。"由于财政压力已经成为一个世界现象，本章在梳理总结不同类型国家的典型做法后认为，可以结合我国实际，通过收费制度补充财政收入、完善财政监督、加强债务管理、加大转移支付力度和建立政府信用评级制度管理并化解县级财政压力。

第八章是化解县级财政压力的政策建议。县级财政压力的化解是建立现代财税制度的必然要求，特别是在不断强调财政支出效能以及财政可持续性的背景下。因此，本章在分析化解县级财政压力机理的基础上，立足于前面各章节的分析，从短期举措和长期举措两个方面提出化解县级财政压力的具体途径。

第五节　研究方法

本书在文献分析、实地调研和前人研究成果的基础上，综合运用财政学、统计学、数理经济学等学科方法和知识，探求如何科学界定县级财政压力及其产生原因、影响因素和化解路径。研究方法包括以下几种：

第一，实证与规范分析相结合。本书将对国内外关于县级财政压力相关的理论、观点和实践做法进行梳理、归纳、总结，对单一制国家和联邦制国家地方政府支出责任和财力的划分进行归纳分析，以便为国内财政体制构建提供更好的经验借鉴。

第二，定性与定量分析相结合。定性分析的目的是对县级财政压力的研究现状进行梳理判断，进而为研究写作提供逻辑演绎；而定量分析则依赖模型及数学工具进行量化计算。这是因为，如果只采用定性分析，不能精确地判断县级财政压力的严重程度及不同因素对财政压力的影响，进而判断一个县财政风险程度和采取什么措施。因此，本书通过统计文献和调查获得的数据资料，构建模型进行定量分析。研究过程中也注重分析图表数据的结论。

第三，比较分析和调查分析相结合。世界各国在消除财政压力、保持财政健康运行方面都有各自的经验与做法，其中不乏成功的案例。"他山之石，可以攻玉。"我们可以适当借鉴优秀的国外经验并吸取其失败的教训，通过比较不同类型国家在消除财政压力方面的做法，总结经验与教训，希望对我国县级财政压力的化解提供借鉴。研究中还发现，由于种种原因，县级财政的一些关键指标因素并没有公开。为保证研究的完整性，笔者通过问卷调查的方式，针对不同的受访对象和调查目的设计了《县级财政基本情况的问卷调查》《关于地方政府债务状况的调查问卷》《县级政府官员访谈提纲》三个调查问卷，发放并回收调查问卷127 份，其中有效问卷124 份。问卷调查的结果也为县级财政压力问题的研究提供了重要的依据。

第六节　可能的创新与不足

一、可能的创新

本书可能的创新体现在以下几个方面：

第一，初步实现了对县级财政压力的定性描述。当前学术研究非常关注财政压力，但在现有的文献中却鲜见对这一概念的具体描述。本书认为县级财政压力是财政压力具体到县这一级行政权力的集中表现，是较长时间内县级政府收支持续紧张的状态。县级财政压力的绝对性与相对性并存，且呈现出随时代变化的特征。通过对财政压力的形成、预警、影响机制等进行刻画，以期更清楚地描述这一概念。本书对县级财政压力的定性描述固然仍存在很多有待改进的地方，但在一定程度上也是对现有研究的补充。

第二，构建定量指标体系测量县级财政压力，并通过阈值设定判断财政压力是否可控。判断县级财政压力是否形成以及财政压力的大小是研究的关键之一。科学的方法是通过定量的指标体系测量相对的、动态变化的财政压力，并根据预先确定的压力阈值来判断财政压力大小是否可控。本书以实践中科学易得的统计指标为基础，构建了县级财政压力测评模型，设定低、中、高三种压力阈值对县级财政压力进行评估。这一做法打破了"一刀切"的评测惯例，有助于地方政府根据地区发展实际需要选择压力阈值进行预警，规避压力持续累积导致的财政风险。

第三，对县级财政压力的影响因素展开定量分析进而判断影响较大的因素，为后续提出对策建议提供借鉴。影响县级财政压力的因素有很多，如经济的、政治的等。本书在前人研究的基础上，挑选出最具典型性的因素展开数量分析，考察这些因素的变动如何影响财政压力，并根据影响因素提出对策建议。此外，现有文献对省级层面财政压力的影响因素研究较多，但鲜见对县级财政压力的定量研究。这主要是因为县级财政统计数据分散甚至缺失，导致研究数据难以获取。本书基于2009~2018年县级财政的真实数据展开数量分析，有助于我们贴近财政管理体制的末端，了解县级财政压力的具体情况。

二、不足之处

由于受到理论与实践水平、时间和精力的限制，本书依然有很多不足之处：

第一，县级财政虽小，但是非常完整，凡是财政研究的问题在县级财政里都有体现。尽管笔者已经力图从多方面去研究压力的形成、测度、影响因素和解决途径，但是依然不能囊括县级财政压力的所有问题，还有一些遗憾无法弥补。今后在研究的过程中除了不断学习提高、继续深入研究外，还可以尝试分解，从多个角度逐步探索，不断完善。

第二，在财政压力测评模型构建和影响因素量化分析的过程中，受掌握数据和个人能力的限制，测评指标和解释变量的选择有一定的局限性，没有将所有可能的指标和因素纳入其中。未来研究计划进一步多层次、多视角地完善量化分析内容和方法。

第三，由于县级财政统计数据的严重缺乏，在写作过程中，仅以2009—2018年S省137个县的数据为例展开分析，虽然有一定的代表性，但是研究样本依然不够广泛，不能在全国范围内展开省际的财政压力对比。例如，东中西部省份、南北方地区等在县级财政压力方面各自呈现什么特点，这些特点反映什么问题等。今后在研究中将围绕这一问题做进一步研究。

第二章　文献综述

地方政府面临财政压力是一个全球现象，引起了政府和学术界的普遍关注。国内外的学者们早已围绕相关问题展开了多角度的、成果丰富的研究。

第一节　国外文献综述

在国外，对财政压力问题的研究由来已久，成果颇丰。对其进行梳理总结发现，关于财政压力问题的研究主要包括以下几个方面：一是对财政压力概念和衡量方法的研究；二是对财政压力影响因素的研究；三是对财政压力表现形式及解决方案的研究。

一、对财政压力概念和衡量方法的研究

美国的克利夫兰和纽约等城市，在20世纪70—80年代先后承受了严重的经济衰退和财政压力（Groves et al.，2003），导致人们对财政压力和财政健康等问题的研究兴趣不断提高（Bahl，1984）。

对于财政压力的概念，国外学术界并没有形成一个统一的认识。Brown 等（1993）认为，财政压力其实就是政府面临的诸多财务问题中的一个方面，但是这种财政状况通常会具有连续性。Honadle（2003）则认为，描述财政存在压力

这种状态的词语有很多，如财政危机、财政紧急、财政拮据、财政困难、财政违约等，但是无论名称是什么，其本质上都是一种财政的危机。

Kloha 等（2005）则侧重于从长短期两个方面分别考察财政压力的含义。他们认为，财政压力从短期来看反映了地方政府满足其工资和一般性支付的能力，从长期来看则体现出地方政府税基能否满足其支出和承诺的长期趋势。一般来说，地方政府一旦面临财政压力，往往无法正常履行其财政职能，或者说尽管能履行部分财政职能，但是提供的公共产品和服务无论在数量上还是质量上都会受到损害，不能满足社会公众的实际需求（Raphael et al.，2009）。

Cottarelli 和 Keen（2011）认为，公共债务累积、有负债（成为直接财政成本）、负面收入冲击或未解决的人口相关支出压力都可能导致财政压力。由于市场认为公共债务的构成阻碍了政府的偿还能力，融资约束也可能会收紧。他还提出了四种类型的标准来记录此类事件：一是债务违约或重组；二是隐性违约；三是求助于特殊的官方融资；四是市场准入急剧恶化。这种方法的一个局限性是，它忽略了严重到足以改变宏观经济稳定和增长的实现，但不会导致违约或接近违约的财政危机。自20世纪90年代中期以来，随着债券市场的发展和各国对银行贷款依赖程度的降低，财政危机的表现可能有所不同（Pescatori and Sy，2007）。值得注意的是，一些财政严重困难的事件可能并不会引发实际的债务违约或重组，因此文献中使用的标准定义也不会涵盖这些事件。

Baldacci 等（2011）使用29个发达经济体和52个新兴经济体1970—2010年的年度数据确定财政压力事件，并对发达经济体和新兴经济体财政压力事件和评判标准进行了具体而细致的刻画（见表2-1）。

表2-1　发达经济体和新兴经济体的财政压力定义①

财政压力事件	评判标准	发达经济体	新兴经济体
公共债务违约或重组	到期未偿还债务，以及不良债务交换	标准普尔定义	标准普尔定义

① 债务违约和重组数据来自标准普尔。有关国际货币基金组织支持的特殊项目的信息基于国际货币基金组织财政部的数据库。长期国内债券利差和5年期信用违约互换（CDS）利差用于捕捉发达经济体的主权收益率峰值。新兴经济体使用了长期国内债券利差相对于可比美国债券的利差数据。主权债券收益率的年度和月度数据来源包括IMF的国际金融统计（IFS）、彭博社和数据流。

财政压力事件	评判标准	发达经济体	新兴经济体
大型融资	国际货币基金组织支持的大型项目	国际货币基金组织支持的大型项目获得100%或更多的配额	国际货币基金组织支持的大型项目获得100%或更多的配额
隐性/内部公共债务违约	高通胀率	年通货膨胀率超过35%	年通货膨胀率超过500%
主权债务的极端融资约束	主权屈服压力	主权价差大于1000个基点或2个标准差	主权价差大于1000个基点或2个标准差

现实中受财政压力影响的国家和地区越来越多，因此如何衡量财政压力也成为政府和学者们越来越关注的问题。很多国家的外部控制机构构建了预测财政压力的模型，试图对政府财政状况进行预警。法国在1997年开始尝试运用7个关键性财政收支指标构建预警系统，以判断政府财政状况健康与否。美国和澳大利亚等国家也基于Kloha等（2005）的一系列研究，构建了一套以十分制为基础的财政健康综合指数体系，以判断政府的财政压力。

部分学者在对财政压力问题进行研究的时候将关注点放在政府债务方面，试图通过对政府债务边界问题的研究，来探索财政压力的限度。他们发现，债务对经济增长的影响是非线性的，即只有债务与国民生产总值的比值超过一定的阈值后，才会阻碍经济增长，但阈值到底是多少尚无定论。Reinhart和Rogoff（2010）在分析了20个发达国家1790—2009年的政府债务增长情况与长期实际GDP增长率之间的关系后认为阈值为90%。Kumar和Woo（2010）则发现，当初始债务率低于30%时，债务率增加10%对实际年人均GDP的影响为0.04；初始债务率在30%~60%时，影响为-0.11；在60%~90%时，影响为-0.16；高于90%时，影响为-0.19。也就是说，在高债务率条件下，债务率的上升对国民生产总值的负面影响更大。Checcherita和Rother（2012）研究了自1970年起12个欧元区国家的政府债务规模对人均GDP增长的平均影响，认为拐点为90%~100%，超过这个拐点时，债务的累积将对长期经济增长产生负作用，而且高债务率的负增长效应可能从70%~80%的水平就已经开始出现，因而他们建议政府采取更为谨慎的债务政策，缩减财政支出。

近年来，学者们更关注某些具体国家或地区财政压力的情况，并对此进行了大量的分析。Jones 和 Walker（2007）通过统计数量模型分析了澳大利亚面临的财政压力。他们主要以基础设施修缮恢复费用来衡量财政压力，并且认为财政压力的大小与地方政府所服务人口的规模以及收入的规模和构成呈现正相关关系。按照相同的标准，Gorina 等（2018a）分析美国市政当局的财政压力时，主要考察了不同税基、社会经济环境和政府规模等因素的影响，得到的结论是税收剩余、债务和财政收入构成对确定市政当局的财政压力至关重要。

自从部分欧洲国家先后爆发财政危机以来，对欧洲国家财政压力的相关研究也逐步增多。Doumpos 和 Zopounidis（2014）使用数据包络方法分析研究希腊当局的财政压力，这种分析是基于中央政府可以通过削减预算来优化收入和支出的重新分配的假设前提的。Garde Sánchez 等（2017）分析了欧盟国家市政议会会计制度实施的不均衡，以及一些国家拒绝必要制度改革的深层次原因。Turley 和 Sayce（2015）则利用流动性、偿债能力、自主权、经营绩效等指标，采用基准法分析了爱尔兰的财政状况，并对其税收和权力下放等财政政策效应进行了评价。

Galariotis 等（2016）利用多指标法构建模型，将法国城市的市政府分为有偿付能力和没有偿付能力两类，分别预测其发生财政危机的可能性。Fernández 等（2017）运用层次分析法，利用 120 个西班牙地方政府的数据进行预测，以判断地方政府是否存在财政压力。Gorina 等（2018b）基于财政压力下地方政府采取的应对手段考查财政困境的衡量方法，并将结果应用于案例分析。他们认为相较于其他指标来说，预测地方政府财政压力最靠谱的指标是一般基金支出占总支出的比重、债务占收入的比重和房产税占财产税的比重。

二、对财政压力影响因素的研究

新马克思主义者认为，财政压力是资本主义危机的必然结果，经济增长带来的利润是由私人个体独立持有的，而国家必须承担起促进经济增长的成本（如国家提供基础教育和医疗服务等）。因此，增加公共支出和限制税收财政之间的结构性缺口，私人部门不愿提供后者（Connor，1973）。

右翼理论家们认为公共部门的增长牺牲了私人部门的某些利益，即公共部门"排挤"了私人部门，导致经济增长速度放缓。这种排挤效应有可能是直接的（如公共部门过多地雇用了一些本该在私人部门就业的人才等），也有可能是间接的（如政府透支或借款导致的通货膨胀等）。随着公共支出的增长，结构性的差距扩大，在引起市场利率上升、私人部门的投资和支出被挤出的同时也抑制了经济增长和税收带来的收入。

Bailey（1999）认为，当既定社会经济发展水平下公共服务供给成本增长的速度超过财政收入的增长速度时，财政压力就产生了。这就迫使地方政府不得不提高税收或者降低服务水平或实际支出水平，即财政压力是收入和支出的不均衡增长所导致的结构性缺口。Fisher（2000）认为，财政压力不断增大的原因包括：为道路、城市供排水系统、垃圾处理、学校等提供资金；对个人和私有企业的支持和补贴；对某些短期支出或特殊情况提供资金支持。Hemming 和 Petrie（2000）认为，财政压力表现出来的就是一国政府可能无法实现其总体财政目标的情况，并从初始财政状况、短期和中期风险等角度分析了宏观上的原因。他们还认为，财政透明度也是财政压力的重要影响因素之一，如果缺乏透明度就难以准确评估一国的财政压力。Bardhan（2002）指出，发展中国家的人口流动性不强、地方政府的政治责任机制不健全、社会成员对政府的监督能力有限、地方政府征税能力和征税水平较低等因素，导致地方收支平衡程度降低，财政压力增加。

Finegold 等（2003）认为，美国 1996 年福利改革以来的经济衰退加上"9·11事件"带来的经济影响最终导致几乎每个州的收入与支出都出现了失衡。Bahl（2004）认为，财政收入与支出责任的不对等会导致财政压力，他认为财政分权的重要原则是给予地方政府财政支出的职权，然后决定财政收入的分配，这样做有两个原因：一是政府在解决收入分配问题之前应该确定各级政府的支出需要，二是有效的收入分配离不开对支出的认识。政府在建立有效的税收结构之前，应该确定地方政府的财政支出权。

Buchanan（1962）在公共选择理论中详细地阐述了官僚预算最大化理论，提出政府具有信息优势，官员力图使其自由决定的预算最大化以扩大总规模，从而放大债务。福利集中在服务用户身上，他们中的许多人可能不承担当地的税收成本。福利和成本的不匹配可能会造成支出和收入之间的结构性差距。Walsh（1988）认为，一个持久的财政压力解决方案需要"重新评估和重申公民和地方民主的本质"。换句话说，经济学人的"以最大化的自私个人作为消费者"的模式被拒绝了，取而代之的是把个人作为一个民主开明的公民。Day（2012）把目光放到了地方政府官员的任期管理上，研究了议员任期限制对美国州政府财政状况产生的影响，1993—2008 年共计 16 年的面板数据结果显示，跟没有官员任期限制的州相比，那些设置了官员任期限制的州财政压力水平更高，并对产生这一结果可能的原因进行了分析。

Brixi 和 Schick（2002）从另一个角度出发，认为政府自有资产或负债的结构失衡是导致财政收支缺口增大的直接原因，并提出了隐性债务和或有债务的概念。他们认为，财政风险的累积是由三个原因导致的：一是经济全球一体化进程的加快，增强了资本市场的流动性，而日益繁荣的跨国投资可能导致不确定性的财政支出增加；二是政府对于其隐性债务和或有债务的担保压力不断增大，使政府行使职能的财政成本日益提升；三是为了减少形式上的财政赤字，大多数国家的财政预算体制并不刻意追求现金的收支平衡，在某种程度上增强了潜在财政风险的隐蔽性。

Douglas 和 Bush（2005）对亚拉巴马州的城市进行了分析，认为人口下降、公民不信任、经济基础的结构性变化以及糟糕的财务管理是导致城市陷入财政压力的主要原因。Lobo 和 Lewis-Beck（2011）则认为，当地方政府达到了国家法律规定的条件，无法履行其现有的财政义务，就会被视为产生财政压力。压力的产生受多方面因素的影响，但债务发行规模超过财政可以承受的程度是其中一个重要原因。

近些年来，国外学者更多以定量方式对财政压力的影响因素展开分析，但大多以具体国家、地区或城市为例。有些学者从财政收支视角分析财政压力问题。Khan 和 Siddiqi（2011）认为，无论是从短期还是长期，政府名义收入与实际收入之间的差距都会影响政府债务和财政压力。他们运用误差修正模型和自回归分布滞后模型，结合巴基斯坦 1980—2009 年的时间序列数据，分析了实际财政收入与法定财政收入的差额对财政压力和债务负担的影响，分析结果也反映出实际财政收入与法定财政收入之间的差距对财政压力有显著影响，但对债务负担的增加影响不大。Gisele（2013）结合向量误差修正模型和格兰杰检验，分析了希腊政府1976—2011年的相关数据，认为财政压力与国民总收入呈现显著负相关关系。

部分学者也从地方政府财政状况的其他研究视角进行了相关分析。例如，Benito等（2015）把关注点放到了不同城市房地产发展与财政压力的关系上，他们利用西班牙332个大城市在2003—2011年的相关数据，实证研究了房地产价格的上下波动对当地政府财政状况的影响。Cai等（2022）运用双重差分估计，考察了政府财政压力与僵尸企业形成之间的因果关系，他们利用省管县政策外生识别地方财政压力变化，发现省管县改革后僵尸企业形成的可能性显著降低。具体而言，抑制效果在初始经济发展水平较低、债务存量较多、财政状况较差、就业压力较大的县域更为明显。

三、对财政压力表现形式及解决方案的研究

Bahl和Linn（1994）在对美国35个大城市的财政数据进行综合分析后认为，城市和郊区的人均支出差别为1.51美元，城市人均支出的增加使得城市财政压力更大。在导致城市财政压力大的原因分析方面，他们认为：一是中心城市财政收入能力低。中心城市集中了大量的教育、娱乐和文化场所与设施，按照法律是免征房产税的。这就使得过度依赖房产税取得收入的中心城区缺乏足够的收入来源。例如，全球著名的中心城市——纽约市中心大概有1/3的房产免交房产税，而位于郊区的Nassau County则只有13%的房产免税。二是中心城市提供公共服务的责任更大，除了公共福利、公共医疗和消除贫困等，城市在公共安全和其他公共服务项目上的花费与投入数量同样惊人（Chernick and Reschovsky，2006）。

很多学者在研究中认为，州政府有四项应对财政压力的常见对策：减少支出、增加收入、以更少的成本提供相同水平的服务即资金实现效率收益、在账户之间转移资金（如动用应急资金）（Gold，1995；Druker and Robinson，1994；Willoughby and Melkers，2000；Sobel，1997；Douglas and Bush，2005；Hou，2004）。

Finegold等（2003）对美国7个州的财政压力问题进行了研究，认为要从包

括所得税和销售税在内的财政收入和包括医疗健康支出和公共服务在内的财政支出两个方面入手化解压力，同时要注重发挥联邦政府融资支持的作用。Honadle等（2004）则更加关注财政能力的提升以解决财政压力的问题，他们通过长期趋势的图表对未来五年的收入和支出情况进行了预测。Mitra等（2010）提出，改善财政状况不仅要考虑财政赤字的减少，还要考虑财政运行的可持续性以及财政支出的效率问题。若单纯地减少负债，可能会增加政府财政风险，恶化未来的财政业绩，妨碍为保持长期财政稳定而进行的活动与政府行为。

Gregori 和 Marattin（2017）认为，在面临严重财政压力的情况下债务违约的可能性会上升，同时化解财政压力过程中非常重要的一点就是对地方公共支出的具体类别加以限制。他们以意大利 2000—2012 年的市政府数据为基础，分析债务偿还、当前预算平衡和财政供养人口成本导致财政压力的概率。结果表明，每当贷款偿还占财政总支出的比例上升 10%，平均债务违约概率就会增加 2.6%。Gorina 等（2018a）认为，政府提供（或者提供不足）的公共服务是存在机会成本的，这跟财政压力和财政风险有关。为应对这一问题，财政监管的价值逐步体现，特别是在大数据时代。

Warner 等（2020）通过对 2017 年美国 2341 个市县的社会调查结果建立结构方程，认为消减财政支出在设施老旧和失业率较高的城市对应对财政压力更为有效，但是在相对贫困地区却并非如此。大部分的城市都是结合消减财政支出、推迟公共产品供给和收入补充等多项措施共同应对财政压力的，这种均衡的反应与财政压力、公民参与和工会水平相关联。因此在应对财政压力的时候，地方政府奉行的应该是务实的市政主义，而非紧缩的城市主义。

第二节　国内文献综述

县级财政作为我国财政体系中的重要一级，属于地方财政的一般范畴。在现有的研究中，多数学者没有将县级财政作为独立的研究对象，而是将各级地方政府作为一个整体。简化研究对象是服务于不同学者的研究目的，虽然弱化了对本书的借鉴意义，但也是本书研究最初的基点。自 20 世纪 90 年代开始，伴随着分级分税财政管理体制改革及国家财政政策的重大调整，县级财政压力及长期的支出缺口开始进入学者们研究的视野。学界在研究县级财政问题的时候，普遍认同的观点就是县级财政事权和支出责任过多过杂，没有相应的财权财力与之相匹配，进而导致财政压力，主要表现为赤字和债务。何帆（1998）认为，财政压力是不断增加的财政支出和相对不足的财政收入之间的紧张状态。对该问题更多的细致研究则主要体现在对造成地方财政压力问题的原因分析方面。

一、对财政分权方面的研究

多数研究县乡财政的文献都认为县级财政压力的形成与财政分权有紧密的关联。吴俊培（1994，2019）分析了中央与地方之间的博弈关系，他从现代公共部门经济学的核心范畴入手，界定了市场经济中的政府职能，对政府基本职能在各级政府间的合理划分做出了规范性分析。

孙开和王冰（2018）、孙开和张磊（2019，2020）从公共产品的区域层次性角度入手，分析了中央政府与地方政府各自的行为目标、政府间的税收分割以及政府间财政转移支付制度等问题。崔运武（2019）认为，现行的财政体制保留了分税制之前以行政隶属关系和按行业划分收入预算级次的方式，与市场经济要求的政企分开理念存在矛盾，最终导致中央出政策、地方出资金的现象经常发生，事权与支出责任存在错配。

贾俊雪等（2011）以 1978—2009 年省际数据为样本，通过静态和动态模型分析了政府间财政收支制度对地方基本公共服务均等化的影响，得出基本公共服务项目不同决定了由哪一级政府承担支出责任更有利于均等化目标实现的基本结论。倪红日（2018）认为造成地方财政的事权与财力不匹配的关键原因是分税制改革没有到位，中央与地方的职责存在多方面错位，拥有集中财力的中央主管部门决策权过大、过细，决策权过于集中在上级政府和主管部门。

刘尚希等（2017）总结了支出责任划分的两种模式：一种是"横向"划分模式，按照公共产品的特点进行支出责任划分，对某类公共产品在不同层级政府之间做出明确的分工和界定；另一种是"纵向"划分模式，根据责任要素在政府间进行划分，责任要素可分解为决策权、执行权、监督权与支出权，相应可将同一公共产品的不同责任要素在政府间进行划分。马万里（2019）将多中心治理理论引入政府间事权划分领域，认为事权划分新逻辑取决于两个维度：纵向——中央、地方财政分权架构下的纵向公共产品供给职责配置；横向——政府、市场与非营利组织公共产品供给职责横向分工两个维度。在这个框架下，纵向分权要求清晰划分全国性公共产品与地方性公共产品，以及中央和地方共同承担责任的公共产品；横向分权要求各级政府利用市场组织与非营利组织的优势，满足民众对公共产品的需求。据此为支出责任划分确立了理论依据和清晰的思路。

白景明等（2015）认为，当前事权和支出责任划分存在诸多可以改进的方面，如法律法规约束缺失、政府与市场边界模糊、政府间事权划分不清、支出责任和事权不适应、支出责任和事权不适应等，他提出事权与支出责任划分的关键是实现行政效率的最大化。现行的分税制在收入划分上不利于县乡财政，税权并没有分到省级以下。收入在各级政府间划分时，偏向于中央，其次才是省级、市级政府，在收入层层向上集中的同时，事权层层下放，意味着作为基层的县乡财政难以实现财权和事权的统一。政府间转移支付制度在形式、力度及计算方法等方面存在的缺陷又使县乡财政难以得到实际足额的转移支付，因此县级财政陷入困境与分税制的不足和转移支付的缺陷有直接关系（吉富星和鲍曙光，2019）。

胡胜等（2017）也从管理的视角指出，政府债务大量产生进而导致财政压力的重要原因是缺乏严格的地方政府债务举借审批、使用监管和债务偿还管理等制度，以及同时缺乏灵敏有效的反映和控制债务风险的约束机制。洪源等（2018）认为，无论是财政分权所造成的地方政府"天然型财力缺口"还是政治集权所造成的地方政府"竞争型财力缺口"，都会使地方政府承受巨大的财政压力。

二、对政府间关系和多级政府结构的研究

李一花（2015）认为，"财政自利"是政府作为经济人的一种必然现象，不仅发生在政府与社会公众之间，也发生在政府与政府之间。上级政府利用政策制定权，上收财权、下放事权，基层政府在财力分配上处于不利地位。创新解决方式，一方面可以借助完善法制和建立有效的民主监督机制，实现纳税人对政府的根本约束和监督；另一方面规范政府间的财政分配关系、抑制过分自利倾向、实现合理分权与制衡，是解决财政压力的出路。贾康和白景明（2002）、杨灿明（2006）、阎坤（2007）、李森和赵子坤（2013）、杨龙见和尹恒（2015）等认为，县级财政压力问题的形成与不同税种在各级政府间的合理划分有直接关系。我国有五级政府，税种却有18个，把18个税种在五级政府之间进行合理划分是世界上其他国家所没有面临过的难题。如果想要通过税种划分保证每一级政府都有自己的主体税种并满足其支出需要，实际操作起来相当困难。那么，为了化解县级财政压力，应减少政府级次，通过乡财县管、省直管县等改革，争取把五级财政"扁平化"为中央、省、市县三级。

张亚红和刘佳（2018）通过定量分析认为，省直管县的整体政策效应明显，显著地提高了财政收入水平，促进自我保障能力的增强。不可否认，这种观点对于深化政府机构改革具有重要意义，却没有对县级财政不良压力的成因给出有力的解释。在县级财政已经十分困难的条件下，把财政更为困难的乡镇财政实行"县管"会不会进一步加大县级财政的困难程度？这些问题有待进一步研究与解决。

三、对自有财力保障水平和财政政策的研究

张馨（2007）认为，县级财政压力的形成固然有财政体制的因素，但财政支出的低效浪费则是关键原因。如果存在政府财政支出的无效或者低效，那么政府即使是有再多的财政资金也是不够开支的。笔者认为，财政资金的低效使用加大了财政困难的程度，但将其看作县级财政压力形成的关键原因却有待商榷。一般来说，在财政支出压力较大的情况下，资金的使用效益相对较高；在财力比较充裕的条件下反倒不容易精打细算。除此之外，张馨认为并没有直接可靠的文献证明低层政府的资金使用效率低于高层政府，所以县级财政压力问题的形成还应有深层次的原因。

有的学者从经济决定财政的视角分析了财政压力的成因，认为我国县域经济总体上处于一个比较低的水平，产业结构不均衡的问题时有存在，大部分县仍以

第一产业为主，第二、第三产业发展缓慢，尤其是对财政贡献率较大的第三产业发展滞后，从而制约了县级财政收入的快速增加，因此要加强财源建设，把财政这块"蛋糕"做大、做实（李一花，2015）。不可否认，财源匮乏的确是县级财政陷入困境的成因之一，毫无疑问增加了财政压力。但是，财源匮乏所导致的县级政府自身筹集收入有限，并不是县级财政陷入困境的充分理由。因为，政府是一个有机统一的整体，如果县级财政自身无法筹集足够的收入，那么上级政府就应该安排足够的转移支付资金，以保证县级财政职能的顺利实现，进而使生活在不同地方政府辖区内的居民能够享受到大致均等的公共服务。管永昊等（2017）在复杂适应系统理论视角下关注县级财政的自主性，将县级财政自适应能力和学习能力的培养作为有效的应对财政困境的对策。

刘建民等（2022）通过测算比较营改增后增值税收入划分调整前后地方财政压力的变化，发现增值税收入划分调整未能有效弥补省级政府因营改增带来的财政压力。由于各省份的收入划分方案在改革之后并没有变化，甚至有的省份提高了省级税收分享比例，导致市级政府财政压力加剧，并倾向于选择非税手段作为应对财政压力的重要途径。张克中等（2021）的实证分析发现，2016年的"营改增"税制改革缓解了纵向财政失衡，却加剧了横向财政失衡。

自新冠肺炎疫情暴发以来，学者们开始从多种角度积极研究财政政策和财政压力之间的关系。王乔（2020）认为，化解财政压力应该从增强应对疫情影响政策的精准性、提高刺激经济回暖政策的有效性、巩固深化财税制度改革的持续性和强化全球应对疫情策略的协同性几个角度共同入手。吕冰洋和李钊（2020）则认为，财政必须采取兼顾经济社会目标和财政可持续性的双向兼顾策略，积极财政政策可从两方面发力：一是增加收入来源，适当提高赤字率和专项债；二是提质增效，其核心内容就是补短板和扩内需。武靖州（2020）研究发现，自人类进入后工业社会以后，公共风险正在加速迭代变化，财政政策应凸显防范风险的目标定位，从聚焦总量调节转向更加关注结构调节与利益调节，可以从根本上防范财政压力的累积和风险的形成。李成威和杜崇珊（2021）则从财政风险与财政健康度视角研究该问题，认为经济增速等关键宏观经济变量的变化、老龄化以及不断增加的医疗卫生支出等趋势性因素和自然灾害、流行病如新冠肺炎疫情等突发公共事件方面，都可能导致财政风险源不断扩大，影响财政健康度，形成财政压力。

四、对财政压力的定量研究

近年来，国内文献中对于财政压力测度及影响因素的定量分析也逐渐丰富起来，为研究提供了宝贵的借鉴。

1. 对财政压力测度的定量研究

财政压力含义广泛且具有动态性、相对性特点，所以学者们对于财政压力的测度一直没有达成共识（陈晓光，2016）。目前的研究主要从三个角度测算财政压力：

角度一最为常见，主要考察当年收支缺口。孙开和张磊（2019）、毛捷等（2020）采用当年一般公共预算收支差额与 GDP 的比重衡量财政压力；亓寿伟等（2020）对收支缺口的比例进行回归构造了财政压力变量。这一研究角度直观简单，数据相对较易取得，也是当前在相关研究中较为常用的测量方法。但是，考虑到转移支付收入在安排支配方面较为灵活，列入当年收支缺口对财政压力的解释较为有限。

角度二着重考虑了政府存量债务，朱军等（2019）以 2014—2017 年地方债务余额数据为基础，通过潜在债务违约率间接衡量财政压力；秦士坤（2020）对 2014—2019 年城市财政压力进行了度量，并使用 KMV 模型对债务违约风险进行评估。该种方法的主要原理是通过引入财政收入的可支配部分与波动率、增长率，测算当期违约距离（Distance to Default，DD），其中 DD 越小代表风险越高。该种方法考虑了广义的财政收支和地方偿债责任，避免了当年收支缺口信息量狭窄的问题，但是由于地方政府债务数据并未公开，该研究角度数据获取的难度非常大。

角度三侧重于研究具体政策或事件对财政收支的冲击间接衡量压力变化，如陈晓光（2016）、席鹏辉等（2017）、毛捷等（2020）分别用农业税取消、增值税分成变动、企业所得税改革衡量财政压力的变化。这些冲击事件通常在某一时刻对不同地区产生了不同影响，因此便于构建准自然实验进行因果推断，缺点则是未能衡量地方政府的整体财政压力水平。

2. 对财政压力影响因素的定量研究

在经济发展、人口变化对财政压力的影响分析方面，古志辉和蔡方（2005）以动态最优化和博弈论为基础，对 1978—2002 年经济转轨和财政压力二者的关系进行了实证研究，认为非财政目标逐步诱发政府增加财政支出，有限的财政收入难以满足财政支出的需求引发赤字。陈晓光（2016）采用双重差分法，在识别县级政府财政压力对制造业企业税收负担影响的过程中发现：地区间的财政压力差异与地区间人均 GDP 的差异会通过税收征管的"乘数效应"相互影响。

陈思霞等（2017）借助研究所得税分享调整所造成的外生冲击，构造了强度类 DID 模型以测度财政压力变化。他们还使用城市卫星灯光数据实证检验了地方经济增长和财政压力之间的关系，发现财政压力存在的最终结果是有压力地区的灯光亮度得到了显著提高。他们还发现：当地方政府面临财政压力时，会更愿意采取措施发展房地产等能够在较短时间内给地方政府带来较高税收的行业，但同时这种依赖房地产发展的模式也阻碍了其他行业的快速发展，地方经济增长趋向单一，在面对宏观经济波动的时候更难以抵御系统性风险；在接受较多转移支付资金的区域，财政压力并没有对促进本地经济发展起到明显的刺激作用；所得税分享改革导致了地方财政压力，面对压力地方政府间支出攀比竞争局面不再出现，但这并不意味着没有税收竞争，特别是在以土地和房地产收入为资金支持的地方表现尤为显著。余英和李晨（2018）以 28 个核心城市的面板数据为基础，考察了人口变动对财政压力的效应。结果表明：市民化与城市财政压力存在线性关系，城市财政压力随着市民化率的提高而增大。其中，人均市民化成本更高的城市，市民化率对城市财政压力的影响更强；人均市民化收益更高的城市，市民化率对城市财政压力的影响更弱。

在地方债务、土地财政对财政压力的影响分析方面，王术华（2017）运用空间计量模型结合 1997—2015 年地方政府债务等相关面板数据，综合研究了地方财政压力、政府支出和债务规模的关系，从全国整体和东、中、西部地区局部两个层面分别进行实证分析。在空间整体上，财政压力、支出竞争和地方债之间呈现正相关特征；但地方财政压力并没有直接导致政府债务规模的急剧膨胀，甚至东、西部地区的财政压力与债务规模之间呈反向变动关系。洪源等（2018）从地方政府举债策略视角出发，集中分析了财政压力、地方债务风险和政府间转移支付的关系和彼此的影响。通过运用面板数据模型和门槛模型，结合工具变量，他们发现，面临严重财政压力的地方政府更加倾向于通过扩大举债规模来满足支出需求，财政压力对地方债务风险有较为显著的正向刺激作用。

张曾莲和严秋斯（2018）则对28个省份的面板数据进行了实证分析，发现不仅土地财政与地方债务规模呈现正向变动的关系，较软的地方预算约束也会带来政府债务规模的增加，而且较软的地方政府预算约束在债务规模和土地财政两者之间还发挥了较显著的中介效应。毛捷等（2020）对企业所得税改革影响财政压力变化采用双重差分法进行实证分析发现：所得税改革增加了财政压力，刺激了地方债务扩张。

在财政分权、收入分享对财政压力的影响分析方面，李建军和王鑫（2018）认为当前我国财政面临减收和增支的双重叠加效应，财政收支自给性和可持续性较弱。扩大税收分权、赋予地方政府更多税收收入，有助于增强财政自给自足能力，减轻财政压力。李一花和韩芳（2018）发现，财政压力和政府间税收竞争对非税收入规模均呈现正相关关系。从不同地区的效应来看，西部地区非税收入受税收竞争的影响最小，东部地区的影响最大。高正斌等（2019）在 World Bank 对 25 个城市的中国企业相关调查数据的基础上，通过回归分析研究了税收征管、企业实际税负和财政压力三者之间的关系。结果表明，三者之间环环相扣、彼此影响。具体来说，如果上一财年地方政府面临较大财政压力，税收征管和政府干预的力度就会加大，会对辖区内企业进行更为严格的税务检查；过多的税务检查显著影响了企业日常的生产经营活动，既增加了企业的额外税收负担，也提高了政府的税收成本。张原和吴斌珍（2019）利用 2002 年中国所得税收入分享改革这一政策变化，考察财政分权及其带来的财政压力如何影响地方财政收支行为，测算外生所得税分享政策造成的地市级政府的收入损失，使用双重差分法分析财政压力下地市级政府财政收支结构的变化。他们发现，财政压力增大时，地市级政府可以通过多种收入政策工具的调整来勉强维持本级财力及一般公共预算支出的增长。

在研究政府官员晋升机制对地方财政压力问题的影响方面，武普照等（2019）基于官员晋升激励和地方财政压力的双重视角，构建了中央、地方和居民的三部门博弈模型，剖析了土地财政扩张的体制根源。利用1999—2017年省际面板数据构建了官员晋升激励与财政压力影响土地财政的空间滞后模型，从静态和动态的双重维度探究地方政府土地财政的增长惯性以及政府间土地财政策略的互动特征。研究发现，官员晋升激励和财政压力均显著提高了地方政府发展土地财政的积极性，且前者的估计结果十分稳健，而后者在统计上并不稳健。

第三节　国内外现有文献的不足

通过对国内外相关文献的梳理总结，可以发现学术界对县级财政支出责任和县级财力等与财政压力相关的问题已经进行了大量的、有意义的研究，并密切关注到了实践中出现的具体问题，提出了一些有针对性的解决办法。但是也要看到，现有的研究大多数是从财政学和公共管理学的角度出发进行的定性和定量研究，对财政压力深层次问题所做的研究还不够详尽，内容还不够丰富。目前的研究还有很多没有涉及或研究不够深入的问题，主要有以下五点：

一是目前对于财政压力的含义没有统一的认识。以财政赤字、政府债务为突出表现的县级财政压力的存在已是不争的事实，但对于什么是压力这一问题在学术界还没有统一认识。有的学者简单地把财政压力定义为财政缺口、财政困难、财政赤字或者是财政风险，认为压力仅仅表现为一种负面的作用，但对于财政压力到底是什么、表现为什么、如何产生等问题没有进行深入细致的剖析。还有的学者仅仅把财政压力描述为既定的现象或者是研究背景，并不对其做出说明就直接在其基础上展开对其他相关问题的深入研究。

二是对财政压力的衡量没有统一的标准。财政压力的存在是确定的，但是在现有的研究中，很多学者只是把财政压力作为研究的背景一带而过，即使是对财政压力的衡量进行研究，也往往把财政压力等同于财政缺口或者单纯看作政府债务，更多地使用常见的财政赤字率、债务负担率等简单的衡量指标，这些单一指标事实上并不能真实、完整地刻画出财政压力的总体情况。

三是对财政压力的成因没有形成全面系统的分析。财政压力的形成是复杂的、长期的，绝不是单方面原因构成的，而是由经济、制度、行政管理等多方面因素相互交叉、相互影响、共同作用所导致的。但是各种因素对财政压力的形成到底产生了什么影响、程度又如何等问题，目前相关研究较少。

四是化解财政压力缺乏有效的对策。理论的研究是为实践服务的，仅仅解剖清楚财政压力的形成原因和内在机理是不够的，必须要探寻构建财政压力的调节机制。特别是在经济新常态的背景下，面对减税降费因素导致财政收入增长乏力，收支矛盾不断加大，通过一系列制度设计，科学化解不良压力，才能更好地服务于新时代的财政制度和财政实践，更快更好地推动现代财政体制的纵向改革。

五是通过文献综述可以发现，国内外学者在研究的过程中运用 DID 模型、空间计量模型等不同的数据分析方法，研究了经济发展、人口变化、地方债务、土地财政、财政分权、官员晋升等因素对财政压力或地方财政健康状况的影响。但是，从国内研究看，受多种因素的影响，研究者大多将视线聚集在全国或者省级面板数据上，对于省级以下地方财政压力很少涉及，这就造成了当前对财政压力等相关问题的研究局限于省级以上政府的研究现状。但是，事实上县级财政是我国财政体制构成的最基础、最重要的单元，也是财政职能顺利实现的关键，在整个财政制度中起到"牵一发而动全身"的关键作用。对县级财政压力和财政健康状况的真实把握，才是深入了解全国财政压力情况的基础点和关键点。

因此，笔者在财政压力问题研究的过程中会借鉴以前学者们的研究思路和方法，并在此基础上进行创新与改进。在对县级数据梳理与把握的基础上，研究县级财政压力测评模型、影响因素及影响机理，为我国现代财政制度的建立以及防范和化解财政风险提供科学的思路与借鉴。

第四节　本章小结

　　本章主要对国内外财政压力相关的文献进行了梳理回顾。在征服未知、开疆辟土之前，应该先得知己知彼。文献回顾就是在探索未知之前的"知彼"的过程，是研究的基础，非常重要。通过不断的梳理—回顾—归纳—总结，进而发现前人研究的局限与不足，据此确立新的学术生长点，展开自己的研究。本章也是秉承这一原则，对国内外财政压力的诸多文献进行归纳整理，其中对国外文献的回顾主要从三个层面展开：对财政压力概念和衡量方法的研究、对财政压力影响因素的研究和对财政压力表现及解决方案的研究，梳理了解国外文献的研究焦点与难点。在对国内文献进行梳理的过程中则更为细致，从对财政分权方面的研究、对政府间关系和多级政府结构的研究、对自有财力保障水平和财政政策的研究以及对财政压力的定量研究四个方面展开。通过对国内外文献的梳理，不仅发现了现有研究的不足，也为后续研究提供了空间和思路。

第三章　县级财政压力的理论分析

克劳塞维茨曾经说过，"任何理论必须首先澄清杂乱的、可以说是混淆不清的概念和观念……如果不精确地确定它们的概念，就不可能透彻地理解它们内在的规律和相互关系"。这句话说明理论研究必须首先界定好相关的概念，才能理解其"内在的规律和相互关系"。概念是构成理论研究最直接、最基本的单位，是理论研究的逻辑起点。只有正确地认识、界定与把握相关的概念，才能对事物的本质属性进行科学透彻的表达与描述，才能透过现象揭示事物内在的本质规律。在对财政压力问题的研究中，尽管现有研究著述甚多，但为了清楚明晰地反映其本质属性，仍然需要从概念的认识与把握入手，进而揭示财政压力的基本规律和影响因素。

本章主要通过界定财政压力的概念、特点、形成机制和风险预警机制等，尝试对县级财政压力进行基础的研究，并为后续研究寻找相关理论基础。

第一节　县级财政压力的一般分析

县级财政压力在现实生活中的表现纷繁复杂，且地域性差异显著。为更清晰地研究县级财政压力问题，笔者接下来首先从财政压力的概念界定入手，对财政压力的类型、特点进行深入细致的剖析。

一、县级财政压力的概念

1. 财政压力的概念

"压力"一词最早来自物理学。按照商务印书馆《现代汉语词典》（第八版）的解释，压力有三种含义：一是物体所承受的与表面垂直的作用力；二是制服人的力量；三是承受的负担。第一种解释中的压力更加具体、绝对、可度量，而第二、第三种解释中的压力则是相对的。本书所研究的"压力"更加倾向于第三种解释。

当前国内外学术界对于财政压力一词并没有非常统一的定义，即使在现有的相关文献中也鲜见对这一概念具体而准确的描述。传统研究中通常把财政压力简单定位于收入不足以满足支出的需要，这其实是对于财政压力的狭义的、片面的理解，这种财政压力的狭义理解等同于当前诸多研究中提到的财政困难，以财政赤字和财政收支缺口为主要表现。

财政压力这一概念之所以很难定义，是因为它是一个相对的、动态的概念，通常指的是财政收入与支出在一段相对较长的时间内表现出来的持续紧张的状态，这种持续紧张的状态也反映了财政所承受的系统性风险状况。在实践中，财政压力一般表现为财政资源的流动性出现了困难，财政收入不足以满足财政支出的实际需要，公共债务出现累积，导致公共产品或服务的供给数量不足或质量不高，融资约束收紧，财政风险和不确定性持续增加，财政不健康指数在上升。一般来说，财政压力所导致的不确定性（即财政压力导致的不可预知后果发生的概率和实际结果）就是财政风险，而财政压力的极值就是财政危机。

为了检测财政压力所导致的不确定性和风险，国际货币基金组织在 2010 年的财政监测报告中引入了一个评估财政可持续性风险的概念框架，这一框架在一定程度上也描述了财政压力。Cottarelli（2011）称之为"风险八边形"（The Risk Octagon，见图 3-1）。财政风险八边形主要以国债为研究对象，将国债展期风险的影响因素归纳为三大类，分别是基线假设下财政变量的期望值、基线假设的冲击因素以及其他因素。其中，后两者都是从风险角度出发进行的考量，主要涉及的内容包括或有负债、宏观冲击、非财政漏洞（如私人部门负债）、市场情绪等。考虑到各国所面临风险的差异性，该框架未对各影响因素赋予权重。值得一提的是，此框架还可以用于政策设计，以平衡财政风险及其对需求的支持作用等。例如，扩张性财政政策对财政风险的推升可以通过其他维度的政策加以对冲。

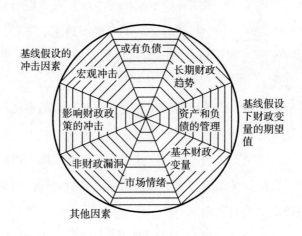

图 3-1 IMF 的财政压力评估框架

资料来源：IMF. Fiscal Monitor Report ［R］. International Monetary Fund，2010.

由 IMF 的财政压力评估框架我们可以看出，国际货币基金组织在评估与分析财政压力的时候也主要是从导致财政压力的诸多因素和其外来表现来判断的。

2. 县级财政压力的概念

县级财政压力就是财政压力具体到县这一级行政权力的集中表现，是指在较长时间内县级财政收入与支出的持续紧张的相对状态，这种相对的持续紧张状态会导致县级财政发生不可预知风险的概率增加。对县级财政压力的理解应该着重从以下两个方面进行：

第一，县级财政压力的绝对性与相对性并存。

前面我们提到，财政压力不同于物理机械研究中的压力概念的一个重要原因是财政压力的绝对性与相对性并存。绝对与相对是哲学中的两个范畴，反映了同一事物既相互联系又相互区别的两个方面。马克思主义哲学认为，世界上一切事物既包含相对的方面，又包含绝对的方面；任何事物都既是绝对的，又是相对的。宇宙中的各个具体事物和每个具体过程都是有条件的、有限的、相对的，而整个宇宙的存在和发展又是无条件的、无限的、绝对的。事物本身既有可能是绝对的，也有可能是相对的，县级财政压力更是如此，而且这种绝对性和相对性难以衡量。财政压力的存在是绝对的，在一定程度上我们可以通过数据对其进行度量，但是社会经济发展的速度常常难以赶上人类欲望膨胀的速度。同时，县级政府更加接近行政管理的末端，可动员的财政资源有限但支出的刚性却在增加，因而其财政压力的表现更加具体而琐碎。同样的支出规模和结构，放在某个县级政府就可能带来巨大的财政压力，而在另一个县级政府则可能根本不存在任何压力。尽管在社会经济问题的研究中，如同物理机械压力一般设置绝对的财政压力阈值很难实现，但我们可以通过一系列相关指标的合理选择与"压力信号"设置，判断不同类型县级政府财政压力是否存在以及它们的相对大小。

第二，县级财政压力是一个动态的概念。

实践中，县级财政压力从来就不是一成不变的，而是一个动态的、变化的过程。不同时期、不同历史阶段、不同财政体制下县级财政收支的规模、结构和重点各不相同，县级财政压力也就呈现出随时代变化的特征。例如，繁荣的商品经济和窘迫的国家财政并行的宋代，在中央政府索求无度的背景下，各级财政单位都承担着维持自身运行和满足上层征缴需求的双重压力。宋代的县级财政为维持自身的独立性与可循环性，财政的机动性与灵活性大幅度提高，形成了一级独立的财政核算单位，但最终在内忧外患的社会经济背景下，县级财政的败坏也成为压倒宋代财政运行的"最后一根稻草"。回顾新中国成立以来特别是改革开放以来县级财政压力的历史变迁及政府为化解财政压力采取的政策，我们可以进一步地认识到财政压力随政治、经济、财政制度的这种变化。正是因为县级财政压力的严重程度对政策影响的敏感度更强，所以在分析研究压力的时候我们要特别关注政策冲击的影响。

尽管财政压力是相对的、动态变化的，但是通过实践调查和文献梳理发现，县级财政压力大多包括两个方面：一是财政收入乏力、支出不规范、公共产品短缺或不均衡、资金使用效率低下等经济问题；二是如政府治理效率偏低、县级政府公信力下降等一系列社会问题。这两个方面在财政运行实际中的突出表现就是县级财政收支的缺口，即政府无法及时支付为履行事权而安排的财政资金。财政缺口或者财政赤字，强调的是县级财政表现出来的一种现象，是绝对的；而县级财政压力则更加强调这一现象的不断持续所导致的状态与后果，是相对的。当财政缺口越来越大，且出现缺口的时期持续越来越长，这种长期存在的收支的不对称所带来的财政压力不断累积，导致债务不断增加，就可能进一步转变成财政风险。如果没有确实有效的方法控制财政赤字和债务问题，那么财政压力又会继续加剧，甚至诱发财政危机和社会危机。一旦形成这种态势，就会严重破坏整个社会秩序，甚至需要较长时间、付出较高的代价才能完全恢复到较为稳定的状态。

为进一步说明县级财政压力的概念，需要把它同财政赤字和财政风险等相关概念做进一步的对比区分。

第一，财政压力与财政赤字。

财政压力与财政赤字这两个术语有很多的相似之处，都描述了财政收入不能满足支出需要的状态。但是，县级财政压力并不完全等同于县级财政赤字。县级财政赤字属于预算会计的术语之一，指的是某一财政年度（通常是指一年）县级财政收入小于支出产生的差额。所以，财政赤字这一术语更多强调的是会计核算结果，而财政压力则是财政面临的真实状态，更加需要严肃认真地对待和解决。实际工作中，尽管县级财政压力常常会以财政赤字的方式呈现在社会公众面前，但是财政压力还有其他潜在的、不易为人察觉的表现形式，如隐性的债务等。

第二，财政压力与财政风险。

财政压力与财政风险都是当前学术研究的热点，这两个概念有很紧密的联系，但也有一定的区别。县级财政压力更多地表现为在县级预算中赤字的长期存在，侧重于过程和事实的描述；而财政风险则表现为积累了一段时期的财政压力突然爆发出来，从而使财政状态处于非常危险的境地，也就是财政压力积累最终带来的不确定性，更加侧重于财政压力结果的展示，带有一定的价值判断的色彩。

二、县级财政压力的分类

为了将财政压力这一复杂的概念更为清晰地展示出来，我们需要对其按照一定的标准进行分类。县级财政压力按照来源、成因、程度和表现形态等不同的分类标准可以分成以下几种类型：

第一，内部的财政压力和外部的财政压力。

按照财政压力的来源进行分类，财政压力可以分成内部财政压力和外部的财政压力两种。内部的县级财政压力是指在现有的财政制度安排下，县级财政为满足县域居民的公共需要而必须承受的财政压力，这种压力是既定县级预算收入和支出安排下所必然面对的，是确定的、不可推卸的。外部的财政压力则往往是由于某种不确定性，如社会突发事件、公共卫生事件、自然灾害等发生后，为避免对社会经济生活造成过多损害而安排的特殊支出。由于财政本身的特性，这种压力来源于经济、社会、生态、环境等领域存在的风险，这些风险也往往给县级政府带来无法预估的、额外的财政压力。

第二，合理的财政压力和不合理的财政压力。

在现实生活中，压力是无处不在的、不可避免的，同时也可能是必要的。按照财政压力形成的原因，可以分成合理的财政压力和不合理的财政压力。合理的财政压力往往是非人为因素作用的结果，主要包括县域人口规模的增长、结构的变动以及社会经济发展。人口流入导致的县域人口增加会自然而然地对公共产品和公共服务产生大量的需求，进而导致县级财政支出压力；人口老龄化程度加深和生育政策放宽所带来的人口结构因素的变化也会使社会对医疗、养老、保健、适龄儿童入学教育等服务的需求大幅度增加，进而增加县级财政支出压力。按照进化论的相关观点，有限的资源必然会带来竞争，竞争就必然会带来各种各样的压力，竞争压力大的地区有时为了生存反而发展速度更快、发展质量更高。不合理的县级财政压力则更主要的是人为影响或决策的结果。例如，对公共服务数量和质量的过度追求、财政支出效率低下、有限的财政资源浪费等因素最终引致长期的县级财政收支困难。

第三，适度的财政压力和过度的财政压力。

按照财政压力的大小，可以分为适度的财政压力和过度的财政压力。现代压力理论之父汉斯·塞利认为，人体长期处于压力下会引起疾病，但适度压力是有利的。正如我们常说的，没有压力就没有动力。因此，在研究财政压力问题时，要区分适度的财政压力和过度的财政压力。

适度的财政压力主要表现在两个方面：一是财政压力可控，表现在财政收支上就是财政赤字维持在合理区间，债务规模合理可控，不会引发财政或金融风险；二是财政压力的存在能够激发改革的动力，有利于现代财政制度改革的深化与完善，有利于财政部门优化财政支出结构、提高资金管理使用的效率。因此，适度的财政压力是可控的、有益的，这样的财政压力不需要政策制定者的过度关注，因为它会随着制度的优化和经济的发展自动消失。过度的财政压力则主要表现为财政收支的长时期的、巨大的缺口，这种缺口的存在已经严重影响了财政制度的正常运行和县级政府职能的实现，给当地社会经济发展带来了诸多的风险与不确定性，甚至这种风险与不确定性有可能会进一步延伸到经济、金融等其他领域。这种财政压力是政策制定者们要格外关注的，并且一定要采取政策使之回到合理的区间范围中来。

第四，显性的财政压力和隐性的财政压力。

按照表现形态的不同，财政压力可以分为显性的财政压力和隐性的财政压力两种类型（刘天旭，2010）。就如同世界银行专家 Hana Polackova 提出的"财政风险矩阵"（Fiscal Risk Matrix）中对于显性债务和隐性债务的划分一样，显性的财政压力和隐性的财政压力在实践中的表现各有不同。显性的财政压力直接以财政赤字、收支缺口等形式表现出来，可以通过政府的财政预决算报表直接反映出来。隐性的财政压力则可能是财政收支统计数据显示平衡，但实际上存在财政压力的一种情况。相比较而言，隐性的财政压力更应该引起学术研究者和财政部门的重视，因为它并没有通过财政收支的缺口直接表现出来，得到了暂时性的遮掩，所以人们往往容易忽略真实的经济发展状况与真实的财政收支状况间的深层次矛盾。

第二节　县级财政压力的形成与风险预警机制

尽管县级财政压力是相对的、动态变化的，但我们依然可以通过其内在的特点分析描绘其形成机制，进而通过建立风险预警机制形成"信号源"，避免过度的、不良的财政危机对社会经济的冲击与破坏。

一、县级财政压力的形成机制

从世界各国的具体财政实践来看，财政压力的产生有一定的共性，那就是财政压力都和社会经济变革有着密不可分的关系。正如波兰尼（2007）所言："快速的转型破坏了旧有的应对机制和旧有的安全网，但在新的应对机制发展出来之前，它已经产生了这方面新的需要。"[①] 当前的财政压力就是在现代化、市场化、城镇化的大环境下产生的。在这样的时代背景下，如果县级财政依然固执地保持原有工业化背景下的安排，制度变迁的速度远远跟不上外在社会经济环境的变化速度，导致原有制度失效或无效，财政压力的产生也就成为必然。

尽管目前对于县级财政压力的产生依然存在不同的看法，但学者们普遍认识到财政压力的产生从来就不是单方面的。试想一下，一个县财政收入很充裕，但需要满足的支出更多，此时有可能财政压力较大；而另一个县尽管财政收入不多，但需要满足的支出项目更少，财政压力可能较小甚至不存在。或者某一个县当前财政压力适度可控，但考虑到人口规模和结构的变化、突发的公共卫生事件等未来可能面临严峻的支出压力等。因此，化解财政压力必须要在当前和未来两个时空维度下综合考虑财政收入与支出责任两个方面，这就进一步凸显了政府间事权与支出责任划分的重要性。

财政压力的形成及作用机制非常类似于生活中常见的压力锅的工作原理。从物理学的角度看，压力锅工作原理其实很简单。水的沸点受气压影响，气压越高，沸点越高。高海拔地区的气压低于1个大气压，水在100℃以下就会沸腾，所以用普通的锅具煮米饭很难煮熟。如果高于1个大气压时，水在100℃以上才会沸腾。压力锅的工作原理其实就是把水蒸气封闭起来，让内部气压高于1个大气压，形成高温高压的密闭环境，这样米饭就更容易做熟了。

财政压力的运行机制也如同压力锅中的高气压，其存在的原因就是在既定的财政收入水平下更好地安排财政支出，提供公共产品满足公共需求。在这里，财

---

① 卡尔·波兰尼. 大转型：我们时代的政治与经济起源［M］. 杭州：浙江人民出版社，2007：5.

政压力源是指导致财政压力反应的内外环境刺激，即导致财政压力的内因及外因。正是在内因和外因的共同作用下，政府的财政收支出现持续较长时间的失衡，融资困难，于是财政压力开始产生并逐渐膨胀。对于形成因素，本书将在第四章和第六章分别结合实际和样本数据展开分析。

正如我们在财政压力的一般分析中提到的，如果能够像物理机械设备一样设计一个压力阀门，即给财政压力设置一个阈值，那么我们就可以通过阈值来判断压力源带来的刺激或者说压力的大小。不同阈值范围内的财政压力所带来的影响是不同的，对应的政策措施自然也应该有所差异。所以，这就存在三种不同的情况：

（1）没有压力或者压力较小。这种情况表明财政收支运行基本顺畅，财政赤字被控制在较低的限度内，债务负担较小；一般情况下也不需要采取额外的政策措施来解决这一问题。但是，在这种情况下，制度运行中可能存在的潜在的、深层次的矛盾与问题也不容易显现出来，创新与改革的动力也会相对不足。

（2）压力程度适中。这种情况表明财政赤字在可控范围内，有一定的债务负担，但无论是规模还是覆盖范围都不大。同时适度的财政压力也可能带来两种结果：一是倒逼财政体制的改革与完善，促使政府间事权与支出责任划分更加科学、合理，赋予下级政府与其事权和支出责任相匹配的财权与财力；二是可能会促进财政管理效能，特别是政府财政支出效率的提高。在财政收入一定的情况下，通过优化管理、提高财政支出效率，将财政压力内化消除。

（3）压力过大。这种情况通常表明财政运行出现了相对较为严重的问题，其重要的表现就是财政赤字加剧、债务负担恶化甚至是政府信誉的丧失。如果任由这种情形发展下去，那么财政债务的不断增加又会反过来继续影响财政压力，最终形成"债务—压力—债务"的恶性循环，因此在这种情况下，政府必须采取坚决果断的措施，积极主动化解财政压力。

二、县级财政压力的风险预警机制

从上面的分析可以看出，尽管适度的财政压力是有益的，但是县级财政实际承受的压力不能没有限制，否则就会因为财政的压力过大而引发一系列不良后果。因此，在县级财政的运行过程中，要通过对财政压力的科学测评安装"财政压力风险阀"，以有效监控县级财政压力，避免过度财政压力导致的风险。

一旦财政压力积累到一定程度，会导致财政压力风险阀的启动，就意味着必须采取措施化解县级财政压力。在化解县级财政压力的过程中，可以通过长短期举措形成"自动稳定的压力调节"和"相机抉择的压力调节"机制。自动稳定的压力调节来自制度自身，是一种化解财政压力的长期举措，即通过建立稳定的县级财政收入机制、完善地方税体系、建立事权与支出责任动态调节机制和政绩考核制度等，使制度自身形成动态平衡。相机抉择的压力调节则来自以政府为主导的一系列直接干预举措，是一种短期的措施，如通过转移支付和非税收入等多渠道赋予县级财政收入、合理划分事权与支出责任、提高预算管理水平和稳妥化解现有债务等。

但是，如何判断财政压力是否已形成以及财政压力的大小呢？从直观上来看，如果某一事件引发的财政支出的增加，使政府采取了违背其长期目标或者行为逻辑的措施时，可能就是财政压力较大的一个表现。但是，以财政压力的某一些表现作为压力的判断标准，既不严谨也不科学，很难作为一种固定的财政压力的测评标准。从科学研究和实践应用的角度来看，需要采取一系列指标构建财政压力测评模型来对财政压力的大小进行判断。同时，既然县级财政压力的形成与作用机制非常类似于压力锅的工作原理，那么后续的研究也就需要分析确定一个阈值作为压力风险阀门，以此判断县级财政压力是否过度，是否需要采取措施进行干预。

当然，考虑到不同县级政府自身发展和收支状况、职能目标等存在异质性，在财政压力阈值的确定上，可以考虑根据县级财政的异质性分别设定低、中、高三种不同的压力阈值。当财政压力为零或者处于该阈值以下的某个区间内，财政状况较为健康，不需要进行过多的干预，持续保持关注即可；当财政压力处于接近阈值的某个区间内，则需要重点监测，适当减压；当财政压力达到或者超过阈值，则紧急触发"财政压力风险阀"，启动财政压力风险化解机制，从而帮助县级财政重新回到健康状况。通过定期的（如一年）财政压力的测评，就可以形成一种闭环的财政压力风险预警调控机制，对县级财政压力保持紧密跟踪监测，有效避免财政压力过度导致的不良后果。县级财政压力风险预警调控机制的具体工作流程如图 3-2 所示。压力阈值的确定问题将在后面的章节进行专门的研究，因此在这里不再赘述。

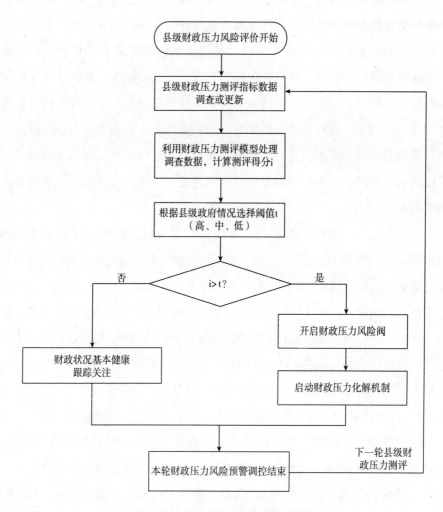

图 3-2　县级财政压力风险预警调控机制

三、县级财政压力过度造成的影响

随着现代财政制度的建立与完善，以赤字累加、债务风险和公共产品供给不充分为主要表现的县级财政压力会有较大程度的缓解，但短期内这一问题不会完全消除，甚至可能带来一系列的风险。

1. 导致区域性财政风险

为适应我国社会主义市场经济发展的要求，各级政府机构逐步由管理型机构向服务型机构转变，注重重塑政府与社会公众的关系，财政支出在结构优化的同时，也越来越呈现出刚性增长的特点。尽管县域经济的快速发展也为县级财政充实了财源，但收入的增长依然不足以满足正常的服务支出增长，部分县级财政压力已成为客观事实。在现有的分配格局下，经济发达的县级政府可以依靠地方经济的快速发展筹集更多的财政收入来弥补缺口，化解财政压力；但欠发达地区由于资源禀赋不足，无法通过自身发展获得更多的财政收入作为财政缺口的补偿来源，甚至部分县级政府的年度财政收入不足以弥补上一年度的财政缺口，财政压力问题日益凸显。如果没有科学、有序的方式化解财政压力，极有可能给这些地区带来区域性财政风险。

2. 诱发社会风险

从目前的实际情况来看，县级政府的债务名义上都是借助各级各类的投融资平台完成的，但背后大多是以政府的信用为担保的。政府的信用对一个国家来说至关重要。以政府信用为担保举借债务虽然是地方政府实现经济发展、筹集财政收入的不得已的选择，但同样也预示着一旦债务失控引发的金融风险转变为社会政治风险的可能性，需要引起我们的警惕。

3. 引发金融风险

2017 年财政部划定"十条红线"① 以前，数量众多的地方政府投融资平台存

---

① 2017 年财政部相继发布的 50 号文和 87 号文中规定的注意事项如下：一是地方政府不得将学校、医院、公园、城市基础设施道路、管网等公益性资产、储备土地注入融资平台公司，不得授权融资平台公司承担土地储备职能和进行土地储备融资，不得将土地储备贷款用于城市建设以及其他与土地储备业务无关的项目。二是坚持谁借谁用、谁借谁还的原则，不得承诺将储备土地预期出让收入作为平台公司偿债来源。三是不得利用政府性资源干预金融机构正常经营行为。四是自 2015 年 1 月 1 日起，融资平台新增债务不属于地方债务。五是金融机构不得接受地方政府及其所属部门以担保函、承诺函、安慰函等形式提供担保。六是地方各级政府及所属机关事业单位、社会团体，不得出具担保函、承诺函、安慰函等直接或变相担保协议，不得以机关事业单位及社会团体的国有资产为其他单位或企业融资进行抵押或质押，不得为其他单位或企业融资承诺承担偿债责任，不得为其他单位或企业的回购协议提供担保，不得从事其他违法违规担保承诺行为。七是地方各级政府及所属机关事业单位、社会团体等不得对机关事业单位职工及其他个人进行摊派集资或组织购买理财、信托产品，不得公开宣传、引导社会公众参与融资平台公司项目融资。八是不得以借贷资金出资设立各类投资基金，以及严禁利用 PPP、出资设立的各类投资基金违法违规举债。九是不得以文件、会议纪要、领导批示等形式，要求或决定企业为政府举债或变相举债。十是不得以政府购买服务名义违规融资。

在长期不具备主营业务、责任主体模糊、法人治理不完善、程序不规范等问题，银行面临的经营风险提高，不良贷款率增加。在实践中，地方政府为了获取更多的资金可能借助多个平台公司从多家银行贷款。当出现大量的地方债务到期待偿的时候，各级地方政府就可能面临巨大的还本付息压力，商业银行的不良贷款率可能达到新的高峰（张路等，2020）。与此同时，无法按期清偿的债务的过度积累引发系统性金融风险的可能性也在加剧。2020 年中金公司发布的研报称，截至 2018 年底，地方融资平台的带息负债超过 30 万亿元，占 GDP 的 34%。最令人担忧的是，平台公司的偿债保障比率只有 0.4 倍，即这些企业的经营性现金流无法支付当年到期的债务和利息。如果不能借新还旧，将面临严重的流动性风险。

第三节　县级财政压力研究的理论基础

理论研究是社会科学研究的基础，也是创新研究和应用研究的牢固基石。因此归根结底，对财政压力问题的研究也要回到财政研究的本质上来探寻其产生的原因及解决的方式，这才能真正地找到问题的根源。财政压力研究的理论基础涉及公共产品理论、财政分权理论和公共选择理论。

一、公共产品理论

公共产品理论是现代财政学研究的基础理论之一，也是研究财政压力问题的重要理论基础。实践中的县级财政压力表现为长期的入不敷出，支出过多。那么，为什么县级财政要安排那么多的支出项目，这些钱又都花到哪里去了呢？要回答这一问题，我们就需要重新回到财政的重要理论之——公共产品理论上来。

1740 年，哲学家大卫·休谟在《人性论》中提出了"搭便车"问题，这可以被看作公共产品理论的起源。1776 年，亚当·斯密在《国富论》中提出，政府作为"守夜人"的职能包含国家安全、社会安全、公共事业等公共服务，这其实就是初步区分了公共产品和私人产品两种不同的产品。公共产品理论的意义在于，一旦我们使用了公共产品一词，就意味着在理论上再也不能将国家视为纯粹的消费主体，而应认为它具有了生产性（刘守刚，2019）。

公共产品理论将所有的社会产品分为公共产品和私人产品。相对于私人产品而言，公共产品具有非竞争性和非排他性，这在目前学界已经初步形成共识。非竞争性和非排他性决定了公共产品不能完全依赖市场机制进行有效的提供。在提供公共产品的过程中，萨缪尔森（1954）等认为，由于公共产品的非排他性，容易导致"搭便车"者的出现。此外，对公共产品进行收费以弥补成本也存在各种困难，所有这些问题都导致了公共产品提供的低效甚至是无效，所以政府应该主动承担起提供公共产品和服务的职责（Macco，1936）。

公共产品理论的实质就是构建了一套与私人物品不同的产品定价方式和供求机制（余亮，2019）。在公共产品理论提出之后，相关研究的核心内容就转为如何实现公共产品提供效率的最优化，即公共产品的提供如何实现经济效率原则。例如，公地悲剧、集体行动的逻辑等理论模型为公共产品的政府供给提供了理论支撑。1968 年，布坎南的《公共物品的需求与供给》一书为公共产品提供给出了新思路，他认为通过某些技术设计或制度安排，公共产品消费的排他性可以实现，俱乐部物品私人供给是可能的，因自愿结社形成的俱乐部蕴含特有的激励和约束机制，这一机制可以保证供给公共产品的高效性和俱乐部规模的稳定性。其后，学者们逐步构建起公共产品市场化供给的新公共管理理论。奥尔森（1965）指出，集体规模大，则"免费搭车者"的比重就大，要调和集体与个人利益的冲突，可以运用"选择性激励"，以集体行动合作方式提供公共产品同样可以是有效的。科斯（1994）则指出，将具有非排他性和非竞争性产品与私人产品进行捆绑销售，可以有效解决"搭便车"问题，从而颠覆了政府垄断提供公共产品的传统理念。

如今，公共产品领域引入市场化竞争机制的新公共管理模式已经逐渐成熟，Robert Wuthnow（1993）提出，公共产品供给可以由政府、公民、私营组织等多个主体共同提供，通过在这些主体之间建立有效的沟通协调机制，充分发挥各方的优势，最终构建"多中心治理"的公共产品供给模式可以实现各方利益增进。Denhardt 等（1999）则进一步发展了新公共服务理论，提出公共产品供给由政府、公民、市场、社会的共同互动下的多元主体承担，但政府是服务者，而非"掌舵人"，是其他各方沟通协商的中间人，负责构建利益风险共担的供给体系。可以看到，公共产品理论的未来发展趋势是注重公民诉求，实现多方共同利益，强调政府责任复位。

公共产品理论从某种程度上解释了哪些事情应由政府管理，哪些事情不应由政府管理，即决定了政府的事权范围。确定事权范围本质上也就为政府合理、有效地安排支出奠定了基础，也有利于厘清县级财政的支出范围。试想一下，如果事权范围划分得很宽泛，要提供的公共产品数量和种类繁多，那么支出的规模自然就不会小；反过来说，如果事权范围划分得小，政府要花钱的地方少，那么财政的安排也就相对宽松。所以，在研究县级财政压力问题时，就需要回到公共产品理论本身，去探讨县级财政的事权范围到底应该是多大、应该承担什么样的支出责任。

公共产品具有区域性的特点，既有全国范围的公共产品，又有区域性的公共产品，还有跨区域的公共产品。按照公共产品理论，地方性公共品的外溢性决定了中央政府与地方政府在资源配置中发挥不同的作用。很多研究也证明，地方性公共品由地方政府供给更有效率，而公众对具有外溢性公共品的需要对更高一级的政府产生了需求。这一理论事实上对政府间事权的划分提出了大体框架，要解决的就是县级财政要承担什么样的事权和支出责任。1994 年分税制改革没有明确细化中央和省之间以及省级以下政府间的责任，导致政府间事权越位、缺位、错位并存。此外，省级以下政府事权与支出责任划分不规范，基本事权下移的趋势在分税制改革后更加突出。比如基础教育和公共卫生、社会保障等本应由省级政府承担主要责任，可是实际上却由市县级政府承担，使县级财力紧张的状况更为恶化。

因此，在研究县级财政压力问题时，首先要明确政府应该提供哪些公共产品和服务，其次要明确哪些公共产品和服务是应该由县级政府来提供并满足其支出需要的。在此基础上，县级政府只提供自己事权范围内的公共产品和服务。

二、财政分权理论

财政分权理论对研究县级财政存在的合理性、事权与支出责任划分、收入划分等都具有重要意义。亚当·斯密曾经对地方政府自行提供地方性公共物品进行过论证，主张财政分权即地方性公共物品由地方政府来提供是最有效率的。Tiebout（1956）认为，纳税人可以通过在社区间的自由流动，来寻求自身承受税款与地方政府提供公共产品的最佳组合，以实现自身效用的最大化。正是因为这种流动的自由，地区之间公共产品的供给成本差异不会长久存在。

Stigler（1957）等解释了地方财政存在的原因：一是地方政府比中央更了解所管辖居民的效用与需求；二是为实现资源配置的有效性和财富分配的公平性，决策应该在最低行政层次的政府进行。如果说这个结论有助于抑制中央决策的极端性，那么它也说明了分级财政管理的必要性。由于公共产品供给客观上存在规模收益和效益外溢问题，因此并不能推导出政府提供公共产品级次越低越好的结论，进而使财政分权走向极端。财政分权理论在研究县级财政压力问题方面主要提供以下研究基础：

1. 财政分权理论与县级财政事权与支出责任

县级财政事权就是县级政府在公共管理和服务中应该承担的任务和职责。事权是关系到政府间财政关系的主要方面，在一定程度上决定了政府间财权和支出责任的划分。事权的确定不仅是一个财政问题，更是政府职能的确定问题。

Tresch（1981）"偏好误识"的财政分权理论用数学模型证明了由于不确定性，中央政府在公共产品提供过程中会产生偏差，为规避这一风险，地方政府需要提供公共产品。这为地方政府存在的合理性再次奠定了基础，并为研究地方政府到底应该提供什么样的公共产品提供了研究思路。

近年来，从中央到地方一直在不断尝试进行政府间事权与支出责任的划分与改革，也因地制宜地明确了一部分重要领域的财政事权范围和支出责任划分。但是，很多尝试依然是以不打破现有利益分配关系的、在原有事权基础上的修改，特别是县级事权划分依然较为笼统，共同事权太多，可操作性差。

按照财政分权理论，本级政府有相对足够的政策工具来认识和了解辖区居民的偏好和需求，避免上级政府由于不确定性所导致的"偏好误识"。所以，县级财政事权和支出责任的确定也应该从理论出发，充分结合县域居民的偏好、受益等情况进行确定。具体来说，县级财政事权就是在县域范围内利用可供支配的财力为居民提供所需的基本公共产品和服务。

但是，事权和支出责任的紊乱，模糊了县级政府的主要责任和具体权限。由于上级政府在行政管理和事权分配方面具有天然的优势，所以在资源配置和任务分解时，应在尽量为自己争取最大利益的同时缩小事权范围。

2. 财政分权与县级财权和财力

1972年，瓦勒斯·奥茨在《财政联邦主义》一书中充分论证了地方政府存在的理由。他概括了这一领域的理论著作，包括较有影响的比什、巴赛尔的著作等，在此基础上提出了著名的奥茨定理："对中央或各地方政府来说，一种公益物品由全部人口中各地方的人消费，该公益物品在每个管辖单位内每种产出水平的供给成本是相等的，由地方政府对其各自的管辖单位提供帕累托效率水平的公益物品，总是比由中央政府向所有各辖区提供任一特定的和统一产出水平的供给更加有效（或至少是同等有效）。"在财政分权理论中，马斯格雷夫的分税制思想、奥茨的分权定理等都强调的核心主张是：将资源配置的权力更多地向地方政府倾斜，通过竞争使地方政府更好地反映纳税人的偏好。这种资源配置的思想恰好为县级财政的财权和财力划定提供了理论依据。

也就是说，在事权和支出责任确定后，就应该对政府间的财权和财力进行合理划分，以保障现有财力能够与支出责任相匹配。与中央和地方间的税收分配方式明确相比，省级以下政府间的收入分配方式则更加多元化。这种从中央到地方、从省市到县乡的不完全的分税制，在县级财政上体现得更加突出。

第一，共享税比重过大，县级财政的积极性很难被激发出来。分税制改革看起来是对中央和地方的税收进行了划分，其实更多的是对税种的划分，税法的制定权、调整权、解释权以及税收的减免权等都完全集中于中央政府。这种高度集权的地方税管理方式其实是收入分成法的一种表现形式，虽然保障了中央的权利，但是不利于地方政府发挥自主权，不仅削弱了地方政府相机组织财政收入和调节区域社会经济发展的能力，也造成了财力与事权的不匹配，不能从根本上形成相对独立的分级税收体系，特别是在省级以下税收分享没有统一标准的情况下，县级税收分成极为有限（有的地区只占税收总额的1/3）。

第二，地方税收入规模较小。税权过度集中于省级以上政府、地方政府特别是县级以下政府基本上不存在真正意义上的主体税种，不能满足县级财政提供基本公共产品和服务的支出需要，这也就导致了县级财政预算自给水平低的情况。在税收等不足以满足实际需要的情况下，县级财政依赖非税收入就成为唯一选择。

第三，财权的不断上移，导致转移支付成为县级政府的重要财源。无论是从形式还是从内容来看，省市对县的转移支付直接对应中央对省的转移支付，二者是高度统一的，省级以下的转移支付只是对中央转移支付资金的再分配而已。县级财政获得的转移支付资金追根溯源绝大部分来自中央政府。

3. 财政分权与激励考核机制

在第二代财政分权理论中，信息经济学被逐步引入。Weingast（1995）、Wildasin（1997）和钱颖一（1997）等学者利用激励相容机制研究政府间的财政关系。他们认为，地方政府有物质利益方面的考虑，因而存在激励机制。政府与经济当事人存在委托代理关系，而财政分权可以克服委托代理风险并使地方政府激励机制与之相容。一方面，有价值的投资活动青睐政府干预较少的区域，所以地方间的竞争会促使政府减少对经济的干预；另一方面，地方政府收支挂钩，所以地方政府会千方百计地采取措施，积极促进地区社会经济繁荣。

总体来说，当今世界的共识趋向于这样理解，集权是有利于管理而不利于发展的体制，分权则是有利于发展的体制。2003年《人类发展报告》总结了世界各国最近20多年来分权化改革的经验，指出分权化改革对于人类发展具有八大好处：①地方要求得到了快速回应；②地方政府将有更大的责任感和透明度，腐败更少；③地方基础服务得到了改善；④信息能够更好地流动，地方官员可以快速采取应变行动来对付潜在的灾害；⑤发展计划有更多的持续性；⑥解决冲突更加有力；⑦激发了地方利益相关人的能力和动力；⑧使人民在与他们的生活直接相关的公共政策制定中获得了更大的发言权，政治代表性更多。

但是，应该注意的是，财政分权理论都基于非常严格的前提，主要包括以下内容：①人们可以在地区间完全自由地流动，其收入不受迁移的影响；②地方政府是完全透明的、有效率的，人们对其提供的公共服务具有充分信息；③地方政府的行为不存在外部性，即不会影响到其他地区；④公共服务不存在跨地区的规模经济。在发达国家这些条件是否得到满足尚存在争论，发展中国家的现实与之相差更远。在发展中国家居民一般缺乏流动性，人们在地区间的迁移受到很多限制；地区间收入存在巨大差异，不同地区居民的发展机会悬殊，人们对居住地的选择会明显地影响其收入；发展中国家的地方政府离透明、高效率还有待提高；在经济发展、环境保护、教育卫生和基础设施等方面，地区间也存在很强的相互影响。基于此，在研究财政制度变迁问题时就要结合本国的实际做客观的探讨。

三、公共选择理论

公共选择理论的思想渊源可以追溯到 19 世纪孔多塞与勃劳德对于投票规则特性的分析，以及托马斯·霍布斯等对社会契约理论的阐述。20 世纪初，维克赛尔和林达尔等尝试用边际价值论分析公共选择行为。此外，意大利财政学派的公债理论和国家学说为公共选择理论的产生起到了重要作用。

公共选择理论正式产生于 20 世纪 40 年代末。1948 年，英国经济学家邓肯·布莱克在《论集体决策的原理》一文中阐述了单峰偏好理论和中间投票人定理。1951 年，肯尼斯·阿罗在《社会选择与个人价值》一书中提出了不可能性定理，说明由于个人偏好不同以及信息不对称，不可能从个人偏好次序中推导出一致的社会偏好次序。公共选择学派的领袖人物布坎南与塔洛克的《同意的计算》（1962）一书则是公共选择理论的代表作，书中全面分析了公共选择理论的基本问题，对公共选择理论的定义、研究方法、研究内容进行了系统的阐述。

公共选择理论可以定义为非市场决策的经济研究，或者简单地定义为把经济学应用于政治学中，用经济学的方法研究政治理论。公共选择的主题与政治学是一样的，同样都将研究聚焦于国家理论、选举规则、投票人行为、政党政治学以及官员政治等问题。公共选择理论认为，政治活动和经济活动中的参与人都是同一种人，因此可以采用经济学方法将政治活动中的人也假设为自利、理性、追求效用最大化的经济人，在此基础上分析个人偏好、决策、选择与行动在一个既定的组织结构中是如何影响集体决策和公共选择的。

在财政具体问题分析的过程中，财政预算是约束政府行为强有力的手段（Parikh et al.，1997），而预算软约束却降低了政府财政资金的使用效率（Kornai et al.，2003）。在软预算约束对政府行为影响的分析中，周雪光（2005）提出，"逆向软预算约束"解释了县级财政忽视风险容许政府债务不断累积的原因。他认为，正是由于省市政府为了自身利益不断索取县级资源，甚至刺激县级政府突破预算约束并动员预算外资源，最终造成财政压力。余锦亮等（2018）认为，预算软约束显著降低了地方政府一般预算口径的财政努力程度，但提高了政府性基金预算口径和扩张财政口径的财政努力程度。用预算软约束解释县级财政压力，需要以下假设：

假设1：政府有发展经济的冲动。县级政府在提供产品的时候，不是以公众需要的最佳产量为依据的，而更加倾向于能否最大化地实现社会收益。

假设2：信息不对称的存在。在预算约束制度缺位的情况下，社会公众与地方官员间存在信息不对称，社会公众无法了解合意的财政支出标准，也很难对县级财政支出进行硬性限制。

假设3：官员追求自身利益最大化。按照公共选择理论，官员们倾向于追求自身权利最大化。体现在财政支出的安排上，就是县级政府不会把提供产品的成本作为第一考虑因素，而更加注重该种产品或服务带来的社会收益。

图3-3中，横轴表示一定时期内政府提供的某一种公共产品（或公共服务）的数量（Q），纵轴表示价格（P）。MR和AR分别表示政府提供该公共产品给社会公众带来的边际收益和平均收益，MC和AC分别表示政府提供该公共产品的边际成本与平均成本。县级财政面临以下三种选择：

选择1：政府以提供该种公共产品的最优数量为最终目标，最优产量取决于边际成本曲线和边际收益曲线的相交点，即MR＝MC。在该点上，政府以P_1价格提供Q_1数量的公共产品，公共支出为OQ_1AP_1的面积。

选择2：在假设1和假设2同时成立的前提下，政府的最终目标是追求公共产品提供效率的最优化，也就是政府会倾向于优先选择以社会最低平均成本来提供该种公共产品。因而在图3-3中，政府选择在平均成本曲线 AC 与平均收益曲线 AR 的交点 B 的位置提供公共产品，此时该公共产品的供给数量为 Q_2，价格为 P_2。尽管 $Q_2>Q_1$，即该产品的产量超过了最优数量，但政府提供该种产品的成本实现了最小化，公共支出等于社会收益 OQ_2BP_2。

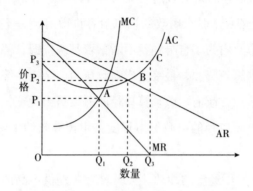

图 3-3　预算软约束对县级财政决策的影响

选择3：在假设1和假设3同时成立的前提下，政府实际追求的目标是在发展辖区经济的同时追求自身利益的最大化。一方面，由于社会公众掌握的信息有限，无法对政府扩大支出的行为进行有效的监督和约束；另一方面，县级政府官员不会将供给成本当作最先考虑的问题，他们考虑更多的是如何通过提供该产品给自身带来最大收益。只要公共产品的边际收益 MR 为正，政府就倾向于提供它。在边际收益等于0时，政府提供了 Q_3 单位的产品，该数量大大超出该种产品的最优数量 Q_1，政府公共支出为 OQ_3CP_3，大于社会收益。

在财政收入一定的情况下，无论政府做出何种选择，只要支出超过收入就会产生财政赤字。但相对而言，在第一种选择下政府的财政赤字规模较小；第二种选择尽管会造成财政支出的增加，但此时财政负担并不是特别大，社会收益并没有超出公共支出的成本；第三种选择政府提供了过多的甚至是没有必要的公共产品，这会严重增加财政负担，造成公共产品供给的浪费和财政赤字的增大，进而导致财政压力增加。

财政压力是世界性难题，学界在理论方面的研究和进展为我们解决这一问题提供了坚实、可靠的理论依据。通过回顾公共产品理论、财政分权理论和公共选择理论可以发现县级财政压力的存在是必要的，同时县级财政压力也是由多方面的内外部因素共同导致的。通过对理论基础的回溯与研究，除了有助于找到县级财政压力存在的深层次原因外，也从理论上找到了化解县级财政压力的角度与途径。

如图 3-4 所示，通过对公共产品理论的梳理，按照公共产品提供的效率原则和区域性特点，我们可以为政府间事权与支出责任的划分找到坚实的理论基础，首先明确政府应该提供哪些公共产品和服务，其次明确哪些公共产品和服务是应该由县级财政来提供并满足其支出需要的。通过对财政分权理论的梳理，一方面我们可以为政府间事权与支出责任、政府间收入、转移支付制度的建立提供理论依据，通过竞争使地方政府更好地反映纳税人的偏好，将资源配置的权力更多地向地方政府倾斜；另一方面，利用现代财政分权理论，充分考虑地方政府物质利益方面的需求，通过分权克服委托代理风险并使地方政府激励考核机制与之相容。促使政府减少对经济的干预，积极促进地区社会经济繁荣。通过上述分析，一方面为财政压力形成的深层次原因寻找理论依据，另一方面从理论依据中可为化解财政压力找到实现的路径。

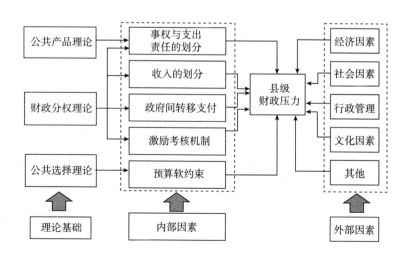

图 3-4 县级财政压力研究的理论基础

第四节 本章小结

有别于以往文献将财政压力单纯地视为财政缺口或者财政赤字的做法，本章认为县级财政压力是一个相对的、动态变化的概念，尽管很难详尽地对其进行描述，但可以通过一系列指标对其进行分析、判断、刻画与衡量。财政压力按照来源、产生原因、大小、是否直观等标准，可以划分为内部的和外部的财政压力、合理的和不合理的财政压力、适度的和过度的财政压力、显性的和隐性的财政压力。

财政压力源就是导致县级财政压力反应的内外环境刺激，即导致财政压力的内因及外因。适度的财政压力一方面表明财政赤字在可控范围内，另一方面还可能倒逼财政体制的改革，促进政府财政支出效率的提高。但是，财政压力一旦超过合理的限制，就会因为压力过大而带来一系列不良后果。

财政压力风险阀是否会触发开启取决于财政压力阈值的确定，即当财政压力为零或者处于该阈值以下的某个区间时，财政状况健康；当财政压力处于接近阈值的某个区间时，需要重点监测，适当减压；当财政压力达到或者超过阈值时，则紧急触发"压力风险阀"，以达到化解财政压力使财政重新回到健康状况的目的。

为进一步夯实研究的理论基础，为后续的研究提供理论借鉴，本章还通过回顾公共产品理论、财政分权理论和公共选择理论，寻找财政压力问题研究的理论支撑，以保证县级财政压力问题研究的理论性与深度。

第四章　县级财政压力现状分析

对县级财政压力问题的研究离不开对中国财政状况总体的分析与把握。只有在了解中央与地方财政状况的基础上，由整体到个体、由全面到局部，才能全面透彻地了解县级财政现状以及为什么会形成财政压力。因此，本章首先对中央和地方，特别是对县级财政收支状况进行分析，以描绘财政压力总体现状，为第五章的定量分析奠定基础。此外，了解历史才能看得远，理解历史才能走得远。在我们进行科学研究的过程中，应树立大历史观，从历史长河、时代大潮、全球风云中分析演变机理、探究历史规律，提出因应的战略策略，增强工作的系统性、预见性、创造性。树立大历史观，就要端起历史规律的"望远镜"，认清历史有其发展规律和大势，历史潮流不可阻挡，不断提高把握方向、把握大势、把握全局、把握机遇的能力。因此，本章对1994年分税制改革以来涉及县级财政压力状况的政策进行了梳理，通过对以往政策的形成背景、措施及政策评价的回顾与整理，再次生动、细致地展示了一直以来中央政府对县级财政压力的密切关注和学者研究该问题的重要性。

第一节　公共财政收支情况分析

一、全国公共财政收支情况

改革开放四十多年以来，我国社会经济发展取得了令人瞩目的成绩，GDP总量由 1978 年的 3645 亿元达到了 2020 年的 101.5986 万亿元。虽然期间受到了全球性金融危机、新冠肺炎疫情等的影响，2009 年以来国民生产总值的增长幅度较以往年度略有下滑，但伴随着全面深化改革步伐的不断推进，宏观经济运行始终处于合理区间，经济增长的质量和效益有所提高，经济发展新常态的特征更加明显。与此同时，财税制度改革也在不断深化，财政预算管理制度更加规范，财政收支状况总体运行良好。从分区域情况来看，西部地区 GDP 增速最高，东、中部地区次之，东北地区增速最低，区域发展差距愈加明显（刘尚希等，2017）。

表 4-1、图 4-1 非常直观地描绘了 1994—2020 年我国公共财政收支情况和财政赤字变动的总体情况。如表 4-1 所示，1994 年，全国财政收入总额为 5218.10 亿元，财政支出总额为 5792.62 亿元，财政收支差额为 574.52 亿元，赤字率为 1.18%；2020 年，全国财政收入总额为 182913.88 亿元，财政支出总额为 245679.03 亿元，财政收支差额为 62765.15 亿元，赤字率达到了 6.18%。由图 4-1 可以看出，伴随着我国财政支出的逐年增加，财政赤字的绝对数额也呈现不断增长的态势。其中，比较明显的几次增长分别出现在 1998—2005 年、2009—2011 年和 2013—2020 年。

表 4-1　1994—2020 年我国公共财政收支情况　　　　单位：亿元

年份	GDP	财政收入	财政支出	财政收支差额	赤字率（%）
1994	48637.50	5218.10	5792.62	574.52	1.18
1995	61339.90	6242.20	6823.72	581.52	0.95

续表

年份	GDP	财政收入	财政支出	财政收支差额	赤字率（%）
1996	71813.60	7407.99	7937.55	529.56	0.74
1997	79715.00	8651.14	9233.56	582.42	0.73
1998	85195.50	9875.95	10798.18	922.23	1.08
1999	90564.40	11444.08	13187.67	1743.59	1.93
2000	100280.10	13395.23	15886.50	2491.27	2.48
2001	110863.10	16386.04	18902.58	2516.54	2.27
2002	121717.40	18903.64	22053.15	3149.51	2.59
2003	137422.00	21715.25	24649.95	2934.70	2.14
2004	161840.20	26396.47	28486.89	2090.42	1.29
2005	187318.90	31649.29	33930.28	2280.99	1.22
2006	219438.50	38760.20	40422.73	1662.53	0.8
2007	270092.30	51321.78	49781.35	−1540.43	−0.57
2008	319244.60	61330.35	62592.66	1262.31	0.4
2009	348517.70	68518.30	76299.93	7781.63	2.23
2010	412119.30	83101.51	89874.16	6772.65	1.64
2011	487940.20	103874.43	109247.79	5373.36	1.1
2012	538580.00	117253.52	125952.97	8699.45	1.62
2013	592963.20	129209.64	140212.10	11002.46	1.86
2014	643563.10	140370.03	151785.56	11415.53	1.77
2015	688858.20	152269.23	175877.77	23608.54	3.43
2016	746395.10	159604.97	187755.21	28150.24	3.77
2017	832035.90	172592.77	203085.49	30492.72	3.66
2018	919281.10	183359.84	220904.13	37544.29	4.08
2019	986515.20	190390.08	238858.37	48468.29	4.91
2020	1015986.20	182913.88	245679.03	62765.15	6.18

注：①在这里，赤字率的计算单纯使用公式（全国公共财政支出−全国公共财政收入）/GDP×100%，没有考虑全国财政调入资金及使用结转结余。②全国财政调入资金及使用结转结余是中央和地方财政按照建立跨年度预算平衡机制、推进财政资金统筹使用以及盘活财政存量资金等要求，从预算稳定调节基金、政府性基金预算、国有资本经营预算调入的资金，以及地方财政使用的以前年度结转结余资金（按照现行规定，地方财政结转结余资金当年不列预算支出，在以后年度实际使用时再列预算支出）。2019年以来，中央和地方财政加大了相关工作力度，导致全国财政调入资金及使用结转结余增加较多。

资料来源：根据国家统计局、财政部网站数据计算。

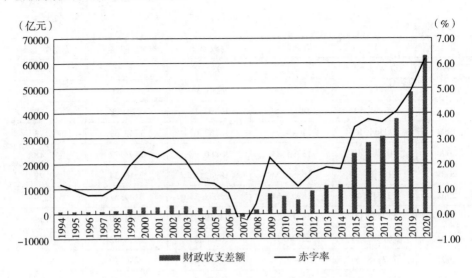

图 4-1　1994—2020 年中国财政收支差额变动的情况

资料来源:《中国财政年鉴 2020》。

　　第一次财政赤字明显增长的主要原因是 1998 年起积极财政政策的实施。受东南亚金融危机爆发的影响,我国经济波动明显,出口形势急剧恶化。为缓解经济持续下滑的趋势,政府决定实施积极的财政政策,以增加公共投资的方式拉动内需,通过扩大财政举债规模和财政赤字筹集所需资金。1998 年增发 1000 亿元长期建设国债,主要用于基础设施建设专项资金;1999 年增发 1100 亿元;2000—2002 年,每年增发 1500 亿元。2002 年后,国债发行量依次递减,且递减幅度逐渐加大,2003 年和 2004 年国债发行量分别是 1400 亿元和 1100 亿元。1998 年到 2005 年,扩张性财政政策实施七年间明显拉动了国民经济的持续增长,带动了社会投资的快速增加,夯实了基础设施建设。此外,积极财政政策的实施也在一定程度上增强了技术进步和产业升级、经济可持续发展能力。

　　第二次财政赤字明显增长是受到全球金融危机的影响,国内经济剧烈波动并深度调整,一些主要经济指标呈下行趋势。为此,政府再次启用积极的财政政策以防止经济过快下滑。其中,最明显的赤字增加出现在 2008 年的第四季度,4 万亿元经济刺激计划的出台在促进经济增长实现"V"形反转的同时,也直接拉高了当年的赤字率,带来了新一轮的地方政府投资狂潮。

第三次财政赤字增长始于 2013 年，当年财政赤字规模超过 1.1 万亿元，排除补充中央和地方预算稳定调节基金及地方财政结转下年支出、地方政府债券还本支出和中央预算稳定调节基金因素外，当年赤字占 GDP 的比重在 1.86% 左右。在 1.1 万亿元的财政赤字中，中央财政赤字 8500 亿元、地方财政赤字 2500 亿元，用中央代发地方债券予以解决。这是积极财政政策实施的结果，也是针对当时经济下滑和财政减收的双重压力、保持经济持续稳定增长采取的措施。我们可以看到，在 2015 年之前，中国的赤字率始终保持在 3% 以下，甚至很多年份在 2% 以下，但是 2015 年的财政赤字跃升到了 3%。这一年财政赤字一个非常重要的投向就是支持减税，比上年增加的近 5000 亿元财政赤字主要用于支持营改增供给侧结构性改革。

为保持经济复苏的势头，2019 年积极财政政策加力增效，特别是自 2019 年减税降费政策实施以来，全年减税降费总额达到 2.36 万亿元，其中新增减税 1.93 万亿元。减税降费政策在减轻企业负担、促进居民消费、稳定市场预期和扩大就业等方面发挥了重要作用，有力支持了实体经济稳定发展，但同时也实实在在地减少了财政收入，财政赤字规模开始上升，在安排全国财政使用结转结余及调入资金 2.66 万亿元后，2019 年全国支出大于收入的差额依然高达 2.76 万亿元，其中中央财政支出大于收入的规模也达到了 1.55 万亿元。在财政赤字不断增长的同时，国内债务余额也在不断增加。在财政压力增大的背景下，一些政府主导建设的基础建设项目、财政补贴项目等开始面临明显的资金短缺。例如，一些市级地铁项目已经提上日程但面临财政资金不足等，导致修建规模减小甚至项目直接"夭折"。财政整体面临吃紧压力的同时，减税降费政策实施的时间问题和具体落实问题对基层财政特别是县级财政的冲击也很大。2020 年初突如其来的新冠肺炎疫情的蔓延，给整个社会经济生活都带来了严峻的冲击。疫情对经济的严重冲击导致各级政府财政收入大幅下降，而为应对疫情，相关支出大幅上升，财政收支形势更加严峻。

从人均财政收入情况来看，随着我国财政收入的稳步增长，人均实际财政收入也在不断增加。以国家统计局和财政部数据为基础，我们可以计算得出扣除价格因素后的人均实际财政收入平均值的变动趋势（见图 4-2）。2008—

2019 年人均实际财政收入以高于同期人均 GDP 的名义增长率快速提高，尽管 2020 年这一增长趋势有所逆转，但人均实际财政收入仍保持在 0.66 万元的水平上，充分说明了近十年来我国经济增长取得的卓越成就以及财政收入能力的不断上升。

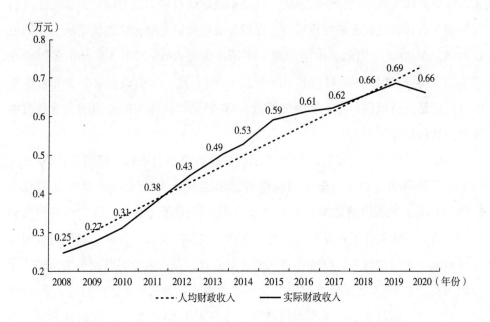

图 4-2　2008—2020 年全国人均实际财政收入平均值的变动趋势

从人均财政支出情况来看，随着我国经济的不断发展，人均财政支出稳步上升，由 2008 年的 0.47 万元提高到了 2020 年的 1.62 万元，增加了约 2.45 倍，地方政府承担财政支出责任的能力不断提高（见图 4-3）。以教育、医疗和社会保障为主体的民生性支出占比在总体上也实现了增长，说明我国政府正坚定地走向提升财政支出"温度"的民生性财政的目标。

二、地方政府财政收支情况

1. 全国地方财政收支情况

改革开放前的很长一段时间里，中国实行统收统支的财政收支体系，财政权

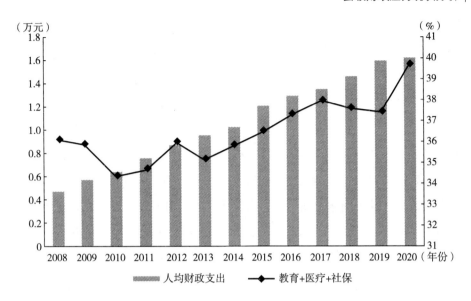

图4-3　2008—2020年人均财政支出与民生性财政支出占比的变动趋势

力高度集中于中央政府，地方政府财权有限。为调动地方发展经济的积极性，1980年开始实行"分灶吃饭"的财政包干体制，对调动地方积极性、促进经济发展起到了一定作用。由于制度不健全，中央和省级政府在对财政收入的分配缺乏统一规范，中央需要与各个省级政府就分配比例和增长指标等进行反复博弈。由于省级政府拥有一定的信息优势，在博弈中处于较有利的地位，在完成财政上交任务后有较大的财政自主权。

　　在财权下移的同时，事权也逐步从中央转向地方。地方政府承担了越来越多的生产性投资决策和公共产品的提供责任。1978年改革开放前后，中央和地方在财政支出中各占50%左右，随着放权让利，更多事权下放给地方政府，地方政府的支出责任增加，在财政支出中的占比也随之提高，20世纪90年代上升至70%左右，2000年以后又逐步提高，2012年，地方财政支出占比超过85%，此后一直稳定在略高于85%的水平。可见，地方政府承担了主要的财政支出责任。

　　财政包干制在赋予地方政府更大财政空间的同时，也削弱了中央财权，导致中央财政对经济的宏观调控能力下降。为规范中央与省级财政的关系，改变中央财政财力不足的局面，1994年开始实施分税制改革，把各种税收划分为中央税、地方税和共享税，通过税收返还和转移支付兼顾地区利益和发展（马兹晖，2008）。分税制改革后，"两个比重"明显提高，财政收入占 GDP 的比重从 1994 年的不到 11% 上升到 2018 年的 29%，2018 年中央财政收入占全国财政总收入的比例上升到 50% 左右。

地方财政总收入在核算过程中除了包括一般预算收入外，还包括中央补助、税收返还、地市体制上解和结余等部分。其中，一般预算收入主要包括各项税收、国有资产经营收益、纳入预算的行政性收费、罚没收入、其他收入等。中央财政税收返还在地方财政总收入中也占较大比重。分税制改革以后，地方财政收入绝对额不断增加，占财政总收入的比重波动并不明显，自 2007 年以来呈现稳步提高态势。

地方财政总支出除了包括税收返还和补助外，最主要的是一般预算支出。一般预算支出是地方财政支出的主要组成部分，是一种有计划的分配使用预算收入的行为，既包括一般生产性支出和行政事业费支出等，也包括社会保障支出和某些补助补贴等。财政部统计数据显示，1994 年以后地方财政支出绝对额增加明显，占财政总支出的比重不断提高，2012 年以来始终保持在 85% 以上。另据财政部数据：2020 年全国一般公共预算收入为 182895 亿元，比 2019 年下降了 3.9%，其中税收收入为 154310 亿元，下降了 2.3%；全国一般公共预算支出为 245588 亿元，比 2019 年增长了 2.8%，其中 2020 年新增减税降费超过了 2.5 万亿元，收支总量相抵后的赤字为 6.28 万亿元，与预算持平。

从 1994—2020 年地方政府财政收支数据对比（见表 4-2）可以看到：首先，近年来地方财政支出在全国财政总支出中占比在 85% 以上，而地方本级财政收入占全国财政收入的占比仅仅超过 50%。差额的部分主要依赖中央对地方的转移支付以及地方财政从地方预算稳定调节基金、政府性基金预算、国有资本经营预算调入资金维持。其次，尽管从数据对比上来看，我国财政收支规模都在不断增加，但相对而言地方财政支出的变动速度要快于地方财政收入，且伴随着地方债务偿债周期的临近，地方财政支出会进一步增加，财政收支差额会不断扩大（见图 4-4），未来地方政府可能会面临更大的财政压力。

表 4-2　1994—2020 年地方财政收入和支出情况　　　单位：亿元

年份	地方财政收入	地方财政支出	地方财政收入占财政总收入比重（%）	地方财政支出占财政总支出比重（%）
1994	2311.60	4038.19	44.30	69.71
1995	2985.58	4823.33	47.83	70.68
1996	3746.92	5786.28	50.58	72.90
1997	4424.22	6701.06	51.14	72.57
1998	4983.95	7672.58	50.47	71.11
1999	5594.87	9035.34	48.89	68.51
2000	6406.06	10366.65	47.82	65.25
2001	7803.30	13134.56	47.62	69.49
2002	8515.00	15281.45	45.04	69.29
2003	9849.98	17229.85	45.36	69.90
2004	11893.37	20592.81	45.06	72.29
2005	15100.76	25154.31	47.71	74.14
2006	18303.58	30431.33	47.22	75.28
2007	23572.62	38339.29	45.93	77.02
2008	28649.79	49248.49	46.71	78.68
2009	32602.59	61044.14	47.58	80.01
2010	40613.04	73884.43	48.87	82.21
2011	52547.11	92733.68	50.59	84.88
2012	61078.29	107188.34	52.09	85.10
2013	69011.16	119740.34	53.41	85.40
2014	75876.58	129215.49	54.05	85.12
2015	83002.04	150335.62	54.50	85.50
2016	87239.35	160351.36	54.70	85.40
2017	91447.54	173471.14	54.70	86.20
2018	97904.50	188198.26	53.40	85.20
2019	101076.82	203758.87	53.09	85.30
2020	100124.00	210492.00	54.74	85.71

资料来源：中华人民共和国财政部.中国财政年鉴 2020 ［M］.北京：中国财经出版社，2021.

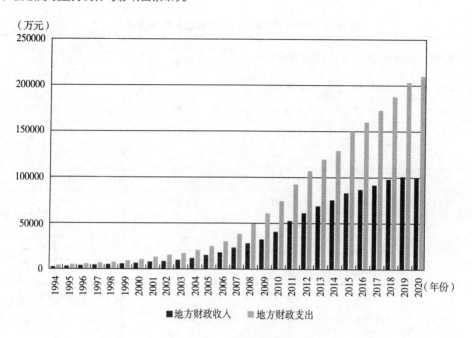

图 4-4　1994—2020 年地方财政收支变动情况

以 2020 年地方财政收支情况为例，受新冠肺炎疫情的冲击和减税降费政策持续推进的双重影响，2020 年全国财政收入明显下滑。在切实有力的疫情防控举措和中央政府宏观调控政策的双重保障下，全国财政整体运行情况得到了边际改善，财政收入累计同比降幅逐季收窄。与此同时，伴随经济和社会生活逐渐恢复常态及疫情时期医疗卫生、社会保障等重点领域加大支出，全国财政支出已于2020 年 9 月底基本恢复至 2019 年同期水平，并实现全年同比增长 2.80%。在"六稳""六保"的政策要求下，财政支出主要向民生领域倾斜，卫生健康、社会保障等重点领域支出分别同比增长 15.20% 和 10.90%。

从不同区域的具体情况看，全国各地区地方财政运行的基本面和突出问题也各有不同。超五成省份财政收入规模实现同比增长，多数省份财政收入增速逐季提高，区域收支分化态势也逐步缓解。除天津、北京、贵州、上海外，其余省份2020 年财政支出均较 2019 年有所增长，且多数中西部省份支出增速逐季上升，其中中部省份财政支出平均增幅最大，为 6.91%，区域分化态势有所缓解。尽管如此，地方财政收支矛盾仍在持续加剧，2020 年仍有 14 个省份的财政收入规模较 2019 年回落，25 个省份的财政收入同比增速下降，超八成省份财政平衡率下滑，主要为中西部地区省份。此外，中部地区财政平衡率均值下降幅度居四大区域之首，且中部省份财政平衡率与东部地区的差距有所扩大，与东北、西部地区的差距明显缩小。

2. 地方财政分区域状况分析

受不同地区经济发展状况、资源禀赋、宏观政策导向等因素的影响，财政收支状况在不同区域的实际表现也各有不同。

从总体上看，东部地区财政收入基础相对稳固、可持续性较强，尽管某些年份增速有所下降，但整体质量不断提升；从财政收入的整体结构看，东部地区财政总收入中税收收入占比相对较高，财政收入内部结构不断优化；地方财政能力逐渐呈现明显的综合潜力。财政统筹（四本预算之间和收入的跨期统筹）能力不断加强。2020 年，各省份财政收入均值为 3230 亿元，东部省份多数超过该均值，财政收入均值达到 5796.36 亿元。其中，广东财政收入达到 12922 亿元，高居首位，其次为江苏、浙江、上海，均在 7000 亿元以上，福建、天津、海南不及东部省份平均水平。东部地区财政收入能力提升的制约因素主要包括经济增速放缓、减税降费改革、新旧动能转化和近年来新冠肺炎疫情的影响等。

2020 年全国各省份财政支出规模均值为 6779 亿元，东部地区仍维持较高水平，平均规模约 8672 亿元，超出各省份均值约 30%，其中全国财政支出规模超万亿元的 6 省份中有 4 个在东部地区，分别为广东、江苏、山东、浙江，广东支出规模居全国首位（17485 亿元），但东部地区中福建、天津、海南 3 省份支出规模仍不及全国平均水平。同时由于目前"支出挂钩"事项仍未彻底取消，东部地区的社会保险支出压力初现。但是从总体上看，东部省份财政平衡能力依然普遍较强。2020 年，我国各省份财政平衡率均值为 42.39%，东部省份财政平衡率均值为 64.21%，除海南外其余东部省份均超过各省份平均和中位数水平，上海（86.97%）居各省份首位。

受新冠肺炎疫情影响，中部省份的财政减收明显。2020 年财政收入均值为 2949.23 亿元，不及全国平均水平；平均收入增速约为 -3.89%，降幅居四区域之首。其中，河南财政收入规模最大，居全国第 8 位，湖北受新冠肺炎疫情的影响最为严重，2020 年财政收入排名明显较 2019 年下滑 4 名，排第 14 名，不及全国平均水平。从区域分化情况来看，中部地区财政减收程度相对更大，与西部及东北地区差异缩小。

支出方面，2020 年中部省份财政支出平均规模为 7745 亿元，河南最高，居全国第五位，湖北支出规模为 8439.04 亿元，排名较 2019 年上升 2 名，排全国第 8 位，或与复苏支出加大有关，江西、山西均不及全国平均水平。中部地区财政平衡率均值为 38.53%，受新冠肺炎疫情影响收支缺口也相比其他区域更高，仅山西和安徽两省份财政平衡率略高于各省平均和中位数水平。

受经济增速高于全国平均水平、基建投资带来税收的增长、中央转移支付增加三个因素的共同影响，西部地区近年来可用财力规模不断扩大。2020 年财政收入均值为 1630.99 亿元，在四大区域中排名最低，其中宁夏、青海和西藏均不足 500 亿元，远低于各省份均值。近六成西部省份财政收入规模较 2019 年回落，其中青海财政收入同比增长 5.60%，居全国首位，新疆、广西财政收入同比下降 6.40% 和 5.20%，降幅较大；此外，2/3 的西部省份财政收入增速较 2019 年下降，各省份收入增速均值为-0.04%，其中广西收入降幅最大，与积极落实中央和自治区出台的大规模减税政策有关。2020 年西部地区财政支出平均规模为 5115 亿元，在四个区域中排名最末，除四川、云南外，其余省份均未达到各省份平均水平，值得一提的是，四川的支出规模居全国第 4 位，宁夏支出规模最低，仅为 1483 亿元。西部省份财政平衡能力整体较弱，财政平衡率均值仅 29.09%，除重庆外，其余省份均低于各省份平均数、中位数水平。从各个方面来看，其收支矛盾远比东部地区突出，财政的可持续能力也相对更弱。究其原因，一是经济发展的不稳定性程度高、波动大，财政收入依赖于专项资金项目以及营改增后税源与税收分离；二是社会性支出刚性化，基础设施欠账多、扶贫任务艰巨、债务包袱重。

近年来，东北地区财政收入增速稳步提升，但依然面临很多困难。2020 年东北地区财政收入均值为 1631.00 亿元，辽宁、吉林、黑龙江三省收入均不及全国平均水平，收入最高的辽宁也明显低于各省份均值。东北三省财政收入增速均值较 2019 年下降 0.43 个百分点，黑龙江和吉林财政收入规模不及 2019 年的水平，黑龙江财政收入同比下降 8.70%，吉林收入同比下降 2.90%，降幅有所收窄但仍为负值；辽宁收入规模同比增长 0.10%，增速较 2019 年下降 1.30 个百分点。东北三省 2020 年平均支出规模为 5193 亿元，略高于西部地区平均支出，但三省均未达到全国平均水平。东北三省财政平衡率均值为 30.56%，其中辽宁财政平衡率在三省中最高（44.24%），黑龙江平衡率仅略超 20%，收支缺口较大。东北地区财政平衡率均值较 2019 年降低约 3 个百分点，且三省财政平衡率均较 2019 年回落，其中黑龙江平衡率最低（21.15%），辽宁财政平衡率同比下降幅度在三省中最大，较 2019 年下降 5.99 个百分点，延续近年持续下滑的特点。从东北地区的情况看，导致财政平衡率不佳、财政压力大的主要原因在于：一是财政收入质量不佳，非税收入占比较高；二是财政赤字规模增大；三是地方政府债务问题突出；四是国企改革的财政包袱重。

第二节　县级财政压力的表现

以上分析可以看出，尽管目前财政收支经受住了新冠肺炎疫情等冲击的影响，状况总体良好，但无论是全国性的还是地方性的财政收支缺口都呈现不断扩大的趋势。作为行政管理层级接近末端的县级政府，其面临财政压力时缓冲空间较小，因此能够最早地反映出财政总体情况。那么，县级财政收支情况到底如何呢？通过笔者实地调研发放调查问卷和公开数据资料分析认为，在现有的财政分配格局下，县级财政状况不容乐观，基础财政压力大，债务负担严重。

一、财政收支缺口大，部分县级政权运转困难

"郡县治，天下安。"作为国民经济的基本单元，县域经济发挥着举足轻重的作用。其发展不仅关系到社会经济发展的总体，也关系到社会主义现代化国家的全面建成和"三农"问题的解决。我们国家一直以来都非常重视发挥县域经济对国民经济的推动作用，党的十六大报告明确提出要壮大县域经济；党的十七

大报告再次强调保持县域经济发展的重要性；党的十八大报告又一次提到统筹县域经济科学发展；党的十九大报告虽然并没有直接提到县级经济发展的问题，但是报告强调的乡村振兴战略是县域经济发展的重要组成部分。由上可以看出县域经济发展对于社会经济总体发展的重要性和中央政府的关注程度。国家统计局公布数据显示，截至 2019 年底，县级户籍人口约为 102441 万，占全国总人口的71%；县级经济的 GDP 总和占全国 GDP 总量的 54%；社会消费总额大概占全国的 50%。以陕西为例，陕西全省 79.8%的面积、55.2%的常住人口、40.8%的经济总量都在县域，县域经济在全省发展大局中至关重要。

从地域分布角度来看，2018 年地方财政预算收入达到 10 亿元以上的县（市）共有 767 个，数量上占全部县（市）总和的 37.43%，人口占县（市）总人口的 54.53%。[1] 这些区（市）从所处的地域来看，东部省份占41%、中部省份占34%、西部省份占25%。[2] 然而据中郡县域经济研究所的研究数据统计，全国经济实力最强的 100 个县（市）主要分布在江苏、浙江、广东和山东，占经济百强县总数的4/5。由此可见，不同区域的县（市）无论是经济总体实力还是组织财政收入的能力，都有非常明显的差异（见图 4-5）。

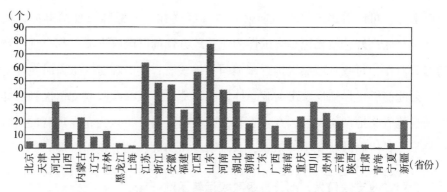

图 4-5　2018 年地方财政预算收入 10 亿元以上的县分布情况

① 国家统计局农村社会经济调查司. 中国县域统计年鉴 2018 ［M］. 北京：中国统计出版社，2019.
② 在这里，东、中、西部地区的划分参照国家统计局网站的划分方法：东部地区包括北京、天津、河北、辽宁、上海、江苏、浙江、福建、山东、广东、海南 11 个省份；中部地区包括山西、吉林、黑龙江、安徽、江西、河南、湖北、湖南 8 个省份；西部地区包括内蒙古、广西、重庆、四川、贵州、云南、西藏、陕西、甘肃、青海、宁夏、新疆 12 个省份。

尽管分税制下县级政府收入乏力，但各地方政府事权范围相差不大，且呈现不断增加的趋势。特别是县级政府基本公共服务支出，近年来日益呈现刚性增长趋势，加之需要应对环境治理、人口老龄化以及城镇化、"补短板"等，财政支出不断增加，一些县（市）工资的发放都已经成为难题，财政运行的风险上升。从2018年全国县级财政支出分布来看（见图4-6），财政收入相对充裕的江苏、浙江、山东和广东等省份，财政支出的规模相对较大，但是其他财政相对不充裕的县级财政支出的规模也较大。

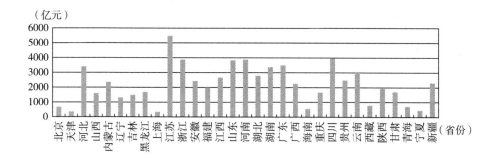

图4-6　2018年全国县级财政支出分布情况

将2018年全国各县财政收入与支出的数据（见图4-7）放在一起可以发现，绝大多数县级财政处于入不敷出状态，只有47个县的财政收入是大于财政支出的。在这47个县里，江苏有12个，山东、福建和四川各有5个，浙江有4个，安徽和陕西各有3个，云南和新疆各有2个，黑龙江、广东、贵州、西藏、甘肃和青海各有1个。从财政缺口的分布看，依然呈现出地区发展不均衡的特点。无论是沿海开放县、平原县、山区县、九大农区县、民族县还是国家扶贫开发工作重点县，财政收入和财政支出之间都存在较大的缺口。中国财政科学研究院课题组调研报告显示，吉林2016年各县（市）可用财力的64%用于保工资、保运转、保民生支出，其他必须保障的项目如脱贫、危房改造、城镇基础设施建设及维护等的财力空间非常有限，甚至个别财政困难县的可用财力已经无法及时满足"三保"的基本支出。县级财力不足、财政保障水平低位运行、刚性支出增加，这些因素都使县级财政赤字逐渐成为常态。

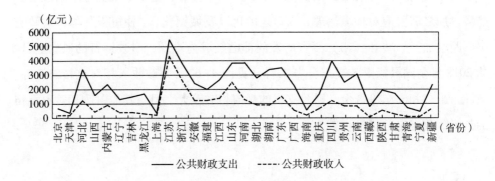

图 4-7　2018 年全国县级财政收支对比

虽然上级财政通过奖补政策、转移支付补助等方式试图化解县级财政压力，弥补财政赤字，但这些举措并没有从根本上改变"小马拉大车"的状况。地方政府每年都可以从中央财政获得转移支付以填补收支缺口，如 2018 年税收返还和转移支付增长了 8%，数值达到了 7.03 万亿元，其中中央对地方转移支付增长了 9%，达到了 6.22 万亿元。如果加上以前年度的 1154 亿元结转资金，那么中央对地方转移支付总数就超过了 6.34 万亿元。

但是，即使是如此巨额的转移支付也尚不能满足地方政府特别是县级政府日益增多的支出需求，部分市本级和一些县区存在一定风险。以陕西为例，调查中发现部分市县上缴给省级以上政府的财政收入占其总收入的 2/3 以上，市县财政自用的资金不到 1/3，而某县近 80 亿元财政总收入中留归县级安排使用的仅有10 亿元左右；陕西 2016 年综合债务率接近 75%，但仍有 10 个市本级和 37 个县区被列入风险预警和提示地区（中国财政科学研究院 2017 年"地方财政经济运行"西部调研组，2018）。

二、农村基本公共产品和服务的供给相对不足

公共财政取之于民，用之于民。基本公共产品和服务是由政府主导、保障全体公民生存和发展基本需要、与经济社会发展水平相适应的公共服务。优化

基本公共产品和服务的提供，既是"做大蛋糕"，又是"分好蛋糕"的机制，有助于促进社会和谐和公平正义。基本公共产品和服务均等化目的是实现居民间、城乡间、区域间的均等化，实现社会发展成果共享，2021年3月，国家发展和改革委员会联合20个部门出台《国家基本公共服务标准（2021年版）》，明确了幼有所育、学有所教、劳有所得、病有所医、老有所养、住有所居、弱有所扶、优军服务保障、文体服务保障9个方面的具体要求。因此，基本公共服务是保障和改善民生、增进人民福祉、满足人民日益增长的美好生活需要的重要举措。

县级政府既要提供基本公共服务还要提供基本公共产品，并且其提供的对象主要是县域居民和广大的农村居民。从其构成来看，既包括基层政府行政服务、农业基础科学研究、大江大河治理、环境保护、信息服务等纯公共物品，又包括农村义务教育、电力等基础设施、小流域防洪涝设施建设、农业科技成果推广、公共卫生、社会保障等准公共产品。随着社会对"三农"问题的高度重视，特别是自乡村振兴战略实施以来，财政支农资金的绝对规模在不断增加、结构在不断优化，但支农资金占财政总收入的相对比重却没有明显提高，近些年一直维持在9%左右，且财政用于教育、卫生等农村社会事业发展支出的资金在财政支农资金中的比重仅为22%。[1]

在财政资金有限的情况下，部分县级公共产品存在供给不足与过剩的双重矛盾。居民真正需要的、切实解决生产生活问题的公共产品供给不足，二元公共产品供给结构表现突出。具体表现为：基层水利工程设施老化，抗灾能力差；农业机械化程度不高，大型灌溉设施短缺；道路桥梁维护、维修、改造滞后；科技培训与农民实际需求之间有缺口；基层教育、基本医疗、养老保障条件偏低；等等。这些问题最集中出现在农业特征较为明显的县级政府：一方面公共产品在农村的低效、无效供应持续增加，另一方面农民真正急切期望的有效供给却严重短缺。也就是说，政府公共产品的供给架构比例严重失调，供给的效果和效率大打折扣。

---

[1] 国家统计局农村社会经济调查司.中国农村统计年鉴2017［M］.北京：中国统计出版社，2018.

三、财政收入结构失衡，土地财政收入占比较大

尽管近十余年间，我国人均财政收入总体出现大幅增长，财政收入稳健指数也不断提升，但随着近年来经济增速的放缓，地方政府财政收入稳健指数的提升也逐渐放缓，加上新冠肺炎疫情的冲击，2020年人均财政收入减少，地方政府面临财政收入压力，财政收入稳健程度明显下降，与此同时，我国财政收入结构存在的问题逐渐暴露。一方面，税收收入持续下降，财政收入进一步紧缩。随着我国近年来大范围、大力度施行减税降费举措，税收收入占财政收入的比重不断减小，尤其是大税收入占比下降幅度明显。各省份大税收入占一般公共预算收入的比重由2008年的73.6%下降到了2020年的60.1%，下降了13.5个百分点。

另一方面，在税收收入无法满足财政支出的情况下，地方政府对土地出让金的依赖程度进一步提升，财政收入风险随之产生。从近些年学者的研究中可以发现，2015年开始我国地方政府又出现了新一轮的土地财政依赖。中指研究院公布了2020年全国300城市土地出让金数据，总额为59827亿元，比2019年的50294亿元增加了9533亿元，增幅达到16%。与此同时，国家税务部门也公布了2019年全国的税收收入数据，总额为13.68万亿元（已扣除出口退税），比2019年下降了2.6%。据此来看，2020年仅300个城市土地出让金的增量的一半就足以抵消全国税收收入减少的数额。可见，我国地方政府土地财政依赖度偏高。从各省份的具体情况来看，与2019年相比，2020年各省份的土地财政依赖度普遍上升，很多省份提升幅度超过了20个百分点。2020年，浙江（142%）和江苏（118%）的土地财政依赖度位居前列，湖北（117%）的土地财政依赖度位居第三。然而，土地出让收入只是作为财政收入中的补充性收入，其具有稳定性差的特征，过度依赖土地出让收入不利于财政收入的稳定。

四、县级政府债务规模较大，区域分布不均衡

随着我国经济增长放缓、减税降费政策的推广以及新冠肺炎疫情对实体经济的冲击，政府财政收入情况形势严峻，加上民生性刚性支出压力的不断加大，我国地方政府财政收支矛盾加深，除了通过出让国有土地使用权获取收入以外，债

务融资也是地方政府弥补财政收支缺口的重要方式。2008—2020 年，无论是用广义口径还是用狭义口径，我国地方的负债水平都在不断提高，债务率明显上升，债务可持续性下降。此外，西部地区的债务风险显著高于东中部地区，值得关注。

在现有的分税制体制下，接近行政管理的末端、承担连接城乡的重要职能的县级财政面临的公共事务多、财政收入少，财政回旋余地小，遇到风险往往难以外化释放，所以非常容易形成较大规模的赤字与债务，财政压力较大。

根据审计署的定义，2015 年以前地方政府债务主要包括两部分：一部分是政府负有直接偿还责任的债务，如发行的债券；另一部分就是或有债务，如负有担保责任的债务和可能承担一定救助责任的债务。尽管目前或有债务已经明确不再被继续认定为政府债务，但是投资者们长期形成的观念认为，融资平台发行的债务和国有企业的债务都是由政府信用背书的，一旦债务发生违约，政府就会接管或提供救助，所以这些债务也被称为地方隐性债务。

为提高债务透明度和防范债务风险，2017 年审计署审计报告发现，违规举债的情况依然存在，且政府债务余额比 2013 年同期增长了 87%（汪德华，2018）。2017 年全国金融工作会议后，尽管各地方政府增强了风险防范意识并抑制了举债冲动，使债务风险得到了有效的控制，但个别地区在此后依然违规举债或违规提供担保。2018 年，审计署在对 5 个省本级、36 个市本级和 25 个县级政府债务的管理情况进行审计过程中发现，部分地区发行债券筹集资金有较大规模的结存，甚至一些资金已经闲置超过 1 年，资金闲置在财政账户上，利用效率很低；一些地方政府在债务管理方面缺乏计划性和规范性，重点项目建设资金接续不畅依然存在；个别省份不重视政府债务大数据监测平台的建设，对政府融资担保等问题的统计不全面，或者对融资担保不按规定整改等（周潇枭，2018）。

地方债务规模没有得到有效控制，隐性债务的占比却在不断上升。根据安徽省合肥市的审计报告，2017 年该市政府性债务余额超过 1130 亿元，其中纳入地方债管理系统的政府性债务 656.22 亿元（存量债务，其中政府债务 543.61 亿元、或有债务 112.61 亿元），也就是说仅有 58% 的债务被纳入了地方债管理系统，还有 42%的隐性债务没有纳入地方债管理系统，隐性债务约为政府债务的90%。河南省濮阳某区以 2018 年 3 月底审计调查结果为基础，调查统计了该区的隐性债务，显示系统内债务为 8.73 亿元，系统外隐性债务总额为 26.43 亿元，后者是前者的 3 倍多。

尽管政府债务风险总体比较平稳，但考虑到县级财政面临经济发展的任务和改善民生的压力，未来县级政府债务依然面临很多问题：

第一，存在明显的发新偿旧的现象。发行新债偿还旧债并不是出于债务结构优化调整的目的，而是由于没有建立起流动性市场所以希望通过发新偿旧来避免债务到期带来的窘境。特别是表现在地方政府的投资基金和产业发展基金中银行出资的部分快速增长，而原有的贷款结构和投资规模却继续保持，说明银行资金通过政府投资基金来满足政府的新增投融资需求，原有的信贷和债券投资资金则主要提供了借新还旧的空间。

第二，地方投融资平台转型困难。受发新偿旧的实际情况的影响，地方投融资平台转型成为国有资产经营性投融资公司短期内较为困难。尽管东部地区的投融资平台公司比其他地区的转型速度快、效果好，但东部地区的投融资平台公司资产收益中有八成以上来自土地收入，收入类型单一，风险较高。此外，由于一些投融资平台公司资产持续期在 20 年以上，资产抵押是其主要资金来源，所以在资金安排使用方面，也不得不着重考虑投资收益问题，因此大多更加青睐溢价型投资项目。一些经济发达城市或省域中心城市的投融资平台公司也逐渐认识到这个问题，试图通过多渠道融资的方式降低持续期，但操作空间有限，实际情况依然不容乐观。

第三，投资公益化倾向明显，收益率较低。从政府性债务资金的投资领域看，大约有一半的债务资金进入了基础设施、医疗等公益性领域。这些公益性领域的重要特征之一就是追求社会效益、微利甚至没有盈利，无法使投资项目获得稳定可靠的收益来源。除了进入这些公益领域外，还有大约 1/4 的政府性债务资金成为地方政府招商引资的先导基金。这部分政府投资资金的目的是吸引外来投资，促进地方经济发展，但这些项目也大多面临资产风险水平高、收入来源匮乏、投资回报率低的实际情况。

上述三个方面虽不能直接作为当期债务风险评价和判定的主要标准，但从债务的持续性和未来发展的角度看都将是重要的风险。

第三节　县级财政压力的历史成因及沿革

一只小小的蝴蝶在南美洲扇动一下翅膀，就能给遥远的美国带来一场飓风。"蝴蝶效应"其实就是指初始条件下微小的变化都会给系统带来连锁反应。县级财政压力的形成并非是一朝一夕的，而是一个由萌芽产生到慢慢积累、逐步壮大的过程。在这一过程中，一定是某一因素或条件的变化带来了一系列的反应，所以研究县级财政压力问题时，就应该回溯县级财政管理的历史，进而在管理制度的变迁中去挖掘探寻压力产生的深层次原因。但是，通过数据整理和文献查询，笔者发现县级财政压力的真正产生并引起关注是在分税制改革之后。因此，以中华人民共和国成立后的财政管理制度为起点，重点考察分税制改革后的财政管理，梳理县级财政压力问题的相关政策有助于了解财政压力的大致变化和化解财政压力可能需要采取的措施。

一、分税制改革前不存在县级财政压力的范畴

在实行分级分税制财政管理制度改革以前，我国财政管理经历了高度集中、统收统支的阶段（1950—1952 年）；划分收支、分类分成阶段（1953—1957年）；划分收支、总额分成阶段（1958—1979 年）；划分收支、分级包干阶段（1980—1993 年）。

1. 高度集中、统收统支的阶段（1950—1952 年）

中华人民共和国成立初期，为了迅速制止通货膨胀，稳定物价，恢复经济，中央做出了《关于统一国家财政经济工作的决定》，要求统一全国财政收支，统一全国的物资调度，统一全国现金管理。之后国务院又发布了新中国成立后第一个关于国家财政体制的文件，即《关于统一管理 1950 年财政收支的决定》，规定

国家预算管理权和制度规定权集中在中央，收支范围和收支标准都由中央统一规定；财力集中在中央，各级政府的支出均由中央统一审核，逐级拨付，地方组织的预算收入同预算支出不发生直接联系，年终结余也要全部上缴中央。1950年的财政体制基本上是高度集中的中央财政统收统支的体制，又称为收支两条线的管理体制。1951—1952年，随着国家财政经济状况的好转，为了调动地方的积极性，开始实行在中央统一领导下的初步分级管理，国家预算划分为中央、大行政区和省（市）三级管理。在这一时期，县级政权并不健全，也不存在县级预算的范畴，因此也不可能存在县级财政压力的问题。但是，在这种体制下，财权和财力仍然集中在中央，划归省级财政的收入只充抵原来的中央拨款，地方政府的机动财力有限。因此，1951—1952年的财政体制基本上还是统收统支的办法，但在一定程度上已经开始向分级管理的体制过渡。

2. 划分收支、分类分成阶段（1953—1957年）

1953年，我国开始进入第一个五年计划时期。随着大行政区机构的改变和撤销，县级政权的建立和健全，国家的财政体制也做了相应的改变，由原来的中央、大行政区、省（市）三级管理改为中央、省（市）和县（市）三级管理，并划分了各自的财政收支范围。

1954年，根据周恩来、邓小平同志的指示精神，在财政管理上开始实行分类分成办法，将财政收入划分为固定收入、固定比例分成收入、中央调剂收入三大类。地方预算每年由中央核定，地方的预算支出，首先用地方固定收入和固定比例分成抵补，不足部分由中央调剂收入弥补。分成比例一年一定。"一五"期间的财政管理体制虽然每年都有一些变化，但主要倾向仍然是在集中财力保证重点建设的前提下，实行划分收支、分级管理的财政体制。在这一时期，也不存在县级财政压力的问题。

3. 划分收支、总额分成阶段（1958—1979年）

从1958年起实行"以收定支，五年不变"的财政体制。这次重大改革的背景是，"一五"期间建设的156项骨干工程已陆续建成投产，中央各部门所属的企事业单位数量剧增，难以做到有效监管。1956年4月，毛泽东在《论十大关系》中提出了"中央和地方两个积极性，比只有一个积极性好得多"的论断，

"以收定支、五年不变"的财政体制正是在这种思想的指导下设计的。他把三种收入（地方固定收入、企业分成收入、调剂分成收入）划归地方，分类分成，多收了可以多支，少收了只能少支。

1958年的财政体制改革，事实上是中华人民共和国成立以来传统体制下的第一次财政分权。但是，由于财力下放过度，中央财政收支所占比重锐减，于是在1959年开始实行"收支下放，计划包干，地区调剂，总额分成，一年一变"的财政体制。也就是说，各地的财政收支相抵后，收不抵支的部分由中央财政给予补助，收大于支的部分按一定比例上缴中央财政。从1959—1970年到后来的1976—1979年，"总额分成"的管理体制共存续了16年。

4. 划分收支、分级包干阶段（1980—1993年）

财政数据显示，1953—1977年很多年份中央支出都高于地方支出，地方政府利益主体意识淡薄，中央政府控制着大多数的财政资源。在各级政府"同吃一锅饭"的背景下，地方政府包括县级政府不存在财政压力的问题。党的十一届三中全会后，以经济建设为中心的经济体制改革正式启动。为发挥财政政策的积极作用，遵循"放权让利"的思路，1980年初开始实行"分级包干"的财政体制。

1980年2月，国务院决定实行"划分收支、分级包干"的财政管理体制，其要旨是，把收入分成固定收入、固定比例分成收入和调剂收入，实行分类分成，财政支出主要按照企业和事业单位的隶属关系进行划分，地方财政在划定的收支范围内多收可多支，少收则少支，自求平衡。

1983年和1985年国家对国营企业实行两步"利改税"，企业由上缴利润改为交税金，同时开征了几种新税，完善了税制体系。从1985年起，财政体制也相应调整为"划分税种、核定收支、分级包干"。

1987年开始，在全国范围推行承包经营责任制，财政体制在某些方面与之不相适应。1988年，根据财政经济生活中出现的新情况，开始全方位实行财政承包制。

财政包干体制事实上是以1979年为收支包干基数，要求财政有盈余的按一定比例上缴收入，有亏损的地区按一定比例将工商税留给地方。地方政府财力充裕就多支出，财力不足就少花钱，改变了财政"大锅饭"的现象。从地方财政的角度看，包干制的实施扩大了地方政府财政收支范围和管理权限，极大地强化了地方利益。一方面地方政府可以通过一定的方式获得更多财政资源；另一方面地方政府筹集财政资金的积极性被调动起来，更加积极地培植预算外收入。财政包干制使地方政府成为相对独立的利益主体，但它从本质上看仍未摆脱集权型的财政分配模式，没有从根本上解决中央与地方政府之间财力分配的约束机制与激励机制问题，但它与当时经济体制改革的方向是吻合的，为后来分税制财政体制的改革奠定了基础。这一时期，地方财力占全部财政收入由过去的 30%上升到50%以上，财力充裕，因此县级政府也没有财政压力的问题。

二、分税制实施以来县级财政压力问题开始浮现

作为过渡性财政体制，财政包干制有其历史必然性，但弊端也日益显现。除了导致为求政绩的盲目开发和重复建设外，还刺激了生产流通等环节的地区封锁，不利于全国统一市场的形成。更重要的是，在财政包干中关于收支基数、上解资金数额、返还或补贴数额等，都是中央与地方政府一对一谈判商定的，易造成信息不充分甚至失真的情况，谈判结果缺乏透明度，交易成本高，影响了中央政府的宏观调控能力。

20 世纪 80 年代以后，经济高速增长的同时却没有带来国家财力的等速增长，"两个比重"平均每年下降超过 1 个百分点。全国总体财力不足，表现最为严重的就是中央财政。中央政府为保障自身职能的实现，依赖地方收入上解勉强实现平衡。在这期间，出现过中央向地方的"两轮借款"甚至借而不还的尴尬状况，凸显了中央宏观调控能力弱化和中央财政陷入被动局面的弊端。

1992 年邓小平同志南方谈话提出，要建立社会主义市场经济，要使市场在国家宏观调控下对资源配置起基础性作用。市场经济要求有规范的市场秩序、公平的竞争环境、强有力的宏观调控和统一开放的市场。财政包干制造成的形式多样的财政体制、地方保护主义和软弱的中央调控职能与市场经济的要求格格不入，加快社会主义经济建设，就必须废除原有的包干制。1994 年实行的分税制改革包括以下三部分：

第一，划分事权和支出责任。中央与地方支出责任的分配遵循财权与事权相统一原则。按照这一原则，中央财政支出主要包括国防、外交、重点建设支出、武警部队支出、中央财政负担的支农支出、中央直属单位支出等。地方支出责任主要包括政权运转支出和经济事业发展支出。

第二，划分中央和地方收入。结合国际惯例，把涉及主权维护、有利于实施宏观调控的关税、消费税等，划为中央税；将由地方征管效率较高的营业税（2017年以前）、个人所得税、耕地占用税、城镇土地使用税等，划为地方税；将直接关联社会经济发展的增值税、证券交易税、资源税等，划为共享税。

第三，明确税收返还计算方法。为维护地方既得财力，中央财政明确了税收返还的计算方法，即以1993年为基期，以两税（即增值税和消费税）增长率的1：0.3为税收返还递增率。

分税制是对"分级包干"体制的扬弃，在实践中显示出良好的效果，标志着我国迈入公共财政改革的新阶段。首先，基本确立了分级财政管理体制的总框架，对政府间收入范围进行了规范。其次，初步理顺中央和地方的分配关系，建立了财政收入稳定增长机制。再次，提高了中央财政的宏观调控能力，"两个比重"明显提高。最后，推动了公共财政建设，刺激了地方积极性。

但是，分税制改革实施以来县级财政压力问题逐步浮现，并且程度不断加深、范围不断扩大。由于分税制并未涉及省级以下体制改革的深化，导致省级以下政府财权与事权的划分相背离，即资金层层向上集中，基本事权则逐步下移，这种状况表现最为严重的集中在县、乡两级。除了某些刚性支出以外，一些政策性增支因素也不断出现。分税制以来，中央财政逐渐掌握了较多的财力，已经具有通过转移支付减轻地方财政压力的能力，但依然存在很多问题。实践中，由于地区资源禀赋、经济发展差异的存在，导致了越往基层，收入来源就越不平等，财政压力就越大；当转移支付制度不完善时，收入来源的不平等进一步扩大地区间财力差距，财政压力也就进一步扩大。

三、农村税费改革后县级财政压力进一步增大

20世纪90年代开始，农业和农村正式进入飞速发展的阶段。与此同时，农产品供给却出现了结构性过剩的问题，农民负担重、增收困难，影响了农村经济

发展和社会稳定，于是农村税费改革拉开了帷幕。从总体来看，以减轻负担、规范收费作为主要目标的农村税费改革经历了"正税清费"和"取消农业税"两个阶段。

1. 第一个阶段（2000—2003 年）：正税清费，减轻农民负担

针对农民增收困难、农村发展缓慢问题，国务院在安徽率先试点，取消了屠宰税、乡统筹费、农村教育集资等；将原农业税附加并入新的农业税，调整农业税和农业特产税政策，同时配套推进规范农村收费、精简机构和完善县乡财政管理体制等改革。

在总结安徽试点经验基础上，2001 年国务院要求均衡不同从业人员的税费负担；合理确定农业税计税面积、产量、价格等；加大转移支付力度，保障农村税费改革等。截至 2002 年底，试点工作在河北、江西、内蒙古、青海、山东、宁夏等 20 个省份铺开，涉及全国农村人口的 3/4，同时针对农村基层政权运转和中小学经费保障困难问题提出"三个确保"（韩俊，2012）。为进一步减轻农民负担，国务院在 2003 年全面推开改革试点。中央财政通过转移支付，加大支持力度，改革当年转移支付金额就达到 305 亿元，加快了城乡统筹发展，促进了农业增产和农民增收。

2. 第二个阶段（2004—2006 年）：逐步减免直至全面取消农业税

2004 年，国务院下发了《关于促进农民增加收入若干政策的意见》（中发〔2004〕1 号）。吉林和黑龙江两省率先进行免征农业税试点。其后，北京、天津、浙江、上海等也全面免征了农业税，辽宁、山东等粮食主产区税率降低了 3%，其他省份降低了 1%。2005 年，全国 28 个省份和所有的国家扶贫开发重点县免征农业税。2006 年起，《农业税条例》正式全面废止。与农村税费改革前的 1999 年相比，2006 年全国农民税费负担减少 1200 多亿元，人均减负 140 元。

"后农业税"时期在带来积极影响的同时，也使原本存在的县级财政压力问题雪上加霜（吴敏等，2020）。按照事权与财权相匹配的原则，县级政府为履行提供基础性公共产品的职责，需要充裕的财政收入来支持。农业税取消之前，县级财政一般预算收入主要包括增值税收入留存部分、财政部门收取的以农业税为主的税费、其他地方工商税收和部分的企业所得税、个人所得税等。特别是在一

些以农业发展为主的地区，农业税税收收入占年度财政收入的比重在30%以上，个别的县甚至会达到70%~80%。农业税的取消在减轻农民负担的同时，也使这些县的财政更加困难，收支缺口继续增大，更加依赖上级的转移支付资金来维持政府的运转和职能的实现。

四、"三奖一补"临时化解了部分县级财政压力

农业税的取消减轻了农民的负担，也缩减了县级财政收入。在县域经济发展差距明显、财政供养人数较多的情况下，部分县乡在提供基本公共服务的过程中出现了财政困难，其中的重要表现就是拖欠财政供养人员工资待遇、公用经费保障水平低等。为促进县乡财政良性、可持续发展，2005年财政部实行"三奖一补"激励约束政策，发挥各级政府力量共同化解县级财政压力。针对市辖区以及北京、上海等地所辖县以外的区域制定奖补办法，对财政困难县增加税收和财力性转移支付奖励；撤并乡镇和精简人员奖励；增加粮食商品量、产量和播种面积奖励；对人均财力增长县提供补助（刘明中，2005）。

2006年，财政部继续扩大奖补范围，将市辖区纳入其中，对奖补方法、奖励机制等都进行了适当调整。中央财政还采取一系列措施，增加财力性转移支付资金规模，给予县级财政更多的财力；通过省级以下财政体制创新，逐步完善县乡财政管理，减轻县级财政负担。

从本质上讲，"三奖一补"就是有条件的转移支付，改变了传统的化解县级财政压力的思路，充分调动了地方政府的积极性，把乡镇机构改革和对农村粮食产业的扶持充分结合在一起，通过激励机制和转移支付，有效地消除了地区间差异。一方面，增强了县级财政自给能力。2005—2009年，中央安排奖补资金1715亿元，地方安排800多亿元支持财政困难县。另一方面，带动了地方政府化解县级财政压力的积极性。政策实施以来，精简机构和人员的效率明显加快。仅2006年，全国就有798个乡镇被撤并，近8万财政供养人员的岗位被削减，减轻了县级财政的压力，基本解决了"保工资、保运转"的问题。

但是，"三奖一补"对从根本上化解县级财政压力只是杯水车薪。首先，这一举措更多的是对现有体制的细化修补，具有临时性、短期性的特点。县乡政府

只要增加了税收收入，就可以获得奖补资金，但是这些税收来自什么行业、什么领域并没有规定。所以，符合经济人假设的政府官员会更加倾向于发展短期盈利的项目，对于其是否具有长远发展潜力、是否会造成环境和生态污染，不会过多考虑。这就导致地方经济发展中的短视行为，不利于产业结构调整。其次，这一举措对县乡财政的保障水平较低。其主要目的是保障基层运转，也就是"吃饭"的问题，没有考虑如何从根本上让县级财政拥有自我供给和持续发展的能力，也就是侧重于有条件的"输血"，而不是解决"造血"的问题。所以，实际上"三奖一补"是化解县级财政压力的临时性的、短期的举措。

五、县级财力基本保障制度有利于短期化解财政压力

自 2005—2009 年"三奖一补"政策以来，中央财政对地方转移支付的规模逐年增大，更加重视财力逐步向基层倾斜，试图化解严重的县级财政压力问题。但是，无论是从纵向来看还是从横向来看，县级财力依旧不足，地区差距明显。2010 年，财政部下发了《建立和完善县级基本财力保障机制的意见》，要求各级政府分担责任，科学测算实际缺口，主要保障人员、办公经费和基本支出；保障的标准就是最基本的支出需求。

青海、广东和山东率先通过建立较为规范的收入增长机制、转移支付机制等，实现保障财政困难县财力的目标。财政部数据显示，为了解决县级财政困难保障县级财力，政策实施当年中央财政就下达了 475 亿元奖补资金，到 2013 年奖补资金总额达到了 1525 亿元，是 2010 年奖补资金的 3.21 倍。为了提高奖补资金的使用效率，财政部对奖补资金进行了规范，明确奖补资金由县级财政管理、安排和使用。在奖补资金的确定上，由中央财政核定保障范围和标准，采用因素法对全国的县分配奖补资金，财力均衡度较高的县可以获得奖励资金，而财力均衡度低或水平无法达标的县，中央财政减少对其对应的省级财政的转移支付。

为实现"保基本"的原则，2016 年中央财政对奖补资金分配由"奖补并重"调整为"以补为主"。中央财政均衡性转移支付比 2015 年增长了 9.6%，县级基本财力保障机制奖补资金比 2015 年增长 15%，均高于转移支付平均增幅。逐步形成以"因素法"为基础的转移支付分配测算体系，测算数据来源于权威部门的统计数据和财政决算报告。分配奖补资金时，根据各地财政收入下降情况计算减收缺口，根据财政供养人数、学生在校数量、医院床位数、城乡人口数等因素测算基本支出需求，按各地财政部门减收增支情况进行补助。

为进一步实现县级财政"保工资、保运转、保民生"的总体目标，保障基层政府实施公共管理、提供基本公共服务以及落实党中央、国务院各项民生政策的基本财力需要，强化中央财政县级基本财力保障机制奖补资金管理，2017年7月，财政部印发了《中央财政县级基本财力保障机制奖补资金管理办法》（以下简称《办法》）对奖补资金管理职责、补助对象范围和标准、资金分配和下达、运行管理等方面作出明确规定。《办法》明确指出省级财政部门负责制定本地区县级基本财力保障机制奖补政策，加大对下转移支付力度，向省级以下财政部门分配、下达奖补资金时，向基层困难地区倾斜，并对县级"三保"支出保障情况进行动态监控。在奖补资金分配上，规定中央财政按照奖补结合的原则，结合各地区财政困难程度、省级财政调控努力程度，采用因素法对省级财政分配县级基本财力保障机制奖补资金。对县级财政减收增支额予以补助；对县级财力均衡度较高、县级财政管理较为规范绩效管理水平较高的地区给予奖励。根据县级财政运行实际情况，动态调整奖补资金比重。同时，为引导激励地方各级财政将财力向基层、向困难地区倾斜，改善县级财力分布横向、纵向的均衡度，缩小县域间财力分布差异，对县级财力均衡度较好的地区给予奖励。2021年中央下达县级财政保障奖补资金总额达到2681亿元，其中河南最多（207.2亿元），其次是四川（190.2亿元）（见图4-8）。

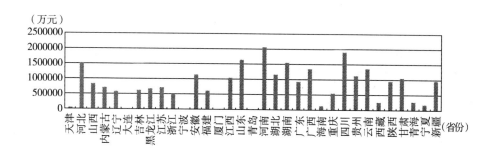

图4-8　2021年县级基本财力保障奖补资金预算下达

县级财力基本保障制度更像是"三奖一补"的升级版，在以前奖补政策的基础上主要通过转移支付对财政困难县进行补助，同时在这一过程中不断完善分配办法和使用管理等，提高资金使用绩效。尽管县级财力基本保障制度在不断进步，日趋完善，但依然存在一些问题：第一，这一举措的公平性还有待讨论。虽然通过多种因素计算转移支付的数额，测算方法较为科学，也减少了寻租现象的出现，但是这种因素的计算对于同等发展条件下的城镇之间较为公平，针对不同发展水平的城镇间则有可能造成新的不平衡。有能力做好省域财力均衡的地区会获得更多的资金，而没有能力做好省域均衡的地区则获得财力有限。第二，没有对县级财力配置做出根本性的改变。转移支付虽然能在一定程度上缓解县级财力紧张的问题，化解一定的财政压力，但是这依然是在县级财力本身不足基础上做的补救措施，没有触及财政压力产生的根源，所以其发挥的作用较为有限，不能视为长久之计。

六、省直管县对化解县级财政压力有一定作用

要缓解县级财政压力，应推进相关机制改革。省级以下财政体制决定了县级政权的有序运转，为县级政府职能的实现和提供基本公共产品和服务提供了保障。为创新财政管理方式、直接增强县级政府的财力保障，财政部门推进了各个省份的省直管县改革。

2010年，中央政府决定对安徽、河南、江苏、黑龙江、云南、宁夏等8个省份的30个县（市）进行省直管县体制改革试点。随后，湖北、河北等8省份纷纷出台关于省直管县体制改革的相关文件。省直管县就是在财政收支管理、资金往来等方面由省级财政部门与县级财政部门直接对接，完成相关业务工作。尽管在行政区划上县级政府依然从属于地市级政府，但是相比较非省直管县而言，省直管县在财政自主权和其他社会管理权限上有更大的空间。

省直管县改革减少了财政管理级次和行政成本，使省级财政便于从宏观上调控整个省辖区域的财力，促进县域经济发展，克服了市管县体制可能存在的弊端，推动了地区基本公共服务均等化。到2012年底，全国有28个省份的1087个县实行了省直管县财政体制改革。2019年，山东省政府确定了

50个县（市）作为省事权综合改革试点县，真正实行"市县同权"，省财政直管县。

尽管对省直管县和乡财县管所发挥的作用目前依然存在争议，但也应该看到它在一定程度和范围上给县级财政带来的积极效应。一方面，省直管县财政体制确实增强了县级财政的保障能力。省级财政部门通过将各项财政资金直接拨付到县，缩短了在途时间，减少了中间环节，避免了地方资金拨付过程中可能存在的截留等问题，县级财力有所增强。另一方面，省直管县改革提高了财政资金的使用效率。省直管县改革后，省对县财政实行上划资金比例留解的做法，省政府直接把专项资金拨付到县政府，解决了以前信息不通畅、资金中转环节过多等问题，对提高转移支付资金效率具有积极作用。

但是，省直管县在化解县级财政压力方面的作用也存在争议。一个问题是，县级财政压力的产生是市一级的存在所导致的吗？实际上，地级市的设立是在20世纪80年代初就开始了，可是那时候并不存在明显的县级财政压力问题，而这一问题的产生和逐步引起关注从文献上看则在90年代中后期。所以，并不存在市级财政导致县级财政压力的直接关联。另一个问题是，省直管县真的化解了县级财政压力吗？关于这一点在文献中也是有很多争议的。对于省直管县体制改革对县级财政压力的实际影响，本书会在第六章县级财政压力的影响因素分析中进行专门考察，为判断政策的有效性提供可靠依据。

通过梳理中华人民共和国成立之后特别是分税制改革以来的有关县级财政压力的政策可以看到，分税制改革之前不存在地方财政压力的问题，更不用说县级财政压力。分税制改革打破了原来的财政分级包干制，确立了我国财政管理体制的总框架，建立了国家财政收入稳定增长机制，特别是提高了中央财政的宏观调控能力，较大地推动了公共财政的迅速发展，是20世纪90年代以来财政体制的重大变革之一。但是，也正是在分税制改革之后，开始逐渐出现了省级以下政府财权与事权划分相背离的现实情况，特别是在基本事权下移的过程中县级财政压力问题逐步产生。农村税费改革则进一步加剧了县级财政压力的积累，特别是那些以农业发展为主的地区，农业税取消后县级财政收支缺口增大，越来越依赖上级转移支付。

在全面取消农业税之前，中央政府就已经清楚地认识到了这一问题，并充分重视县级财政压力的化解，于是采取了"三奖一补"的激励约束政策。这一政策的重要性在于转变思路，不仅通过奖补政策直接增加了县级财力，而且调动了县乡政府减轻自身压力的积极性。奖补政策适当缓解了县级财政的压力，但是县级财力保障不足的问题依然存在，于是作为奖补政策的升级版本，县级财力基本保障制度开始发挥作用，除了奖补以外，还充分调动省市级政府积极性，实行"托底"保障，在一定程度上解决了县级财政提供基本公共服务的后顾之忧。在农村税费改革和各种直接的奖补激励同时，省直管县改革也不断试点推进。通过财政省管减少中间传达带来的资源和信息阻滞，提高资源配置效率，缓解县级财政压力。

这一系列的政策措施充分体现了中央政府对县级财政压力的关注和化解压力的决心，为后面探寻化解财政压力的机制与长短期举措提供了实践的借鉴。尽管如此，这一系列举措尚未触及财政压力产生的根本，也未彻底解决县级财政压力的问题，更多的是针对财政压力的产生和增大而不得已采取的措施。要想真正化解县级财政压力，就必须对县级财政压力的产生、发展现状、影响因素等进行深入的剖析。

第四节　本章小结

本章主要描述中央和地方，特别是县级财政收支的总体情况。通过分析了解社会经济与财政收支发展的情况，并对当前县级财政压力的现状进行总结梳理，发现县级财政压力在实践中主要表现为以下四点：第一，财政收支缺口大，部分县级政权运转困难；第二，农村公共产品供给相对不足，效率较低；第三，财政收入结构失衡，土地财政收入占比较大；第四，县级政府债务的规模增大，区域分布不均衡。

本章还梳理回顾了中华人民共和国成立以来，特别是分税制改革以来有关县级财政压力问题的政策措施，对其历史成因及沿革进行了简要阐述。通过政策回顾，可以粗略地描绘出县级财政压力的变化，同时也可以发现中央政府对县级财政压力的重视和化解压力的决心，为本书后续的分析提供了实践借鉴。

第五章　县级财政压力的测评

分税制改革后，县级财政压力不断加大。过度积累的财政压力如果不采取措施加以妥善解决，有可能加剧财政风险，引发基层社会动荡。根据前面的分析，如果能够在财政制度设计中引入"财政压力风险阀"，及时甄别政府财政压力和财政健康现状，就可以通过发挥"自动稳定的压力调节"和"相机抉择的压力调节"机制，对不良财政压力进行有效控制，使其保持在可控范围内。在这里，确定财政压力阈值，进而对县级财政压力进行科学评价和测度就显得尤为重要。

引入压力测试预测风险在经济学界早有先例。金融行业早期使用预警模型（Early Warning Indicator，EWI），后来使用金融压力指数（Financiod Stress Index，FSI），评估金融市场面临的普遍压力，提前预防可能引致的金融风险。FSI 反映的是一种总体压力水平的变化，即不确定性给金融市场带来的压力变动。它可以反映一定时期内国家金融体系整体承受的压力，投资参与者们可以根据指标评估市场风险，控制投资规模；政府可以根据指标防范可能发生的金融危机，维护金融市场稳定。从加拿大经济学家 Illing 和 Liu（2003）提出金融压力概念并构建金融压力指数以来，国内外对金融压力的研究已经有近 20 年的历史，无论是指标选取还是评估方法都在不断完善与进步。① 在分析地方政府财政压力的时候，可以充分借鉴 FSI 的预测功能，构建财政压力指数，预测财政风险。

通过构建财政压力指数可以实现三方面的作用：第一，分析不同指标对财政

---

① 学者们在构建金融压力指数时，主要从银行、证券、外汇、债券，甚至包括与金融压力高度相关的房地产市场等多个市场选取反映金融压力的指标。

压力的贡献程度，根据历史风险状况检验财政压力指数的适用性；第二，通过构建财政压力指数，检验财政压力指数与宏观经济的关联性；第三，对未来的财政压力指数进行预测，评价财政健康状况。

目前我国对于财政压力的研究尚处于起步阶段，除文献较少且多局限于规范性分析外，财政部门自身也几乎没有编制财政压力指数的尝试。因此，编制财政压力指数，并通过指标对财政压力进行科学预测具有重要的理论意义和现实意义。

但是，在编制财政压力指数对县级财政压力的评价和测度过程中存在两方面的难题：一方面是财政压力本身的评价和测度问题。由于目前对财政压力的界定没有统一的标准，且其产生根源和表现形式各有不同，所以需要认真考虑指标选择和压力测评标准。另一方面，尽管我国每年都会公布财政经济统计数据，但是在实际研究过程中，县级财政数据不全面，收集起来存在困难，样本容量有限，在一定程度上限制了指标选取和各种测评方法的可行性及准确性，给县级财政压力的定量分析造成许多困难。

第一节　财政压力测评模型介绍

研究采用财政指标和相关经济变量，在财政压力转变为财政风险前对其进行有效预测。这对正确界定财政压力、保持财政健康运行具有重要意义。

一、Kloha 等的财政压力模型

Kloha 等在 2005 年的论文中为密歇根州财政压力检测系统提供了新的蓝图，也为财政压力测试提供了另一种研究思路。这种方法基于人口改变、实际可征税财产价值趋势、总体基金性收支、财政赤字等进行经营状况和总体长期债务的分析，可以对大量的地方政府进行以指标为基础的相对便捷的财政压力评估。根据 Kloha 等（2005）的研究，短期来看，财政压力可以反映地方政府是否能够按时支付工资；长期来看，财政压力反映了地方政府的税收基础相对于支出和政府承诺的趋势。模型主要包括以下指标：

（1）PI1：近两年人口增长情况（如果小于0，则得分为1）。指标衡量两年内人口的变化，如果地方政府人口增长为负，则得分为1；如果人口增长不为负，得分为0。

（2）PI2：近两年实际税收增长情况（如果小于0，则得分为1）。如果地方政府表现出实际增长为负，则得分为1；如果实际增长为正，则得分为0。

（3）PI3：广义实际税收减少情况（如果小于-0.04，则得分为1）。这一指标与前述指标类似，其区别在于选取的标准不同。对于该指标，政府税收收入增长如果低于-0.04，则得分为1；反之则为0。

（4）PI4：一般性支出占税收收入的比重（如果大于0.05，则得分为1）。这一指标通常用一般性支出占当年税收收入的比重来表示。高于这个标准的，得分为1，表示以税收为支撑的公共部门规模庞大；低于上述比重的得分为0。

（5）PI5：一般性赤字（如果小于-0.01，则得分为1）。一般性赤字＝（一般性支出－一般性收入）/一般性收入。如果结果小于0.01，表示政府运行赤字较大，得1分；如果地方政府赤字规模较小（低于一般性收入的1%），那么该政府得0分。

（6）PI6：上一年一般性赤字（如果有赤字，得分为0~2）。当赤字在一段时间内累积变大时，要对其格外关注。如果地方政府在上一年度有赤字，得分为1；如果上一年度没有赤字但两年前有赤字，得分依然是1；如果地方政府连续两年都有赤字，则得分为2。

（7）PI7：一般基金余额的规模（如果小于13%，则得分为1）。该指标所构建的变量是一般基金余额占一般基金收入的比例。如果一个政府维持一般基金的平衡，其总基金收入不到其总收益的13%，那么就得1分，因为这意味着准备金很低；相反，在13%以上的得分为0。

（8）PI8：当前或上一年基金赤字（如果发现赤字，则得1分）。如果政府在当前或之前的几年里产生了负资金平衡，那么这个指标就会对政府造成不利影响。基金余额限制为一般的、特殊的、资本的和债务服务。如果一个地方政府在当前或之前的一年里对这四种基金中的任何一个都有负的基金余额，就得 1 分；如果这些基金中没有赤字，那么政府的得分为 0。

（9）PI9：一般长期债务占应税价值的百分比（如果大于 0.06，则得 1 分）。这个变量是通过将一般长期债务除以政府的可征税价值来构建的。任何地方政府的债务/可征税比超过 6% 都计分为 1，低于这个比重的则为 0。

指标的总得分反映地方财政状况。一般来说，得分在 4 分以下的，财政状况都比较健康；当得分在 6 分以上的，则需要格外关注，预防风险。如表 5-1 所示。

表 5-1　Kloha 模型的指标得分情况及其对应的地方财政状况

序号	得分	财政状况
1	0~4 分	财政状况健康
2	5 分	持续关注
3	6~7 分	财政风险预警
4	8 分及以上	财政紧急状况

通过对上述指标数据的测评打分，可以对地方政府是否面临财政压力，以及面临财政压力的具体程度进行了解，以便地方政府做出正确的决策并采取必要的措施。由于该模型采取绝对数值基准从而在一些指标中创造了二元数值（0 或者 1），所以它的准确性也受到质疑（Crosby and Robbins，2013），但是相对来讲这种方法数据较易获取，评估方法比较简单，因此在财政压力衡量方面较为实用。

二、Zafra-Gómez 等的财政压力模型

Zafra-Gómez 等（2013）认为，与灵活性、独立性和可持续性相关的指标是限制城市财政状况的最重要的比率。因此，他们在构建模型时选择以下指标：

（1）净储蓄率（NSI）。当前预算资源中应收款项与非财政支出的预算支出责任之间的差额，含年摊销利息和每位居民的本金减少。

（2）当期财政自给率（CFII）。当期预算支出比当期预算收入（不包括转移支付）。

（3）总财政自给率（FII）。预算支出比预算收入（不包括转移支付）。

（4）非金融预算指数（NFBRI）。非金融资本预算支出除以非金融资本预算收入。

（5）人均财政收入（FCII）。每个居民的年摊销利息和本金。

（6）净债务率（NDI）。人均长期债务年度累积变化。

（7）财政收入率（FRI）。财政收入除以净当期预算收入。

除了 NSI 和 FRI 两个指标外，其余五个指标均代表了不健康的财政状况。也就是说，其比值越高，财政状况越差。

具体来说，应该采取以下得分标准：

比值 NSI 和 FRI：取值<25pctile，得 1 分；25pctile≤取值<50pctile，得 0.50 分；50pctile≤取值<75pctile，得 0.25 分；取值≥75pctile，得 0 分。

剩余比率：取值<25pctile，得 0 分；25pctile≤取值<50pctile，得 0.25 分；50pctile≤取值<75pctile，得 0.50 分；取值≥75pctile，得 1 分。

指标的总得分决定了地方财政状况。一般来说，得分在 2.5 分以下的，财政状况良好；得分在 3.5 分以上的，就需要格外关注，预防风险。如表 5-2 所示。

表 5-2　Zafra-Gómez 模型的指标得分情况及其对应

序号	得分	财政状况
1	0~1.5 分	优秀
2	1.6~2.5 分	良好
3	2.6~3.5 分	关注
4	3.6~5 分	警告
5	5.1~7 分	紧急

尽管这里分类量表与上面"关注"的部分不一致，研究中 Zafra-Gómez 等（2013）提出的"优秀"和"良好"的部分合并起来其实就相当于 Kloha 等（2005）提出的"健康"部分。

三、Kloha 模型与 Zafra-Gómez 模型的比较

Kloha 等的绝对模型和 Zafra-Gómez 等的相对模型都是对政府财政状况的衡

量方法。这样基于一组指标测评财政状况的方法，通常更加普遍地应用于企业等微观实体的财务状况评价。

通过上面的分析我们可以知道，在相对模型中如果地方政府得分低于 3.5 分或者说在绝对模型中得分低于 5 分，那么该地方政府就没有太多的财政压力，财政状况健康良好。对于那些存在财政压力的地方政府，对应财政"警告"状况的，相对模型得分为 3.6~5，绝对模型得分为 6~7；对应财政"紧急"状况的，相对模型得分为 5.1~7，绝对模型得分在 8 分以上。

Kloha 等的绝对模型将每个指标的标准值（最高值或者最低值）作为政府财政状况是否健康的限制。超出这一标准值，地方政府在该指标上就会得到 1 分。如果地方政府一半以上的指标中都得到了 1 分，那么就说明其面临一定程度的财政压力。利用这一模型进行财政压力评估相对简便快捷，在实践中应用较为广泛。绝对模型也具有一定的局限性，那就是该系统的便利性是以其准确性为代价的。由于该系统使用绝对基准来为政府表现的各种指标创建二进制分数（0 或 1），然后将其汇总为累积分数，因此该系统容易出现测量误差。Zafra-Gómez 等的相对模型，完全将政府看作类似经营的企业，采用其财务报表中的精确值或精确值的平方来确定明确的分界点，以判断地方政府是否存在财政压力。

对于财政压力评测模型的研究和比较一直是热点，出现了大量的论文。但是大多数经济学家包括 Martinez-Ferrero 和 Jose-Valeriano（2015）等普遍认为，尽管现有的绝对模型在分析的时候没有充分考虑财政自给率问题，但总体上，绝对模型在核算和使用上是明显优于相对模型的。在指标选择与对比的过程中，笔者也发现绝对模型的优势更为明显。主要表现在以下几方面：

第一，绝对模型在衡量财政压力的时候采用的 9 个指标基本已经涵盖相对模型中的 7 个指标，且包括的内容更为广泛。不仅关注财政收支本身，而且将政府本年度和上一年度财政赤字作为重要的衡量指标。充分考虑了实践中当连续出现财政赤字时，政府面临的实际财政状况，兼顾了财政收支的可持续性。

第二，在财政收支分析中，绝对模型对收支的划分更加详细。既考虑了一般性收支与基金收支，又考虑了一般性赤字与基金赤字、税收收入与其他收入等，更能全面反映财政压力的具体情况。

第三，绝对模型增加了对人口增长因素的考察。尽管在相对模型中通过人均财政收入、人均净债务率等指标也间接反映了人口规模的影响，但绝对模型将近两年人口增长情况作为单独的测评指标，也有利于体现辖区民众对于地方政府公共服务的满意程度。按照财政分权中的"以足投票"理论，当纳税人付出的税收成本与公共服务满足效用最大化时，居民们选择居住下来，所以人口增加意味着居民们对该地区的公共服务是满意的，这事实上也体现为对地方政府提供公共服务质量的评价。

绝对模型除了注重财政可持续性、考察内容全面和体现公共服务质量等优势外，也更加符合中国国情。自 2014 年以来我国一直在进行政府财务会计制度改革，力争适应时代发展的要求，但与国际上通用的公共部门概念的会计制度在会计指标名称、核算范围等方面并不完全相同。从财政部门实际编制的县级政府财政报表来看，绝对模型中的大部分指标都有所反映，但相对模型中类似于净储蓄率（NSI）、非金融预算指数（NFBRI）等则没有体现。在本书后续分析时，财政压力测评模型的设计更多是在 Kloha 等的绝对模型的基础上进行的修改。

第二节 县级财政压力测评模型

县级财政压力测度是通过指标体系测量评估财政系统由于不确定性承受的压力状况，并根据结果测评压力演变为系统性风险的可能性，提前做出预防和准备。县级财政压力测评模型的构建是以习近平新时代中国特色社会主义思想为指导，以国家治理的基础与重要支柱为定位，以实现高质量发展为落脚点，在深入理解财政职能的基础上，建立衡量县级财政压力程度的指标体系，制定科学的指数编制方法，反映我国财政发展的实际情况与变化趋势。为保证压力测评的科学性，指标体系既包括统计机构直接观测到的经济社会变量，还包括经过复杂数据信息处理或者模型分析后得到的综合变量。这些指标选取的基本原理是：在财政压力逐步产生、积累、膨胀的过程中，往往有一定的表现，如赤字或债务的累积等，所以某些经济指标会发生异常，在财政压力转化为风险的早期显示出来，作为预警信号。早期压力预警机制的建立就是通过合理选择这些指标，并监测指标异常反映出来的早期信号，对这些信号进行分析甄别，针对不同的情况采取不同的防范和化解措施，进而避免压力积累导致风险爆发的恶性事件。

因此，构建财政压力测评模型的流程应该是：第一，选取财政压力相关变量。根据历史经验数据和实际情况定义财政压力相关变量。第二，获得解释变量。这是财政压力测量中的重难点，解释变量的选择恰当与否决定了预警的效果。第三，确定阈值。在解释变量与被解释变量都已确定之后，需要通过分析科学设定评测模型中预警指标的极限值。这一极限值就是财政压力研究中判断是否需要采取手段进行干预的"财政压力风险阀"。如果县级财政压力超过该极限值，则预示着危机可能到来（刘仁伍，2012）。

一、财政压力测评指标选取的原则

财政压力评价的结果反映了财政健康状况和风险可能性，从本质上讲属于财政绩效评价。通过综合科学地评估财政压力状况，可以及时有效地监测、跟踪和预防财政风险。财政压力评估指标的选取会直接影响评测结果的正确性和有效性，因此要想选择那些评测效率高、敏感度好的指标，就需要遵循如下原则：

（1）关联性原则。选取财政压力评测指标，首先就要关注所选指标本身与财政压力的关联程度。也就是说，在明确财政压力是什么、可能受哪些因素影响的基础上，优先选择那些关联程度高的指标，从而尽可能清晰、直接地反映财政压力程度。

（2）独立性原则。财政压力的增加是多方面因素共同作用所导致的。因此选取财政压力评测指标，要注意指标之间尽可能相互独立，并能充分反映财政压力的不同方面。既不能重复评价，又不能指标之间相互干扰影响评价结果的准确性。

（3）互补性原则。正是因为影响财政压力的因素众多，选取财政压力评测指标的时候一定要注意指标之间的互补性，通过独立互补的指标充分反映压力的各个层次和各个方面，准确、充分地反映财政风险信息。

（4）易得性原则。财政压力测评选取的指标必须是能够通过公开发布的统计年鉴、政府信息网站、公开数据库查询得到的，或者通过专业研究报告、个人调查即可获得的，保证数据、资料真实可信。

二、县级财政压力测评指标

财政压力评价指标，是根据财政压力的定义以及财政支出分类相对应的指标。笔者在借鉴 Kloha 等模型的基础上，运用德尔菲法选择领域内专家，针对衡量财政压力所需要的指标问题对专家们进行先后两轮咨询，比对反馈结果选择较为集中的指标。结合中国财政预算统计的实际情况，测算县级财政压力程度如何，取决于以下指标。

1. 人口增长率

这是反映人口发展速度的重要指标。为了统一口径且方便计算，在这里选定为户籍人口的增长率。其计算公式为：

$$人口增长率 = \frac{年末人口数 - 年初人口数}{年初人口数} \times 1000‰$$

就目前来看，人口依然是经济增长的最大红利之一，无论地区人口的增长是自然增长还是人口迁移所导致的，都会对地区当前或未来经济发展造成影响，进而影响财政压力。当人口增长率大于零时，得分为 0；当人口增长率 ≤0 时，得分为 1。

2. 人均一般预算收入增长率

即人均实际可支配财力增长率。财政收入是衡量政府财力状况的重要指标，财政收入的充裕情况决定了政府在经济社会活动中提供公共物品和服务的能力，是实现高质量发展的财力保障。县级政府实际可支配财力，是地方政府在一定时期内能支配使用的所有财政资金，按照我国目前的财政预算结构，为一般公共预算收入、政府性基金预算收入、国有资产经营收入和社会保险基金收入之和。由于社会保险基金收入相对独立，不能用于平衡预算支出，一般不将其纳入综合财力考量范畴；国有资本经营预算公开较少，样本缺失问题严重，因此指标中暂时没有将这两类项目纳入分析范围。

数据核算时，采用一般公共预算收入与政府性基金收入二者之和与辖区内户籍人口数的比值表示人均一般预算收入。指标反映县级辖区内获得公共资源能力的相对量，这一比值越高，说明单位户籍人口获得的公共资源越多，财力越充沛。其计算公式为：

$$人均一般预算收入 = \frac{一般公共预算收入 + 政府性基金收入}{辖区内户籍人口数}$$

$$人均一般预算收入增长率 = \frac{本年度人均一般预算收入 - 上年度人均一般预算收入}{上年度人均一般预算收入} \times$$

100%

当人均一般预算收入增长率为正数的时候，指标得分为 0；当人均一般预算收入增长率≤0 时，指标得分为 1。

3. 税收收入增长率

税收收入是一般公共预算收入的主要来源，反映了政府财政收入体系的法治化、规范化程度。通过税收收入指标可判断地方政府财政实力的稳定性，如果税收收入较多，说明该级财政收入来源稳定；如果税收收入较少，则从侧面说明县级财政的困难，在财政困难的压力下，县级政府会想方设法增加预算外收入，并大面积依赖预算外收入。

还可以通过税收收入结构判断其主要来源于哪个行业。例如，我国的增值税、企业所得税和个人所得税三大税种与实体经济的关系最为密切，其收入占比反映了财政收入的质量。此外，如果税收收入主要来源于单一行业或者发展前景并不明朗的产业，可以判断地方政府财政收入质量有一定的问题，未来有财政压力加大的风险。

根据 Kloha 等（2005）的说法，短期来看，财政压力可以反映地方政府是否能够按时支付工资；长期来看，财政压力反映了地方政府的税收基础相对于支出和政府承诺的趋势。计算公式为：

$$税收收入增长率 = \frac{本年度税收收入 - 上年度税收收入}{上年度税收收入} \times 100\%$$

在衡量该指标的时候，需要充分考虑经济发展本身对税收增长的影响。在税率等其他条件不变的情况下，只要经济发展税基扩大就会带来税收收入的增加，所以这里用 GDP 增长率作为税收增加的参照。如果税收收入增长率大于当年 GDP 增长率，则得 0 分；如果税收收入增长率小于等于当年 GDP 增长率，则得 1 分。

4. 非税收入增长率

在西方发达国家，税收收入是各级政府财政最主要的资金来源，占据着绝对的比重；而在我国，地方政府除了一般公共预算收入之外，还存在土地出让金等名目众多的政府性基金预算收入，且这些收入在地方政府财政资金来源中所占比重长期居高不下。在研究期间内，只有土地出让金是持续可得的，且土地出让金与一般公共预算之比反映了政府对土地财政的依赖度。土地出让金收入是地方政府性基金预算最重要的组成部分，自 2014 年以来占比始终在 76% 以上，具有代表性；另外，过高的土地财政依赖度在一定程度上会弱化财政收入体系的法治程度。而且，土地出让金高度依赖于房地产市场，房地产市场的高波动性导致过高的土地财政依赖度不利于地方政府的财政稳定性和可持续性。同时，由于地方政府对该项目具有极强的操作空间，土地出让金也是学术界和社会普遍关注的一项政府收入。因而在后文的叙述中，将土地出让金作为政府性基金的代表进行分析。计算公式为：

$$非税收入增长率 = \frac{本年度非税收入 - 上年度非税收入}{上年度非税收入} \times 100\%$$

这一指标有一定的争议，但是多数专家认为如果地方政府缺少较好的财政收入来源，则国有土地使用权出让收入比重高，对其依赖度较强，财政收入质量低，可能伴随一定的周期性，是不可持续的。所以，如果非税收入增长率小于等于 0，则得 0 分；如果非税收入增长率大于 0，则得 1 分。

5. 一般公共预算自给率

政府为本级财政支出筹措收入的能力称为财政自给能力。如果县级财政收入能够满足本级的支出，那么我们就说其具有充分的财政自给能力；如果县级财政收入不能满足或者远远不能满足本级财政支出的话，就被认为财政自给能力不足。尽管这一指标存在不足之处，但从自主发展的角度出发，这一指标在当前背景下可以作为衡量县级财政压力的有效工具。一般来说，各级政府负责征收的收入与本级公共支出的比值被称为财政自给能力系数，或者被称为财政自给率。县级一般公共预算自给率即：

$$县级一般公共预算自给率=\frac{县级财政一般公共预算收入}{县级财政一般公共预算支出}\times100\%$$

显而易见，一般公共预算自给率大于零。一般公共预算自给率越小，财政对外部资金的依赖程度越大，本级财政运行的风险也就越大；比值越高，一般公共预算收支平衡能力越强、稳定性越高。

1994 年分税制改革使得财政收入上移、事权下移，这一点在县级财政中表现尤为突出。当前，县级财政一般公共预算收入主要由上划中央（增值税50%部分、消费税、所得税60%部分）和省级（所得税、耕地占用税等省级留成）后的税收收入和非税收入构成，而一般公共预算支出中刚性支出增长较快，重点事业和建设发展需求不断增长。从全国范围来看，大多县级一般公共预算收入都不足以满足一般公共预算支出的实际需要。考虑到县级财政的实际，对于该指标我们选择该县所处省份的公共预算自给率的平均值为标准。如果系数大于等于该省份公共预算自给率的均值，就说明该县财政自给能力较强。反之，如果系数小于该省份公共预算自给率的均值，则说明该县的财政自给能力相对不足，为了满足公共支出的资金需求，需要上级政府向其提供转移支付资金或者需要发行地方债券。

6. 地方一般公共预算缺口

在相关问题的研究中，学者们普遍一致的意见就是财政压力与财政缺口之间存在密不可分的联系。有的学者在研究中直接将财政压力理解为财政缺口或者赤字，有的学者认为长期的财政缺口是导致财政压力的主要原因。计算公式为：

地方一般公共预算缺口=地方一般公共预算支出-地方一般公共预算收入

为更准确地测算县级政府财政实际压力，这里财政收入不包括上级补助收入、待偿债置换一般债券上年结余、调入资金、债务（转贷）收入、国债转贷收入、上年结余结转补助、调入预算稳定调节基金、接受其他地区援助收入等。地方财政支出也不包括上解上级支出、调出资金、债务还本支出、增设预算周转金、国债转贷拨付数及年终结余、安排预算稳定调节基金、援助其他地区支出。

当财政缺口大于等于 0 时，得 1 分；当财政缺口小于 0 时，得 0 分。

7. 上年度预算缺口

由于财政压力反映为一种持续的财政收入不足以满足财政支出的需要，当预算缺口在一段时间内逐步累积变大时，就要对其进行格外关注，防止演变成为财政压力。在考察中我们不仅要关注本年度的财政预算缺口，而且要关注前一到两年的财政缺口情况。借鉴 Kloha 等的模型，如果上一到两年度有缺口，得分在 0~2。因此研究设定，如果地方政府在上一年度有缺口，得分为 1；如果上一年度没有缺口但两年前有缺口，得分依然是 1；如果地方政府连续两年都有缺口，则得分为 2。

8. 偿债率

备豫不虞，为国常道。党的十九大报告将防范化解重大风险放在打好三大攻坚战的首位，其中化解地方债务风险是防范化解重大风险的关键。随着风险意识的加强，地方政府非常重视债务的发行与管理，通过各种措施积极有效地防控债务风险。地方政府债务问题，一直以来都是地方政府调控经济发展特别关注的问题，也是稳增长与防风险的重要内容。在判断县级政府是否存在财政压力的时候，必须充分考虑到县级政府债务的问题。

2015 年以来，新预算法对地方政府发债问题有了法律规定，明确了发行地方政府债券是地方政府举债的唯一合法渠道。但是在实践中，地方政府由于违规担保所形成的隐性债务也依然存在。隐性债务从概念上讲是直接或承诺以财政资金偿还或者提供担保等方式举借的债务。这部分的债务很难说清楚，所以一直以来没有核算在政府的法定债务限额内，也没有纳入地方债务的管理系统。隐性债务在操作中形式多样，平台公司担保、不规范的 PPP、专项建设基金、委托代建项目、收费权等抵押贷款变相举债都可能是隐性债务的组成部分。

2018 年，中华人民共和国审计署重点对违法违规担保形成的地方债务进行审计，报告显示很多省市政府隐性债务规模较大，存在潜在债务偿还风险。但由于相关数据特别是涉及县区一级的数据非常难以获得，在分析的时候主要以县级财政平衡表和政府债务限额报告中公布的数据为研究对象。未来隐性债务的问题也应该逐步纳入财政压力测度。

偿债率是指县级政府当年债务还本付息支出额占当年一般公共预算收入总额的比率，也就是指当年公共预算收入中有多少钱用于偿还当年债务。这一比率衡量了政府的偿债能力，如果比率比较低就说明政府只需要较低比例的财政收入就可以还本付息，政府的偿债能力比较强。偿债率计算公式为：

$$偿债率 = \frac{当年还本付息支出额}{当年一般公共预算收入总额} \times 100\%$$

实践中，考虑到我国国情，偿债率上限限定为 20%。当地方政府偿债率高于 20% 时，得 1 分；偿债率低于 20% 时，得 0 分。

除上述指标外，还有专家提到一般公共预算收入中转移性收入比重这一指标。我们认为除去一般公共预算收入中的债务收入、转移性收入，反映的是地方政府自身真实的财政实力，而转移性收入反映了地方政府的发展需求以及上级政府的支持力度。一般公共预算收入中转移性收入比重越大，相对地方政府自身财政实力越弱，对上级政府支持的依赖程度越高。考虑到如果一般性转移支付收入一直较为稳定，也可以将其视为地方政府稳定的财力来源，可以用于满足公共支出的需要。所以在这里将一般性转移支付的比重看作财政收入结构的分析，不再将其单独拿出来作为财政压力大小分析的指标。但在后面分析财政压力的影响因素的时候，我们会把转移支付作为一个指标因素，分析转移支付对财政压力的影响。

综合上述指标，可以得到县级财政压力测评模型的指标选取情况（见表5-3）。

表5-3　财政压力测评模型指标选择及说明

序号	名称	代码	变量描述	变量取值
1	人口增长率	I_1	人口增长率 =（年末人口数－年初人口数）/年初人口数×1000‰	当人口增长率大于 0 时，得分为 0；当人口增长率小于等于 0 时，得分为 1
2	人均一般预算收入增长率	I_2	人均一般预算收入增长率 =（本年度人均一般预算收入－上年度人均一般预算收入）/上年度人均一般预算收入×100%	当人均一般预算收入增长率为正时，得分为 0；当人均一般预算收入增长率小于等于 0 时，得分为 1
3	税收收入增长率	I_3	税收收入增长率 =（本年度税收收入－上年度税收收入）/上年度税收收入×100%	若税收收入增长率大于当年 GDP 增长率，得 0 分；若税收收入增长率小于等于当年 GDP 增长率，得 1 分

序号	名称	代码	变量描述	变量取值
4	非税收入增长率	I_4	非税收入增长率＝（本年度非税收入-上年度非税收入）/上年度非税收入×100%	若非税收入增长率小于等于0，则得0分；若非税收入增长率大于0，则得1分
5	一般公共预算自给率	I_5	县级一般公共预算自给率＝县级财政一般公共预算收入/县级财政一般公共预算支出×100%	若系数大于等于该省的均值，得0分；若系数小于该省的均值，得1分
6	地方一般公共预算缺口	I_6	地方一般公共预算缺口＝地方一般公共预算支出-地方一般公共预算收入	当财政缺口大于等于0时，得1分；当财政缺口小于0时，得0分
7	上年度一般公共预算缺口	I_7	计算同 I_6	若上一年度有缺口，得分为1；若上一年度无缺口但两年前有赤字，得分为1；若连续两年都有缺口，得分为2
8	偿债率	I_8	偿债率＝当年还本付息支出额/当年一般公共预算收入总额×100%	当县级政府偿债率高于20%时，得1分；偿债率低于20%时，得0分

三、县级财政压力测评分析

1. 县级财政压力测评的一般分析

上述指标的综合得分可以反映县级政府的财政状况，进而判断是否存在过量的财政压力，是否需要采取一定的手段对其加以控制（见表5-4）。在前面分析的过程中提到，财政压力的存在并不完全是坏事，适度的财政压力不仅不会带来过多的负面影响，甚至可能会增加改革的动力，提高财政资金使用效率。只有当财政压力超过了一定的界限，触发了财政压力风险阀门，才需要根据情况采取必要的措施化解压力。因此，是否进行干预需要通过测评结果进行分析，以判断县级财政压力的状况。

表5-4　财政压力测评情况判断及措施

序号	得分情况	财政状况	措施
1	0~4分	健康	保持现状
2	5分	有一定压力	持续跟踪关注
3	6~7分	有较大财政压力	财政风险预警，采取适度手段干预
4	8分及以上	有严重财政压力	财政紧急状况，采取必要手段化解压力

（1）当得分在 0~4 分的时候，政府财政收支基本平衡，能够满足基本公共服务支出的需求，没有过多的债务压力，财政状况较为健康，不存在明显的财政压力，保持现状即可，不需要过多关注。但是针对得分为 4 的情况，也要适当关注，因为这也是一个财政健康与否的节点。

（2）当得分为 5 分的时候，表明县级政府有一定的财政压力，可能出现赤字或者税收收入增长放缓、债务增加等情况，尽管可能并不会对财政的稳定性和基本公共服务的提供产生太大的影响，但是需要相关部门持续跟踪关注，必要的时候采取措施，避免情况的进一步恶化。

（3）当得分为 6~7 分时，县级政府开始表现出较大的财政压力，可能面临某个年度或者持续某几个年度的较大赤字、债务增加等情况，财政的稳定性受到一定的冲击，必须对财政状况进行预警，并采取适当手段进行干预，尽量减少财政压力带来的负面影响，预防财政风险。之所以在这里会形成一个区间而不是特定的某个数值，主要是地方政府的差异性所导致的。

（4）当得分在 8 分及以上时，则表示县级政府面临非常严重的财政压力，各种收入增长放缓、财政自给率下降、连续出现多年赤字或者债务等。财政状况进入紧急状态，必须采取各种手段降低财政压力，应对财政风险。特别是当某一县级政府连续多年得分在 8 以上时，更需要提高警惕，避免风险。

2. 不同压力阈值的选择

在对县级财政压力进行测评分析的过程中，也要充分考虑到不同地区、不同情况下县级财政的差异。因此财政压力预警阀门可以分别设定低压力阈值、中压力阈值和高压力阈值，县级政府可以根据自身的实际情况选择适合自己的压力预警极限值。

第一，测评得分为 4 的低压力阈值。选择这一阈值意味着 4 分就是财政压力阀的极限值。当财政压力等于或者小于 4 时，财政状况健康，只需持续关注财政情况；当财政压力大于 4 时，则意味着县级政府的财政压力开始显现，应该采取一定的措施化解财政压力，以避免可能发生的财政风险。选择低压力阈值是一种较为保守的做法，通常在县级政府经济发展状况一般、税收来源有限的情况下，或者外部环境较为恶劣时，审慎地选择低压力阈值有助于提前感知风险，避免压力进入不可控区间。

第二，测评得分为5的中压力阈值。选择这一阈值意味着5分就是财政压力阀的极限值。当财政压力等于或者小于5时，财政状况较为健康，只需对财政情况进行持续关注即可；当财政压力大于5时，则意味着县级财政面临一定压力，必须采取措施化解财政压力，避免可能发生的财政风险。选择中压力阈值是一种较为常规的做法，大部分的县级财政可以选择这一阈值对财政状况进行预警。

第三，测评得分为6的高压力阈值。选择这一阈值意味着6分才是财政压力阀的极限值。当财政压力大于6时，县级政府必须开始重视并采取一切手段化解财政压力，以避免财政风险。选择高压力阈值是一种相对较为冒险的做法，但是考虑到一些县级政府拥有较好的资源禀赋、社会经济发展潜力巨大，或者外部环境特别适合政府投资、扩大支出等，也可以在严格的监管下选择高压力阈值，以适应社会发展与民生需求。

第三节　县级财政压力测评

——以 S 省为例分析

为了验证上述财政压力测评模型的效果，运用测评模型对样本省份进行评价分析。选择该样本省份，一方面是由于笔者本人对该省份近十年来县级财政真实状况有一定的了解；另一方面，更重要的是，S 省下辖的 137 个县级单位经济发展和财政状况各不相同，具体的表现也有差异，且该状况恰好和全国的社会经济发展地域分布特点相同，同样也是东部沿海地区社会经济发展迅速，西部地区经济社会发展相对落后。这就好似全国情况的一个缩影，即经济和财政总体状况较好，但是东中西部区域发展不均衡、部分结构不合理等情况也很普遍。

正所谓"山僧不解数甲子，一叶落知天下秋"。由小知大，由此及彼。县级政府数量众多，且县级统计数据大多分散、有缺失，这也是现有文献中对于县级财政问题研究较少的主要原因。如果我们可以根据 S 省中包含的各县市区数据和真实情况进行详尽而又具体的剖析，事实上也有利于从一定程度上把握并了解全国财政的基本情况，这也是笔者选取 S 省进行研究的原因所在。

为获得较为翔实的数据为研究提供佐证，笔者还实地调查了 S 省 137 个县级政府 2009—2018 年财政收支状况并展开研究。县级层面的财政经济数据一方面来源于实地调查和县市区财政部门工作人员访谈；另一方面综合了《全国地县市财政统计资料》、2008—2020 年《中国统计年鉴》、2008—2020 年县级政府所属各市的统计年鉴和各个政府网站公布的统计数据。

一、S 省县级财政状况的一般分析

S 省位于中国东部，下辖县级单位 137 个（含市辖区 55 个、县级市 26 个、县 56 个），截至 2018 年末，S 省常住人口为 10047.24 万，地区生产总值超过7.64 万亿元。2018 年 S 省一般公共预算总收入 1.11 万亿元，一般公共预算总支出 1.07 万亿元，结转下年支出 405.54 亿元。从数据统计情况来看，S 省 2009—2018 年连续 10 年的经济增长速度明显高于全国同期的经济增长速度，仅 2018 年增长略缓于全国水平，经济基本面保持稳定，经济增长态势较好。从人口视角来看，作为人口大省，S 省的人口增长率与全国平均增长率相比也始终维持在较高的水平。人口是未来经济发展的红利，适度的人口增长为未来经济的持续增长提供了动力。

如表 5-5 所示，从财政收支平衡角度来看，2007—2019 年 S 省的财政年终都有一定程度的结余，财政整体状况较好，这与当地经济增长情况有紧密的关联性。人均财力逐年增加，十多年间增长了接近 4 倍，一方面是由于财力本身的增加，另一方面则是由于财政供养人口数量的控制。以一般公共预算收入/一般公共预算支出计算的财政自给率在一定程度上保持稳定，从全国范围比较看，属于自给程度较高的省份。综上所述，通过 S 省数据资料整理分析可以得知，S 省经济发展和财政总体情况相对较好，财政收支保持稳步增长的态势，财政自给能力相对较强，对中央财政依赖度相对较低。

表 5-5　2007—2019 年 S 省财政状况

年份	GDP 增长率（%）	人口增长率（‰）	财政总收入（亿元）	财政总支出（亿元）	人均财力（万元）	财政自给率（%）
2007	11.9	5.00	2537	2262	5.37	74
2008	9.7	5.09	3012	2695	7.32	72
2009	12.2	4.86	3789	3322	8.83	67
2010	12.3	7.24	4627	4205	10.59	66
2011	10.9	4.90	5764	5155	13.09	69
2012	9.8	3.40	6836	6155	15.50	69
2013	9.6	5.95	7521	6978	17.33	68
2014	8.7	16.35	7955	7510	19.13	70
2015	8.0	8.43	10636	10314	20.62	67
2016	7.6	10.15	11576	11224	22.08	67
2017	7.4	8.71	11167	10701	22.87	66
2018	6.4	6.08	11912	11506	24.09	64
2019	5.5	4.27	11828	11423	24.12	61

资料来源：笔者根据《全国地县市财政统计资料》、2008—2020 年《中国统计年鉴》、2008—2020 年县级政府所属各市的统计年鉴和政府网站公布的数据整理而得。

分税制改革以来，相比其他经济强省，S 省在财政体制方面更加注重省级以下的分成比例，其主要目的在于激励、做强市域和县域经济。以 2017 年财政体制状况为例，该年度该省县级一般公共预算收入占总预算收入的 79.8%，一般公共预算支出占 66%（见表 5-6）。

表 5-6　2007—2019 年 S 省县级一般公共收支情况　　　单位：亿元

年份	一般公共预算收入		一般公共预算支出	
	绝对额	比重（%）	绝对额	比重（%）
2007	1011.62	63.1	1457.32	60.4
2008	1253.06	62.7	1693.28	61.3
2009	1374.94	62.5	1977.84	60.5
2010	1732.28	63.0	2547.32	61.5
2011	2176.68	63.0	3168.92	63.4

续表

年份	一般公共预算收入		一般公共预算支出	
	绝对额	比重（%）	绝对额	比重（%）
2012	2857.74	70.4	3975.36	64.3
2013	3661.82	80.3	4405.04	65.8
2014	4073.35	81.0	4747.72	66.1
2015	4482.58	81.0	5414.48	65.6
2016	4692.41	80.1	5790.90	66.1
2017	4869.02	79.8	6113.14	66.0
2018	5221.31	80.0	6534.28	65.9
2019	5162.67	79.6	6792.10	66.1

资料来源：笔者根据《全国地县市财政统计资料》、2008—2020年《中国统计年鉴》、2008—2020年县级政府所属各市的统计年鉴和政府网站公布的数据整理而得。

S省份非常注重省级以下的财力分配，这在一定程度上给予了省级以下政府更多的财政空间，极大地促进了S省市域及县域经济的发展。2019年《县域经济高质量发展指数研究成果》显示，百强县榜单中S省有19个县市上榜，表现突出。百强县经济的快速发展当然有利于改善地方财政状况，充足财政收入。但是，S省除这些经济较为发达的县市外，还有一些县市经济发展较为落后、转型相对困难。截至2018年，S省有20个脱贫任务比较重的县和52个财政困难县。正是由于区域间发展不平衡，还有相当一部分财力薄弱地区存在财政困难。与此同时，省一级财力又相对偏弱，没有足够的能力统筹协调区域均衡发展，问题就会逐渐显现。

二、不同阈值下S省县级财政压力的测评分析

1. 总体县级财政压力的测评分析

根据前面构建的财政压力测评模型中的指标情况，对2008—2019年S省下辖的137个县市区财政状况进行测评分析，可以发现S省整体财政状况较为健康，但是不同地区的不同年份依然存在较大财政压力（见表5-7）。

表 5-7　2008—2019 年 S 省 137 个县财政指标得分分布情况

分类 ＼ 年份	2019	2018	2017	2016	2015	2014	2013	2012	2011	2010	2009	2008
0~4 分	93	94	75	45	46	84	89	37	53	53	49	51
5 分	34	35	31	32	45	42	41	61	60	68	64	66
6~7 分	10	8	31	52	45	11	7	38	24	16	24	20
8 分	0	0	0	8	1	0	0	1	0	0	0	0

资料来源：笔者根据《全国地县市财政统计资料》、2008—2020 年《中国统计年鉴》、2008—2020 年县级政府所属各市的统计年鉴和政府网站公布的数据整理而得。

通过模型测评发现，得分在 0~4（即财政健康）的县较多，2018 年情况最好，有 94 个县财政健康，占总数的 69%；2016 年情况最差，仅有 45 个县财政健康，占总数的 33%。得分为 5 的县尽管存在一定财政压力，但是压力基本可控，不会引起大的财政风险，所以无须采取紧急措施，只需要保持持续关注即可。这类县在 2008—2012 年占比较大，在 44% 以上，2017 年占比最小，为 27%。

进一步分析发现，尽管每年都有部分县存在一定程度或较为严重的财政压力，但得分在 8 分（即财政紧急）的情况较少。仅在 2012 年、2015 年和 2016 年出现，其中 2016 年出现的数量最多，有 8 个县（市、区）有严重的财政压力，需要果断采取必要措施化解财政压力，占所有县总数的 5.8%。在所有曾经有较为严重财政压力的县中，只有一个县有两次得分是 8 的情况。得分为 6~7 分，即县级财政有较大压力的情况较为集中地出现在 2015 年和 2016 年，其中 2016 年有 52 个县有较大的财政压力，需要进行财政风险预警，采取适度手段进行干预，占所有县总数的 38%。加上该年 8 个有严重财政压力情况的县，2016 年有 44% 的县触发财政风险阀门，需要根据情况采取措施化解不良财政压力，避免财政风险。

通过测评得分分布情况（见图 5-1）可以发现，2008—2019 年，县级财政压力情况最严重的是 2016 年，如果以中压力阈值为标准，该年仅有 33% 的县财政状况健康，67% 的县面临财政压力，其中 44% 的县已经触发了财政压力风险阀门，迫切需要采取措施化解压力，以应对可能发生的财政风险。

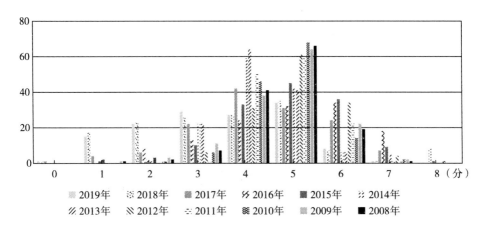

图 5-1 2008—2019 年 S 省财政压力指标得分分布情况

以 2018 年为例，将不同压力阈值下 S 省所有县的财政压力情况绘制出来，可以发现如果采取低压力阈值，那么有接近一半的县面临财政压力；采取中压力阈值，有财政压力的县数量大大减少；如果采取高压力阈值，那么仅有该省西北部部分县面临压力，而这些县也是该省经济发展相对较为落后的地区。

2. 东中西部县级财政压力的测评分析

考虑到东中西部不同区域社会经济发展韧性不同，进一步分区域对县级财政压力进行测评，发现县级财政压力分析结果与 S 省经济发展东强西弱的趋势保持一致，即财政压力地区分布不均衡，东中西部差距明显。

尽管从全国范围看 S 省财政状况较好，但是省内东中西部的差距依然很大。S 省东部的 7 个地市包含 59 个县市区，2008—2019 年财政压力指标分布情况如图 5-2 所示。

可以发现，大多数年份的部分地区财政压力处于可控区间内，财政健康县所占比重较大。2018 年仅有一个县财政压力指标综合得分为 6，占比为 10%；46 个县的得分为 0~4 分，财政状况非常健康。2008—2019 年仅有 48 个县次触发财政压力预警阀门，占所有县次总和的不到 4%。从 7 个地市的具体情况看，经济更为发达的地区财政压力更小。例如，在其中经济最为发达的某计划单列市下辖的 8 个县中，只有 1 个县在 2014 年和 2015 年得分为 6，其余县得分均为 5 分及以下，财政状况较好。

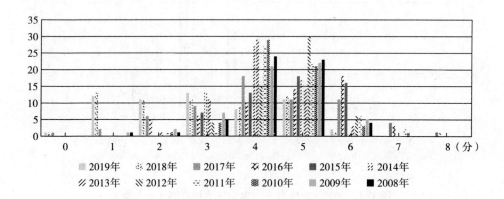

图5-2 2008—2019年S省东部各县财政压力指标分布

中部的6个地市下辖的43个县市区和西部的4个地市下辖的39个县市区的财政压力指标分布情况分别如图5-3和图5-4所示。

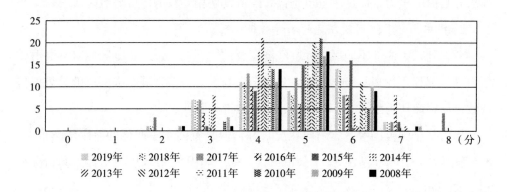

图5-3 2008—2019年S省中部各县财政压力指标分布

通过对比上图，结合前文描述的压力分布地理情况可以明显发现，无论是在哪一种压力阈值下，S省经济相对欠发达的西部地区出现财政压力的概率都较大，比率超过了15%，而S省中部地区该比率低于12%。具体到各个地市的情况来看，经济发展较为落后的地区或者资源枯竭型城市，财政健康的县数量较少，更多的县面临较为严重的财政压力，没有足够的财力提供充分的公共产品和服务，迫切需要政府采取必要措施化解财政压力，防范财政风险。尽管S省部分东部县在中压力阈值下也面临一定的压力，但考虑到其近些年来表现出的强劲经济发展动力，财政风险并不太大。S省东中西部财政状况再次证明了经济决定财政这一现实，即财政收入是以经济发展为前提与基础的，只有经济发展了，地方财政才能取得充裕的收入，满足不断增长的支出需求。

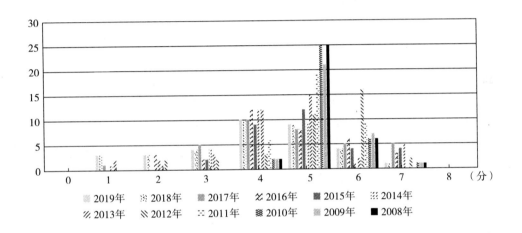

图5-4 2008—2019年S省西部各县财政压力指标分布

3. 县级财政压力基本情况的推演

S省县级财政压力的现状和分布就好似全国状况的一个缩影。前面我们分析过，从总体上看，S省的经济发展势头较好，但是人口较多，经济面临下行压力，转型升级的压力较大。从结构上看，S省东部沿海地区经济发达，省内西部地区经济发展相对缓慢。这就如同全国的情况，总体上发展较好，但财政减收、结构调整的压力依然存在，结构上东中西部差距较大、发展不均衡。所以以S省下辖的137个县2008—2019年的样本为例进行分析，更有利于开展分情况、分区域的详尽分析，并据此对全国范围的县级财政压力情况进行大致推演。

第一，县级财政压力总体可控。从掌握的数据和文献情况来看，尽管部分地区的县级财政面临赤字大、债务负担重等一系列问题，但是情况基本可控。目前县级财政压力大的原因一方面在于省级以下的财政体制有待进一步完善，另一方面也是由于近年来城镇化发展带来的对基础设施、民生服务等过高的资金需求以及由此推动的土地财政和地方债务。但是城镇化的发展是能够助推社会经济发展，进而带来未来充裕财源的，所以短期内的县级财政资金困难并不会带来较大风险。此外，有人认为近年来实行的减税降费政策也是导致县级财政压力增加的一个诱因，但恰好这项政策也是以惠及企业发展、助推经济增长为目的的，可能对地区未来财源增加起到正向的积极作用。因此，从总体上看，县级财政压力特别是在中高阈值下的财政压力并不会对整个社会经济发展带来巨大的负面效应，风险总体可控，但是考虑到隐性债务等问题仍然需要对部分长期存在财政压力的县级政府保持高度的关注。

第二，县级财政压力地区分布不均衡。从目前掌握的情况看，大部分东部县市财政状况较好，产业结构合理，税源相对充裕，即使在一些特别的年份面临一定财政压力也大多不会构成过多的风险，同时它们也能够承受相对较高的压力阈值，这主要是由于其社会经济发展潜力巨大，经济韧性强，某些年份过多的基建支出也很容易在其后年份得到弥补。西部地区财政压力相对较大，尽管转移支付数额不断增加，但是西部县域实体经济支撑不足，财政自身可持续性有限，保运转、保民生等经费支出占比很大，所以依然无法保持长久的财政平衡。考虑到其财源有限、支出刚性，为控制风险，对于这些县级财政应采取低压力阈值，一旦超出阈值范围应时刻保持关注，并采取必要措施化解压力。

第三，要时刻关注县级财政压力的未来发展。县级财政最接近财政体制的末端，直接面向县域辖区民众，既要受到上级的行政管辖和直接的行政指令，同时又必须贴近民众的实际需求。因此，对县级财政压力的未来变化要保持时刻关注，既要避免压力的不断累积影响县级财政职能的实现进而破坏政府公信力，又要避免压力膨胀到一定程度，层层向上传导给财政体制带来无法挽回的破坏。这也是本书第三章设计一个闭环的县级财政压力风险预警调控机制的原因所在。通过定期的压力测评，全面掌握一段时期内（3~5 年）的县级财政压力的变化，也有利于对未来财政压力趋势做出预测。

第四节 本章小结

本章是本书研究的重点章节，主要解决的是县级财政压力风险预警阀的设计与实践应用问题。

首先提出借鉴金融行业使用金融压力指数来评估市场压力、防范金融风险的做法，构建财政压力指数，通过财政压力指数预测财政风险。回顾与比较了 Kloha 的绝对财政压力评估法和 Zafra-Gómez 的相对财政压力评估法。通过比较，认为绝对模型在使用上优于相对模型，但其在指标选择上不符合我国统计惯例，需要进一步修正，以符合中国社会经济发展的实际情况。

在借鉴 Kloha 等的模型的基础上，运用德尔菲法，结合中国财政预算统计的实际情况，选取了人口增长率、人均一般公共预算收入增长率、税收收入增长率、非税收入增长率、一般公共预算自给率、地方公共预算缺口、上年度一般公共预算缺口和偿债率八个指标测算财政压力。根据各个县自身条件和周围环境的不同，分别设定低压力阈值、中压力阈值和高压力阈值作为财政压力风险阀。县级财政可以根据自身实际情况做出选择，利用阈值进行风险预警，在适当的时机采取措施化解压力，避免财政压力积累导致系统性财政风险爆发。

正是因为 S 省县级财政压力的现状和分布如同全国状况的一个缩影，所以通过分析该省十多年间不同压力阈值下县级财政压力的程度与分布，就可以据此对全国范围的情况进行大致推演。从数据和文献的分析看，不同压力阈值下我国县级财政压力总体可控，但东中西部区域压力分布不均衡，可以通过定期的财政压力测评进一步关注县级财政压力的变化，预测并规避未来风险。

第六章　县级财政压力影响因素的分析

　　根据前面的分析，表现为基层财政赤字、农村公共物品短缺和政府债务的县级财政压力的存在已是不争的事实，深入细致地对其形成原因进行梳理和分析具有重要的现实意义。唯物辩证法认为，事物的变化发展是内因和外因共同作用的结果，内因是事物变化发展的依据，外因是事物变化发展的条件，外因通过内因起作用。事物的发展首先是事物本身的运动和变化，是事物内部矛盾双方相互作用的表现和结果，而事物的矛盾运动又是和事物外部的影响分不开的。因此，本章首先会对造成县级财政压力的内外因素进行梳理归纳。其次我们知道，仅仅对县级财政压力进行经验分析还是不够全面的，还应该通过实证模型进一步总结归纳经验事实中具有普遍规律的结论，进而更为全面细致地剖析财政压力的形成。因此，本书还会在建立模型判断县级政府是否存在财政压力并进行预警的基础上，进一步研究财政压力形成的具体影响因素有哪些，各个因素又是如何影响财政压力的，本章将构建实证分析模型回答上述问题。

第一节　县级财政压力影响因素的文献梳理

一、财政压力成因和影响因素

1. 国外相关研究

关于财政压力形成原因和影响因素的研究，早期的国外研究可以追溯至1918年熊彼特在《经济分析史》中提出来的观点，他认为国家发展对财政产生了需求，进而推动了国家制度的建立完善，而税收体系在制度中起到了引领作用，国家可以运用财政手段加强社会经济的管控，因此西方学术界开始对财政压力与政府行为之间的问题进行研究。在熊彼特的研究和观点的基础之上，希克斯（1987）研究发现财政压力是国家改革的直接动因，由于战争的发动，政府的财政资金需求提高，所以国家会通过增加税源、扩大征收范围等手段来缓解财政压力，但若仍满足不了庞大的军事开支，政府就会大范围举债，财政压力也推动了历史的变革。科斯（1994）赞同希克斯的财政压力促进近代民族国家起源的观点，认为地租持续下降，会降低封建税收的收入，而社会发展需求使政府支出水平相对上升，财政收支的不平衡导致国家财政压力加大，从而引起制度变迁。

随着时间的推移，近年来国外关于财政压力成因和影响因素的相关主流研究，则更多倾向于认同英国经济学家斯蒂芬·贝利（Steven，2006）所提出来的观点，他认为税收收入和公共支出的增长速度不平衡，私人部门"挤出"效应抑制地方经济的增长，税收收入增加乏力，导致公共财政上出现结构缺口，进而造成地方财政压力。[①]

针对这类相关问题的研究，多数从外部因素和内部因素两方面来进行。在外部因素研究方面，Chernick 和 Reschovsky（2007）针对财政压力成因的研究发

[①]　斯蒂芬·贝利. 地方政府经济学：理论与实践［M］. 左昌盛，周雪莲，常志霄译. 北京：北京大学出版社，2006：133-136.

现，影响财政压力的因素主要分为两类：一类是受地方政府决策影响；另一类是受潜在经济环境和条件影响，并基于美国大城市的税收征管、支出责任等方面的财政差异做出分析。Rubin、Marks 和 Willoughby（2009）认为导致财政压力的因素是脆弱性政治、组织萎缩、支出效率低和国际经济环境等组成的。

在内部因素研究方面，David（2017）从国家养老金角度入手，认为州政府养老金负担重，在政府支出中养老金与医疗卫生方面的支出比例失衡，资金不足，加重政府的债务负担，使得州政府不得不靠削减开支来缓解财政带来的压力。Robert（2017）以美国加州奥兰治县政府破产事件为例，认为财政压力由多种原因造成，包括政府管理不善、投资损失、诉讼开支以及公职人员福利成本上升等。

2. 国内相关研究

国内有关财政压力的研究起步相对较晚，整体上看也得出了与国外研究相似的内外部两类影响因素的观点。早期由于数据缺乏，多从理论方面进行研究，何帆（1998）将上述国外关于财政压力的观点总结为"熊彼特-希克斯-诺斯"命题，同样认为财政压力引起制度变迁，决定着国家不同的改革路径。邓子基（2001）通过研究我国公共财政压力的矛盾体现发现，我国公共财政压力主要体现为财政收支的矛盾，即财政收支一直处于平衡与不平衡状态，财政收入大于支出或财政支出大于收入的财政缺口状态。

随着我国财政制度的演变与国内学者对财政压力的深入研究，其内涵和影响因素也逐渐深化，研究方法和手段也进一步丰富。在财政内部因素的研究方面，谭融和刘萍（2007）通过实地调研的方法，对乡镇地区的财政压力问题进行实证研究，认为财政压力是财政赤字、地方政府举债过高而导致的，政府履职能力低同样加重了该地的财政负担。罗必良（2010）研究指出，1994 年我国的分税制改革造成了地方政府的财权、事权割裂，地方政府承担的支出超过了收入能力，因此引发地方政府的财政压力。陈晓光（2016）则在此基础上进行创新，研究发现存在地区间的税收征管能力的差异导致的财政压力，乘数效应使经济落后地区的财政压力更大，需要通过税收努力，税收能力增强以及完善地区间的转移支付制度来缓解。晓宇（2017）研究指出，我国地方财政收支压力增大的原因主要是降减税费政策的稳步推进，使财政收入的增幅放缓，如房地产进入调整期导致契税和土地增值税的幅度放缓，加大了地方的财政压力。

在外部因素研究方面，车维汉（2008）通过对明治维新中日本政府财政状况的分析，指出人口增加形成压力，从而扩大了财政支出的绝对规模，外部竞争导致日本遭受入侵，涉及农民利益的制度缺陷导致农民收入低、贡献不足，因此产生财政压力。余英和李晨（2018）利用我国 28 个核心城市的面板数据进行了实证研究，发现流动人口市民化是地方政府财政压力的重要来源，城市市民化率越高则该地财政压力越大。

二、财政压力的缓解路径

1. 国外相关研究

国外有关财政压力缓解路径的研究主要集中于从财政收入和财政支出两个维度进行的研究。CBO（2010）同时从财政收入和财政支出两个维度进行了研究，指出地方政府缓解财政压力可以通过增加税收、减少支出来应对，但地方政府的权力有限，调整程度会受到国家联邦政府的限制，所以地方政府还可以寻求其他方式来获取收入，如转移支付或举债的方式来弥补财政缺口。Badu、Li 和 Yung（1994）通过对弗吉尼亚州相邻的三个城市进行对比研究，提出地方政府应对财政压力的措施包括提高税率、提高税收努力程度的方式来增加税收，配合削减支出和裁员的方式来限制财政支出，创造性地提出了行政区划的合并有利于形成规模效应进而降低城市发展的成本，是缓解财政压力的有效途径。

梳理基于财政收入角度进行的压力缓解路径的研究，Jeffrey 和 Gorina（2015）对运用 TIF（Tax Increment Financing）公共融资技术的地区进行实证研究，发现该技术有利于土地资源获取收入，进而促进地区财政压力的缓解。Chen（2017）基于中国全面取消农业税这一举措通过实验的方法进行实证研究，发现取消农业税会导致当地政府制造业税收压力的负担，但长期来看，这部分税收损失会被基层政府加强税收征管、增值税的税基提高等激励措施带来的影响所抵消。

与此相对应地，基于财政支出角度进行的相关研究，Maher 和 Deller（2007）指出通过提高生产力和管理效率、整合服务、区域合作和追求联邦政府拨款来缓解财政压力，同时验证表明，城市政府应对财政压力的方式较为理性，但在财政压力特别严重时，会考虑减少对公共服务支出和进行政府工作人员的裁员。Skid-more 和 Scorsone（2011）基于经济危机后财政收入下降的背景，对 2005—2009 年密歇根州的大部分城市进行研究，发现大多城市缓解财政压力的方式是削减公共支出，减少非必要类的公园修建等娱乐类支出，但是公共安全等基本服务的支出一般不会受到影响。Lutz 和 Sherner（2014）提出了可以通过减少或者推迟养老金和退休金发放来缓解财政压力。

国外学者对财政压力问题的研究起步远早于国内，因此其不同角度的研究也更为系统、成熟。目前国外学者关于财政压力的热点研究主要集中于测算及缓解方式等方面，而研究方法多集中于定量实证分析，其指标选择与测速方式已经形成较为全面的讨论，值得国内学者研究借鉴。但是在缓解财政压力方面，国外学者对控制财政支出的探讨多以减少支出为主，而减少支出的代价往往是公共服务和公共产品的减少，并由此导致公民利益的牺牲。另外，由于经济发展时期不同，经济发达国家关于财政压力的研究更多注重收支结构，较少涉及政府融投资平台建设。

2. 国内相关研究

国内针对财政压力缓解路径的研究在借鉴国外已有研究的基础上，同样多集中于财政收支和制度两个维度进行。在基于财政收入的研究方面，陶勇（2014）研究发现应对财政压力要完善政府间的财力划分，提高地方政府收入，做到事权、财权与财力的统一，加强地方政府债务风险的控制与管理，明确责任清晰的财政监督和管理，才能实现财政的民主化和法治化。侯星宇（2014）认为，地方政府在处理财政压力问题时，会利用增量土地资源获取土地出让收入来创造财政收入，土地和房地产在可预见的将来仍然是城市政府税收的主要来源。廖朴和殷文倩（2015）认为，保险资金的参与可以支持重大基础设施建设、棚户区改造、城镇化建设等民生工程，从而减少财政资金支出压力，对于缓解地方财政压力具有重要意义。余英（2016）结合中国实际情况研究发现，目前我国城市的财政行为选择受到一定约束，城市政府只好寻求非税收入来源，但过度依赖土地出让金和举债不利于财政健康，房产税的征收在未来将会成为政府"向新兴财富征税"的必然选择。在财政支出方面，陈雪峰（2017）建议转变政府投资决策模式，合理安排新增投资，强化债务管理约束机制等措施缓解财政压力。

从制度角度缓解财政压力的维度看，赵英兰和李勇（2014）认为释放财政压力应该对财政体制进行完善创新，以制度的形式明确各级政府财政收支范围，整合中央和地方以及地区间的转移支付制度，鼓励多元化的地方政府融资渠道。余英（2015）指出缓解财政压力需要财政制度的正式建立和完善，重视城市财政问题，可以提高其履行公共服务职责的效率和质量。李勇坚和夏杰长（2018）总结1990年财政压力下的服务业改革的经验和教训，提出正确的市场化是缓解财政压力的重要机制。

从上述国内外学者对财政压力的定义来看，其概念主要是从财政运行的收入和支出状况来对比分析，财政压力被界定为在完整的财政运行周期中长期持续存在的财政收支失衡，其形成则是由经济、社会及财政因素等共同作用的。

基于以上分析，本章在前面针对财政压力研究的基础上，结合社会经济实际，先从内外因素角度分析财政压力的形成原因，接下来进一步针对不同阈值下县级财政压力的影响因素进行实证分析。

第二节　县级财政压力的内外影响因素分析

大量的文献阅读、实地调查问卷和访谈都告诉我们，现实存在且迫切需要解决的县级财政压力问题的形成机理错综复杂、相互交织，是内外因素共同作用的结果。在包括经济、政治、历史、现实、政策等纷繁复杂的因素中必须抓住主要矛盾，突出重点，才能有效化解困境。

一、县级财政压力的外部影响因素分析

所谓外因是事物变化、发展的外在原因，即一个事物和其他事物的互相联系和互相影响。外因通常会通过内因作用于事物的存在和发展，加速或延缓事物的发展进程。一般来说，县级财政压力形成的外部因素主要包括两大类：第一类是

县域经济发展存在差异、政府投融资渠道不畅等经济性因素；第二类基层行政机构臃肿、官员政绩考核不完善等行政管理因素。

1. 经济性因素

经济发展水平与财政之间是根与叶、源与流的关系。一国乃至一个地区财政收入的主要决定因素之一就是社会经济发展状况，只有经济的持续快速增长，才有财政收入的稳定和不断增加。因此，在剖析县级财政压力影响因素问题的时候，首先应分析经济方面的原因。

（1）县域经济发展存在差异，部分县域经济顺利实现转型，部分地区仍以农业型经济为主，财源不足。

县域经济属于区域经济范畴。从地理空间上看，县域经济一般依据县级行政区划，以县级政权为调控主体，采取市场导向，注重开放，持续优化区域内部各项资源的配置。县域经济是一种具有明显地域特色、功能完备的区域经济类型。近年来，我国县域经济的发展获得了空前的重视，也取得了重大的成就。国家统计局数据显示，截至 2013 年，我国县域行政土地面积约为 880.6 万平方公里，约占全国陆地面积的 91.72%；县域人口超过 9 亿，占全国总人口的 68.1%；县域 GDP 占国民经济整体比重多年保持在 50% 以上。

尽管从全国范围来看，县域经济发展的总体势头良好，但地区间发展不均衡的特点也尤为突出。依据各县域综合经济竞争力、相对富裕程度和相对绿色指数对全国县域经济进行排名，可以进一步发现县域经济发展的不平衡性。随着国民经济进入高质量发展阶段，百强县率先转变传统经济发展方式，深入贯彻落实生态优先绿色发展理念，从城乡二元发展模式迅速实现城乡深度融合发展的转变，有力地促进了农村全面振兴。2020 年，百强县以占全国不到 2.0% 的土地、7.0% 的人口，创造了全国 9.8% 的 GDP，以占全部县域不到 3.0% 的土地、11.0% 的人口，创造了县域约 1/4 的 GDP，百强县在领跑县域经济发展方面发挥了"领头羊"的作用。自 2018 年以来，我国百强县区域分布格局变化不大，但是区域分布不平衡问题仍然突出。2021 年，江苏、浙江、山东三省的百强县数量总和为 56 个（其中江苏 25 个、浙江 18 个、山东 13 个），占据全国百强县名单的半壁江山还多（见表 6-1）。

表 6-1　2021 年经济百强县各省份分布情况

省份	数量（个）	省份	数量（个）
江苏	25	河南	7
山东	13	湖北	7
浙江	18	新疆	2
辽宁	3	陕西	2
福建	6	四川	2
湖南	4	内蒙古	2
江西	1	安徽	3
河北	2	广东	1
贵州	1	云南	1

　　从东中西部区域分布具体情况来看，2021 年东部地区百强县总数为 65 个，相较往年开始呈现出下降趋势；中部地区百强县数量共 22 个，总体呈增长态势；在新时代西部大开发的推动下，西部地区百强县数量较上年新增 2 个；东北地区百强县数量共 3 个，整体保持平稳态势（见图 6-1）。

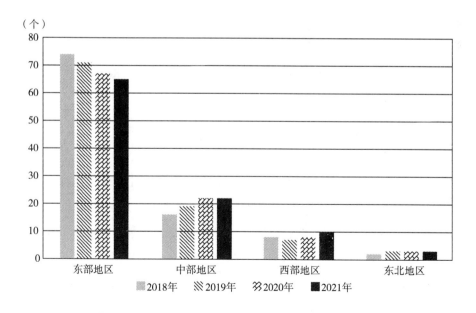

图 6-1　2018—2021 年中国百强县区域分布

对 2020 年百强县 GDP 总量的等级做进一步划分发现，GDP 大于 2000 亿元的百强县数量为 6 个，主要分布在江苏、浙江、福建三省；GDP 在 1000 亿~2000 亿元的百强县数量为 32 个，分别分布在江苏、浙江、福建、湖南、山东、河北、陕西、贵州、江西；GDP 小于 1000 亿元的百强县数量为 62 个，以山东、河南和湖北三省居多。也就是说，2020 年我国 GDP 达到千亿元的百强县共 38 个，比 2019 年增加了 5 个。38 个"千亿县"中，江苏数量多达 16 个，占比为 42.1%；浙江共 9 个，占比为 23.68%；福建有 4 个，占比为 10.53%；其他地区"千亿县"数量均不超过 3 个（见图 6-2）。

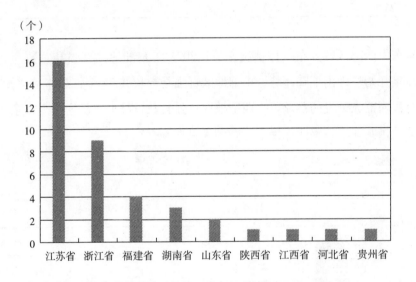

图 6-2　2020 年我国 GDP 过千亿县区域分布情况

值得注意的是，在县域经济中，乡镇经济作为既相对独立又高度开放的部分，也呈现出自身的特点。相当一部分地区农村经济欠发达、市场化程度不高，农产品加工业依然停留在粗放式发展阶段，难以形成高附加值的农产品生产、加工系列，使得最基层政府——乡镇政府难有充足的财源。我国乡镇经济大体可以分为三种类型：一是商品经济较发达的综合发展型经济；二是有某种资源优势的资源开发型经济；三是以种植、养殖为主的农业型经济。在综合发展型地区，如广东沿海、胶东半岛以及宁波、温州等地区，第二、第三产业比较发达，产业结构先进，税源充足，乡镇财政状况相对宽裕。在资源开发型地区，多以开采矿产资源，出售原材料和初级产品为主，对资源有较强的依赖性，受技术、资金等因素的制约，难以深度开发和加工增值，因而产品附加值低。另外，按照我国的产业发展政策，小煤矿、小水泥、小化工都是国家限制发展的夕阳产业，因此经济发展潜力不大，财政收入增长有限。目前，由于乡镇工业企业区域分布不均匀，86%以上的乡镇工业企业分布在东部和中部较为发达的乡镇，绝大多数乡镇依然以农业经济为主，第二、第三产业在县乡 GDP 和财政收入中所占比重较低。在中西部欠发达地区，县乡经济产业结构单一、劳动生产率低、产业化水平不高的农业特色更为明显。农业技术进步和劳动生产率提高速度比较慢，所以与工商业发达的地区相比，农业地区在财力、公共服务和社会就业等方面都处于劣势。

在我国进入新时代的背景下，实现区域高质量发展和产业转型离不开县域经济的发展和结构转型。同时，县域经济本身的区位优势决定了它在承接产业梯度转移、扩大消费需求等方面可以发挥重要作用。一方面，在我国产业结构调整、转变经济增长方式和增长动力的关键期，县域经济服务业初具规模、农业发展基础保障能力增强，同时结合县域经济中的特色产业，逐渐衍生出许多新生业态，促进了产业的升级和集群。另一方面，县域经济也是振兴乡村经济的重要抓手。县域经济是连接城市和乡村的纽带，其辐射作用非常强，大力发展县域经济有助于带动农业转型升级、农村进步发展和农民收入的提高。

（2）县域金融发展相对滞后，金融信贷支持区县经济发展力度不够。

金融是经济的血脉，是现代经济核心要素的资本的载体，其发展水平在一定程度上折射出区域经济的发达程度，是区域工业化、城镇化进程的重要标志之一。县域金融的发展对于促进县域经济的发展至关重要。县级政府接近于行政体制的末端，覆盖了我国广大的农村地区。由于这些地区市场不够发达，经济发展相对落后，基础设施有待完善，如果没有优势资源往往很难吸引外来投资。另外，目前农村金融投资体制存在功能不足的缺陷，金融信贷支农力度大打折扣。

第一，县域金融发展整体相对滞后。由于县域具有空间大而散、交通相对不便等特点，县域经济的发展优势不及资源禀赋更好的城市经济，所以县域经济的发展需要较强的支持来应对城市经济中强大的"虹吸效应"。区域金融的发展水平对于县域经济充分发展具有特别重要的战略意义,因为它直接关乎资金流向,影响资源在不同区域间的配置。然而,实践中县域金融发展的服务能力相对较弱,即使同为县域金融,市辖区与县之间也有很大的差异。

吕风勇(2021)在对县域金融发展情况进行考察的时候,对比了县域金融和市辖区金融深化程度、存贷款占比和存贷比三项指标,分析发现:2019年全国城市市辖区平均金融相关比率为3.57,而市辖县这一比率只有2.07,但相较于2013年二者的相对差异程度已经略有缩小;2019年市辖县存贷款占比只有31.01%,中部地区市辖县存贷款占比在四大地区中是最高的,东北地区则最低;2013—2019年市辖区存贷比显著高于市辖县。从研究结果看,县域金融发展相对而言较为落后。

第二,金融支农支县的力度不够。部分地区特别是中西部地区,农业经济发展相对滞后,农业的产业化、集约化经营仍处在起步阶段,农业生产离产业化的要求还有一定差距。农业产业化水平低直接增加了贷款管理难度,造成农户贷款风险较高,回报率低。商业性银行本身具有"自主经营、自担风险、自负盈亏、独立核算"的性质,以效益为目标,更倾向于将资金投往高回报率的制造业等行业。这在一定程度上造成农民贷款难与农村金融机构惜贷、不贷、投向偏差并存的矛盾。

马九杰等(2020)建立回归方程对金融支农水平进行研究,发现在全国层面深化农村金融机构市场化改革,平均来说会促进金融支农。但是具体到某一特定地区,农村金融机构市场化改革能否促进金融支农存在异质性。东中部地区农信社改制后,支农水平显著提升;但是西部地区农信社改制之后,支农水平没有显著变化。

第三,县域金融在支持产业转型方面尚有欠缺。县域经济往往刚刚面临由农业向工业的转型,即使工业发展基础已经初步具备的县,其成熟型制造业企业数量也相对较少,制造业企业从整体上看技术含量低、升级转型慢、创新能力弱、可持续发展能力不足,尤其是处于起步阶段的制造业企业,大部分存在盈利能力不足、财务制度不健全等问题。制造业企业前期投入高,收回投资时间长,受县域经济环境、房地产市场环境等多方面影响，制造业企业的技术优势、市场优势面临很大的不确定性，银行业金融机构信贷投入风险较大，与银行的审慎经营原则不匹配。另外，县域内部分制造业企业无抵质押物，在无担保公司介入情况下，难以在银行业金融机构获得贷款准入。

第四，县域金融不能完全满足居民日益增长的消费需求。随着收入的稳步增长，县域包括广大农村地区的社会经济结构和消费投资观念都发生了明显的变化。农村甚至是乡镇中很多中青年倾向于选择到区县工作和生活，并努力实现与子女定居在区县。农村人口总量减少，老龄化、少子化现象加剧，传统的教育、建房、购车等方面的消费需求相对减少，而社区健康、养老、医疗等方面的消费需求大大增加。同时，随着以人工智能、互联网、物联网为代表的信息数字化技术的迅速发展，"工业品下乡"和"农产品进城"行为大大丰富了社区的消费品供给，也有效提升了农户的消费能力，加上数字金融的发展使农户的消费金融可得性得到明显改善。农村社区很多人在社区精英的引导下，消费结构逐渐变化，新的消费习惯慢慢形成，这些因素都会导致农村社区消费性资金需求特征出现新变化。

2. 行政管理因素

行政管理因素包括行政机构设置、行政职权划分以及为保证行政管理顺利进行而建立的规章制度（如官员绩效考核）的总称。行政管理的改革是伴随着我国社会主义市场经济的不断发展而完善起来的，但依然存在一些问题，一定程度上成为导致县级财政运行困难的外部因素。

（1）县级机构行政成本相对偏高。

由于历史等原因，我国县乡行政区划数量多、规模小，但是在社会治理中发挥着非常重要的作用。一方面，从秦汉以来县级建制已有两千多年的历史，一直保持相对的稳定性；另一方面，县级政权是一级完备政府，具有较强的行政能力以及因地制宜进行统筹决策的能力。从某种意义上讲，县级区划的治理对国家治理是否有效有重要影响。

从 2018 年《中共中央关于深化党和国家机构改革的决定》实施以来，县级政权经过了一系列改革，机构设置的数量基本明确。尽管各个县的政权构成略有差异，但除了二级部门、下属事业单位及挂牌机构、议事协调机构外，大多包含以下部门（见表6-2）。

表6-2　县级政权基本构成

分类	部门
党委工作部门	纪委监察委、县委办、组织部、宣传部、统战部、政法委、深改办、编办、机关工委、依法治县办、国安委、巡察办、信访局、绩效和督察办公室等
政府工作部门	政府办、发改局、公安局、财政局、税务局、人社局、教育局、工信局、自然资源局、住建局、民政局、司法局、应急管理局、审计局、统计局、市场监管局、交通运输局、水利局、农业农村局、文广体旅局、卫健局、林业局、退役军人事务局、医疗保障局、城管局等
人大	县人大
政协	县政协
群团机关	工会、共青团、妇联、工商联、残联、侨联、文联、社科联、红十字会、科协、贸促会等

从上述机构设置可以看出，县级政府机构"上下对口"痕迹很明显，几乎每一个局都和国务院的部（局、署、委员会）、省级的厅（局、委员会）保持对应关系。

一般来说，政府层级越低，行政资源的消耗也就越高。王立国和梁明月（2014）根据《地方财政统计资料》2007—2009年的数据进行分析发现：第一，从行政成本的绝对数额上看，行政成本从低到高依次为省、地（市）以及由县级政府和乡镇级政府组成的基层政府，基层政府不仅行政成本绝对数额最大，而且增速也最快，大大超过了地市级政府和省级政府。第二，从各级地方政府行政成本的增速来看，从省级政府到乡镇级政府，年均增长率分别为11.03%、11.81%、17.88%和14.1%，其中县级政府行政成本的增长速度最快，其次是乡镇政府，这说明基层政府仍然存在着严重的"吃饭财政"问题。第三，从行政成本占财政支出的比重来看，三年间这几个层级政府的比重几乎都处于20%左右，行政管理类支出在财政支出中占较高比重。邢春政（2021）在提出研究假设的基础上，使用2009—2019年我国31个省份的十年面板数据建立多元回归模型与门槛效应模型，发现行政成本对经济影响有促进作用的同时也存在一定程度的阻碍作用，不同空间场域下的政府行政成本与经济增长关系存在空间集聚与异质性，不同省份政府的行政成本规模对于经济增长的作用表现出门槛效应，建议宏观上控制行政成本规模，对行政成本进行支出结构调整，推行电子政务方式以促进经济的增长。

（2）政绩考核方式不合理。

行政管理特别是官员绩效考评办法，在选拔激励干部、完善政府职能等方面发挥了积极作用，但考核方法的不完善也成为导致地方财政压力的因素之一。一是考核指标重数字表象，轻实地考核。对有关指标单凭上报数字或统计数字认定，使考核失去了实际意义，甚至导致个别地区过分强调政绩，不顾地区客观实际，使得县级财政支出畸形等。二是考核指标涉及面广，县级政府疲于应对。

很多学者也研究了绩效考核与地方发展、竞争压力等问题。李长青等（2018）认为，在官员任期制的影响下，地方政府倾向于投资那些投入少、回报快、风险低的基础建设项目，减少短期增长效应不大的技术创新项目投入。任克强（2017）认为以重复建设来拉动短期经济增长，会导致地方经济社会生态发展的长期利益受损。张彩云等（2018）认为地方政府及官员的政绩考核制度是导致中国地方政府间展开竞争的最重要原因之一，改革考核导向以纠正地方政府行为与中央政府目标函数的偏离，是破解利益悖论的关键途径（张志敏等，2014）。因此，调整政绩考核导向是优化地方政府竞争态势的根本路径。周黎安（2007）强调，需要将单一的经济考核转变为更具综合性的考核，以实现经济、社会与生态的协调发展。张彩云等（2018）指出，如果政绩考核更注重生态绩效，政府有更多的权力进行环境治理；如果政绩考核更注重经济绩效，地方政府过多的事权反而易导致竞争愈演愈烈。侯林岐和张杰（2020）提出，要有针对性地调整政绩考核指标体系及各个指标的权重，以此影响地方官员的施政行为。钱先航等（2011）通过调整政绩考核压力中环境、民生指标的权重，证明了地方政府政绩考核机制的生态化能够有效抑制不良贷款的累积。

二、县级财政压力的内部影响因素分析

经过 1994 年的分税制改革建立起来的新的财政体制，尽管在提高财政收入、

遏制"两个比重"下降、建立分级分税财政体制新框架以及推进公共财政建设等方面起到了极大的作用，但仍有一些不完善之处，也导致了地方财政不能全部自给，其中县乡两级财政自给能力最弱的情况。主要表现为以下几点：

1. 事权和支出责任划分不够明确

所谓事权是指一级政府在公共事务和服务中应承担的任务和职责。它是政府间财政关系的主要方面，在一定程度上决定了政府间财权和支出责任的划分。事权的确定不仅是一个财政问题，更是政府职能的确定问题。在不同历史发展阶段、不同社会制度、不同国家管理体制下，政府的职能定位、职能在各级政府和部门之间的划分以及完成职责的方式存在较大的差异。实施分税制的基本前提就是要对各级政府的职能按市场经济原则进行明确界定，并在此基础上对各级政府的事权和支出责任做出科学的划分。只有完善了政府间的事权划分，理顺各级政府财政分配关系，才能使政府间事权和支出责任步入法治化轨道。

按照公共产品理论，地方性公共品的外溢性决定了中央政府与地方政府在资源配置中发挥不同作用。地方性公共品由地方政府供给更有效率，而公众对具有外溢性公共品的需要产生了对更高一级政府的需求。这一理论事实上对政府间事权的划分提出了大体框架。但是到目前为止，各个省级以下政府之间的责任划分并没有明确细化，导致事权越位、缺位、错位并存，加剧了基层财力紧张的状况（见图6-3）。

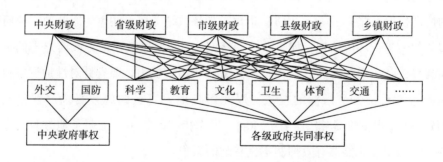

图6-3 按公共产品种类划分政府间事权

近年来，相关文献多侧重于分析我国政府间事权划分存在的具体问题并提出解决对策，特别是《关于推进中央与地方财政事权和支出责任划分改革的指导方案》（国发〔2016〕49号）和《基本公共服务领域中央与地方共同财政事权和支出责任划分改革方案》（国办发〔2018〕6号）两个重要文件出台后，理论界更是将注意力集中于对基本公共服务政府间支出分担比例的研究，但也有一些成果涉及事权划分的思路及方法。贾康和白景明（2002，2005）、贾康和阎坤（2005）、贾康（2007）提出了通过财政层级的扁平化改革，在省级以下实质性贯彻分税制来理清政府间事权划分的改革思路，并对层级制政府架构本身进行了反思；孙开（2004）提出了"内外有别、上下分明"的改革思路，强调明晰划分政府间事权的基础条件是理顺市场与政府的关系、准确界定政府整体意义上的事权；刘尚希（2009）指出要构建"辖区财政"，强调上级政府对辖区内各级财政提供公共产品负有责任对解决层级制政府间事权划分问题具有重要意义；刘尚希等（2012）还提出了将事权按照要素分为决策权、执行权、监督权和支出权并分权至各层级政府的结构分析思路；马万里（2013）从纵向和横向两个维度研究了事权划分，并把实现两个维度分权的结合视作提高公共产品供给效率和公共需要满足程度的途径；李春根和舒成（2015）提出，事权划分的优化路径应由"上级主导、层层下放"转变为自下而上的"事权法定、外溢共担、超负上移"；庞明礼和薛金刚（2017）研究了中央政府单向主导的事权划分思路存在的悖论并对激励相容框架进行了设计；岳红举和王雪蕊（2019）认为，实现中央与地方政府间事权划分的规范化和确定化的制度化路径，应纳入现代财税体制与市场经济体制协调配合的治理体系。

2. 县级财政缺乏可靠稳定的税收，对非税收入依赖度较大

在基层政府的事权和支出责任确定之后，就要依据事权与财权、财力相一致的原则，对政府间的财权进行合理划分。2014年颁布的《新预算法》修改后第十二条规定："各级政府间应当建立财力保障与支出责任相匹配的财政管理体制，地方各级政府之间的管理体制，由各省、自治区、直辖市政府规定。"目前我国中央和地方间税种划分的情况是：除消费税（含进口环节海关代征的部分）、车辆购置税、关税以及海关代征的进口环节增值税等作为中央税专属中央财政，而城镇土地使用税、耕地占用税、土地增值税、房产税、车船使用税、契税、环保

税等作为地方税专属地方财政外，其余各税种由中央财政与地方财政共享。具体如表6-3所示。

表6-3 我国目前主要税种

税种	主要特征	分享比例	备注
增值税	间接税，共享税	中央75%，地方25%	进口增值税海关代征，归中央
消费税	间接税，中央税	—	—
关税	间接税，中央税		海关代征
个人所得税			个人储蓄存款利息所得除外
企业所得税	直接税，共享税	中央60%，地方40%	铁道部、各银行总行及海洋石油企业缴纳部分归中央
房产税			—
契税	直接税，地方税	—	—
车船税			—
船位吨税	直接税，中央税		海关代征
车辆购置税		—	—
资源税			海洋石油资源归中央
土地增值税	间接税，地方税		—
城镇土地使用税		—	—
耕地占用税			—
印花税	直接税，地方税		证券交易印花税中央97%，地方3%
环保税		—	—
城建税	间接税，地方税		铁道部、各银行总行、各保险总公司集中部分归中央
烟叶税		—	—

资料来源：笔者根据现行税收制度整理。

这种从中央到地方、从省市到县乡的不完全的分税制，使得政府间税种的划分存在诸多缺陷，在县级财政上体现更加突出。

第一，税收管理权限过于集中，不利于调动地方政府积极性。我国分税制改革的基本原则，是调动中央、地方两个积极性和加强中央的宏观调控能力。其中，加强中央的宏观调控能力是主要方面。中央税、共享税以及地方税的立法权都在中央，以保证中央政令统一，维护全国统一市场和企业平等竞争。税制改革虽然赋予了地方一定的管理权限，但总体来看，地方税收法规制定权、解释权、税目税率调整权以及减免税权等都集中在中央。这种地方税管理体制使地方政府的税权和事权不相适应，不利于地方因地制宜地调控配置区域性资源，削弱了地方政府开辟税源、组织收入和调节经济的能力。

第二，共享税比重过大。分税制改革的目标之一，是通过税种和税权在中央与地方之间的划分来形成分级财政管理体系，并规范中央与地方的财政分配关系，为各级政府职能的正常实现奠定稳定的财源基础，提供相对可靠的财力条件。然而在现行分税制方案中，共享税几乎涉及所有的主要税种，成为分税制结构中规模最大的一个层次。共享税比重过大，一是使中央税和地方税体系中主体税种配置受到限制，难以形成相对独立的分级税收体系规模，不利于分级财政管理体系的建立和有效运作，特别是在省级以下分税制没有统一标准的情况下，县乡分成比例更为有限（有的只占到总额的1/3），进一步加剧财政困境；二是中央与地方利益交叉领域过多，如增值税等是由国税部门征缴后进行分成划转的，将加大税收征缴分成及划转过程中的各种成本，不利于提高税收征管及分税制的运行效率。

第三，地方税收入规模较小。上述税权过度集中、主体税种不突出等多种原因，造成了地方税在收入规模上还不能作为地方政府收入的主要来源，不能独立满足地方政府的大部分支出需要，预算自给水平低。这一点越往基层情况越突出。基层政府的支出很大程度上要依赖于上级政府的转移支付。

通过上述关于基层政府税收来源的分析可知，现行税收制度造成了税收收入的上移，省级以下政府在地方税收分享中面临没有主体税种的窘境。特别是越往基层，这种境况就越明显。

3. 财政转移支付制度不完善

转移支付制度①是一种有效的政府间资源配置手段。这种预算调节制度，在上下级政府间以及经济发展存在差距的地区间，以财力再分配的方式解决政府间

---

① 政府间转移支付包括纵向、横向以及纵向与横向转移相混合三种形式。目前我国政府间转移支付以纵向转移支付为主，横向转移支付只是政治性或阶段性安排的特例（如援川、援藏、援疆等）。

财政收支不平衡与地区间基本公共服务不平等的问题，保持基层财政正常运转
（见图6-4）。

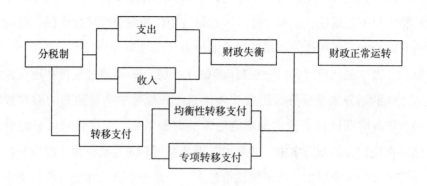

图6-4 分税制下财政转移支付机制

早期的研究认为，转移支付是用来矫正外部性、弥补公共服务供给成本等问题的外生冲击，与地方税收增收相同，同等于增加地方财政支出（Oates，1972）。后来研究发现，转移支付对地方财政行为的影响并非是完全外生的，转移支付对地方政府财力的改善会引致地方政府重新调整收支决策，转移支付与税收收入对地方公共品供给的激励存在显著差异（Buettner and Wildasin，2006；Weingast，2009）。转移支付对地方公共品供给的影响主要体现在对地方政府支出规模与结构两个方面。由于地方财政支出对转移支付的弹性相对较大，转移支付对地方财力的改善可能导致地方政府支出规模膨胀产生"粘蝇纸效应"（Oates，1999）。在预算软约束的现实财政运行机制下，转移支付对地方财力的改善也可能改变财政支出结构，使政府倾向于增加经济性与消费性支出，而偏离转移支付促进地方基本公共服务供给的政策目标（付文林和沈坤荣，2012；汪冲，2015）。

自1994年分税制改革后，地方政府财权减少、事权增加，财政压力显著加大。中央政府通过转移支付的方式，缓解基层财力困难，弥补收支缺口。转移支付制度形成后，一方面受到多重影响，转移支付除遵循公平功能外还需遵从效益和稳定功能；另一方面尽管学界的研究结论并不相同，但转移支付显著影响税收努力程度、公共服务供给（公共支出结构）、预算软约束、地方债务等地方政府

行为是学界共识。不论是转移支付分配，还是转移支付制度下的地方政府行为，二者均会对基层财力保障产生显著影响（石磊等，2022）。

均衡性转移支付是中央政府对地方政府的财力补助，且地方政府具有完全使用自主权。均衡性转移支付不仅增加了地方总财力，还增加了地方可用财力，能够有效弥补地方政府财政收支缺口，对地方经济增长和公共服务提供都有正向促进效应，能够有效帮助完成保基层运转任务。专项转移支付是中央政府为实现特定的经济和社会发展目标而设置的，地方政府需按照规定用途安排使用。地方政府获得专项转移支付后，地方总财力无疑是增加的，地方可用财力是否增加则需进一步判断。在不考虑地方政府为获取专项转移支付而产生的前期财力投入前提下，如果专项转移支付项目同地方计划提供的公共服务一致，那么无论是否需要地方配套资金支持，都认为增加了地方可用财力；但是，如果不一致，不需要地方政府配套资金支持的专项转移支付不改变地方可用财力，需要地方政府配套资金支持的专项转移支付将减少地方可用财力。所以，专项转移支付不一定能够帮助地方政府完成保基层运转任务。具体来说，存在以下几方面的问题：

第一，转移支付导向错位，有悖于公共服务均等化目标。从理论层面看，通过对基层政府的转移支付有利于实现公共服务均等化，但实践中往往与导向目标相去甚远。1994 年分税制改革以来，中央、省、市三级政府通过采取层层集中策略，尽可能多地从下级财政抽取资金，将收入稳定、增长潜力大的税种全部或高比例地上收。县乡的固定收入多数是税源较为分散、稳定性差的小税种，不仅征管难度大、征收成本高，而且增收潜力小。中央对地方的转移支付又按照"基数法"来确定，直接与征税额挂钩，在逐年的滚动过程中，使得财政困难的县乡长期处于不利地位，不能发挥转移支付在协调区域经济发展中应该起到的作用，有悖于公共物品提供均等化的目标。

第二，均衡性转移支付缺乏激励效应，专项转移支付分配方法简单。均衡性转移支付分配缺失对财政激励因素的应用，导致部分地方政府对转移支付资金的使用效率和公共服务转化率相对低下，基本公共服务均等化效果不明显；无法准确反映地方政府间提供基本公共服务的成本差异，使得均衡性转移支付尤其是均衡性转移支付无法有效消除由基本公共服务成本差异导致的地方财力不均等；省级以下专项转移支付资金采取简单的平均分配方式的情况仍时有发生，既不具有科学依据，也无法体现各区域的实际情况和差异，转移支付资金合理配置更无从谈起。

第三，转移支付的地区均衡力度过小，缺乏规范、有效的财政横向均衡机制。转移支付的目标之一是兼顾地区平衡，促进不同区域公共服务均等化。横向转移支付制度作为财政资源的平行转移，一般由富裕地区地方政府扶助落后地区，从而实现财政均等化目标，或是资源使用地区对消耗地区进行利益补偿。但是横向转移支付制度体系往往被定位为纵向转移支付制度体系的补充，目前，类别、程序、标准、配套措施不够完善，各级政府对横向转移支付制度体系建设的重视程度相对不足，在一定程度上制约了横向转移支付作用的充分发挥。

第三节　县级财政压力影响因素的实证研究

针对建立模型研究判断我国县级政府是否存在财政压力并进行预警是本书研究的目的之一，对我国政府研究具有一定现实意义。更进一步地，针对财政压力的形成及其影响因素进行研究，有助于从更深层次掌握地方政府财政压力成因及缓解问题。在当前我国经济新常态的背景下，对县级政府财政压力治理问题也产生了新的作用，提出了新的要求。当前国内外已有研究对于财政压力的形成及其影响因素的研究存在不同观点，所以研究我国当前背景下，县级政府财政压力影响因素的理论及实证问题则具有重要的理论意义和现实意义。

本章接下来主要对 S 省进行考察，针对其县级财政压力受到来自财政分权、转移支付等主要因素的影响进行理论和实证分析。基于 S 省 2007—2019 年的非平衡面板数据，研究当前背景和不同阈值下，财政分权和转移支付等对县级财政压力产生的影响，并针对东中西部进行区域异质性分析。在此基础上，本书针对省直管县政策带来的影响建立模型进行实证研究，以期为我国县级财政管理具体实践的问题研究做出一定的贡献。

一、不同阈值下县级财政压力影响因素的研究

1. 县级财政压力衡量指标、变量选择及计算

本章重点从实证分析的角度研究县级财政压力的影响因素问题。笔者选取县级财政压力为被解释变量，以二元变量 0 和 1 表示，其中 0 表示没有压力、1 表示有财政压力。判断是否存在财政压力的测评方法继续沿用第五章的模型测评法。考虑到在不同外部环境和内部因素的影响下，县级财政对压力的承受能力、空间和偏好的不同，分别设置了低、中、高三种不同阈值下的财政压力。为了分别分析三种不同压力阈值下的影响因素，本书用 press1 表示低阈值下的财政压力二元变量；press2 表示中阈值下的财政压力二元变量；press3 表示高阈值下的财政压力二元变量。

2. 主要解释变量

为了量化不同因素对县级财政压力的影响，通过构建计量模型做深入分析。借鉴目前国内外相关文献（Kubak et al.，2012；洪源等，2018；张原等，2019；孙开等，2019）的通用指标并做进一步筛选分析，选取财政分权、转移支付为核心解释变量，构建面板 Logit 模型。对于主要解释变量之一的财政分权，目前评测方法较多，但是考虑到数据的易得性以及参考现有文献中较为普遍的做法（白彦锋等，2019；权飞过等，2020；段迎君等，2020），选取县级人均一般公共预算收入占全省人均一般公共预算收入的比重来表示，比重越大说明财政分权的程度越深，县级财政的自主权较大；反之则表示财政分权程度较小。对于主要解释变量县级财政对转移支付的依赖度，则选择转移支付收入占一般公共预算收入的比重来表示，比重越大说明县级财政对转移支付的依赖度越高；反之则说明县级财政对转移支付的依赖程度较低。

3. 控制变量

为缓解遗漏变量引起的估计偏误和内生性问题，尽可能综合、全面地研究财政压力的影响因素，本书从经济、社会和政策三个角度选取模型的控制变量。参照已有研究的做法，选取 GDP 增长率和第二产业占 GDP 的比重两个指标作为经济因素的控制变量，主要用于考察经济发展状况对县级财政压力的影响；选取人

口增长率作为社会因素的控制变量，主要考察县域辖区居民人数对财政压力的影响；选取国有土地使用权转让收入占一般公共预算收入的比重作为政策因素的控制变量，主要考察财政收入构成对县级财政压力的影响。

表6-4列出了本章研究所使用的全部变量的定义说明和计算方法。

表6-4　变量定义与计算方法

变量	变量定义及计算方法
press	县级财政压力，二元变量，0 表示没有压力，1 表示有财政压力
press1	低阈值下的财政压力二元变量
press2	中阈值下的财政压力二元变量
press3	高阈值下的财政压力二元变量
fd	财政分权指标，等于县级人均一般公共预算收入/全省人均一般公共预算收入
tra	县级财政对转移支付的依赖度指标，等于转移支付收入/一般公共预算收入
isp	表示第二产业占 GDP 的比重
prt	人口增长率指标
land	县级政府对土地财政的依赖度指标，等于国有土地使用权转让收入/一般公共预算收入
gdp	GDP 的增长率

4. 模型设定、数据来源与研究方法

本书借鉴国内外相关文献的方法，建立以下面板模型，主要针对不同阈值下县级财政压力的影响因素进行实证研究。

$$press_{it} = \alpha_0 + \alpha_1 fd_{it} + \alpha_2 tra_{it} + \alpha_3 isp_{it} + \alpha_4 prt_{it} + \alpha_5 land_{it} + \alpha_6 gdp_{it} + \lambda_t + \varepsilon_{it} \qquad (6-1)$$

在式（6-1）中，i=1，2，…，n 表示第 i 个县；t=2007，…，2019 表示第 t 年的数据；λ_t 为时点效应；ε_{it} 为随时间变化的不可观测的个体异质性，i 县在第 t 年的外生部分，即随机扰动项。被解释变量 press 是 0-1 二元变量，其中 0 表示没有压力，1 表示有财政压力，为了分析在低、中、高三种不同阈值下的财政压力影响因素，press1、press2 和 press3 分别为低、中、高阈值下的财政压力二元变量。其余变量含义如表6-4所示。

考虑到我国县域财政的发展和数据可得性，本书选取的研究区间为 2007—2019 年，利用 S 省 137 个县级政府的相关数据进行实证研究，相关的数据主要来自 S 省统计年鉴、《财政统计年鉴》、《中国县域经济数据》及各级政府网站公布的数据。由于部分年份的县级财政数据缺失严重，本书对部分缺失项采取加权平均方法进行简单处理，并对数据进行筛选，删除部分无效值和异常值，避免错误值影响分析结果，最终形成非平衡面板数据。

通过对样本县在研究期间内的数据进行搜集整理，建立非平衡面板数据后，本书利用 Stata15 进行实证检验。考虑到被解释变量财政压力及不同阈值下的这一指标为二元变量，本章的实证研究主要采取 Logit 方法来对模型进行实证分析。更进一步地，考虑到县级财政分权及转移支付依赖度具有一定时间上的持续性，为避免研究中的内生性问题，依据现有文献做法，引入这两个变量的滞后项 $fd_{i(t-1)}$ 和 $tra_{i(t-1)}$ 作为工具变量，采取两阶段最小二乘法（2SLS）对模型进行稳健性检验。

5. 描述性统计

表 6-5 提供了本章实证模型所使用的主要变量的详细描述性统计。

表 6-5　变量的描述性统计

变量	均值	标准差	最大值	最小值
财政分权	0.39	0.41	3.97	0.05
转移支付依赖度	0.82	0.94	5.65	−0.63
政策虚拟变量	0.17	0.16	1.00	0.00
第二产业占比	0.47	2.15	0.57	0.19
人口增长率	0.57	1.49	3.21	−1.00
土地财政依赖度	0.48	0.59	5.16	0.00
GDP 增长率	0.21	1.14	9.76	−0.97

资料来源：S 省统计年鉴、《财政统计年鉴》、《中国县域经济数据》及各级政府网站公布的数据。

通过表 6-5 对各变量的描述性统计，可以发现，S 省全部县级样本财政分权的均值为 0.39，标准差是 0.41，表明省内财政分权程度较高且存在一定差异，最大值为 3.97，最小值为 0.05。财政对转移支付的依赖度指标均值为 0.82，标准差是 0.94，最大值为 5.65，说明 S 省存在县区对财政转移支付依赖程度较高的情况，且区域间差异较大。

6. 相关性分析

为保证实证回归结果的可靠性，本书首先对各主要解释变量和控制变量进行相关性检验，以排除模型可能存在的多重共线性问题。表 6-6 的上半部分提供了模型各解释变量间的斯皮尔曼（Spearman）相关性检验系数，下半部分为皮尔森（Pearson）相关性检验系数。由表 6-6 中结果可以看出，解释变量和控制变量的相关系数均在 0.5 以下，模型不存在多重共线性问题。

表 6-6　解释变量间的相关系数

变量	财政分权	转移支付依赖度	第二产业占比	人口增长率	土地财政依赖度	GDP 增长率
财政分权		-0.3670	0.0141	-0.0621	-0.3920	0.0385
转移支付依赖度	-0.4391		0.0801	-0.0383	0.4487	-0.0868
第二产业占比	0.0271	-0.0176		-0.0643	0.0282	-0.1572
人口增长率	0.1531	-0.0756	-0.0197		-0.1572	0.1081
土地财政依赖度	-0.0900	0.1557	-0.0253	-0.0457		-0.0221
GDP 增长率	-0.0208	0.0694	-0.0604	0.0226	-0.0359	

7. 不同阈值下县级财政压力影响因素实证分析

通过对 S 省县级政府在研究区间 2007—2019 年的数据进行搜集整理，建立非平衡面板数据后，使用 Stata15 进行实证回归。检验不同阈值下县级财政压力的影响因素，采用第四章测算的不同阈值下的财政压力作为被解释变量，分别进行回归检验。

（1）面板 Logit 模型分析。

运用面板 Logit 模型进行回归分析，不同阈值下县级财政压力影响因素的实证结果如表 6-7 所示。

表 6-7　不同阈值下县级财政压力影响因素的实证分析

变量	(1) press1 风险厌恶	(2) press2 风险中立	(3) press3 风险偏好
fd	-8.168*** (-3.48)	-0.611* (-1.78)	-1.202** (-2.33)

续表

变量	（1） press1 风险厌恶	（2） press2 风险中立	（3） press3 风险偏好
tra	-0.923***	-0.975***	-0.782***
	(-3.02)	(-3.82)	(-3.47)
isp	-1.963**	-0.625	-0.103
	(-2.23)	(-0.96)	(-0.19)
prt	-0.420***	-0.189	-0.0356
	(-2.74)	(-1.36)	(-0.26)
land	1.016***	0.999***	1.003***
	(3.88)	(3.90)	(3.47)
gdp	0.000	-0.005	-0.024***
	(0.04)	(1.52)	(-1.59)
_cons	2.714***	0.716*	-0.699
	(4.79)	(1.69)	(-0.44)
N	436	436	436

注：每个变量结果上行数据为回归系数，下行数据为 t 值。***、**、* 分别表示在 1%、5%、10%水平下显著。

根据 Logit 模型的原理，从胜算比的角度得到的回归结果更简洁直观，所以表 6-8 列出了从胜算比角度得到的回归结果。

表 6-8　面板 Logit 的胜算比分析结果

变量	（1） press1 风险厌恶	（2） press2 风险中立	（3） press3 风险偏好
fd	-1.121***	-0.705*	-0.414**
	(-3.68)	(-1.79)	(-2.20)
tra	-2.654***	-2.414***	-2.128***
	(-4.20)	(-4.55)	(-4.00)
isp	-0.162***	0.427	0.762
	(-2.73)	(1.64)	(0.45)
prt	-0.719***	-0.833*	-0.919
	(-3.17)	(-1.92)	(-0.72)

变量	(1) press1 风险厌恶	(2) press2 风险中立	(3) press3 风险偏好
land	0.499 ***	0.522 ***	0.451 ***
	(3.75)	(3.60)	(3.38)
gdp	0.001	−0.004	−0.015 ***
	(0.03)	(1.41)	(−1.44)
_cons	3.625 ***	0.623 *	−0.579
	(4.79)	(1.67)	(−0.34)
N	436	436	436

注：每个变量结果上行数据为回归系数，下行数据为 t 值。 *** 、 ** 、 * 分别表示在 1%、5%、10%水平下显著。

通过对实证结果进行分析发现：

第一，财政分权对于缓解县级财政压力有正向的积极作用。基于结果列（1）、列（2）、列（3）进行分析可知，根据低压力、中压力和高压力阈值设定财政压力预警极限值，回归结果和胜算比结果都显示财政分权会影响财政压力。其中，面板 Logit 回归系数结果显示，三种压力阈值下的财政分权与财政压力的系数值分别在 1%、10%和 5%水平下显著，这表明适度的财政分权对缓解县级财政压力有正向的作用。也就是说，通过财政分权给予县级政府更大的财政自主权，可以在一定程度上充分调动县级政府的积极性，赋予县级政府更多的财权和财力，因地制宜地安排财政支出，实现区域社会经济高质量发展和提供公共产品与服务。特别是在我国社会经济发展各项指标较好、更有经济活力和发展潜力的地区，适当的放权并赋予地方政府更大的财政自主权，也更有利于政府根据区域实际制定发展规划、安排支出。

第二，转移支付对缓解地方政府财政压力具有显著的正向作用。针对全部县级数据进行实证研究的结果显示，在面板 Logit 和胜算比分析结果中，各个压力阈值下，财政转移支付依赖度与被解释变量均在 1%水平下显著相关。这表明，转移支付收入占一般公共预算收入的比重越高，即县级财政获得的转移支付收入增多，政府的财政压力会变小。该结论充分说明了转移支付对地方财政收支正常运行的积极作用，即通过完善政府间转移支付制度，可以赋予县级财政更多的包括县级财力基本保障奖补资金等在内的转移性收入，满足县级财政支出的需要，缓解财政压力。但是，在分析这一指标时也要警惕长久下去县级财政逐渐滋生依赖心理，不利于自身积极性的调动。

第三，对土地财政的过度依赖会进一步增加县级财政压力。从回归结果看，在各个压力阈值下土地财政的依赖度与财政压力正相关，且回归系数均在1%水平下显著。也就是说，国有土地使用权转让收入占一般公共预算收入的比重增加，即县级财政对国有土地使用权转让收入的依赖度提高，会明显增加政府面临的财政压力。这一分析结果说明，高质量的财政收入结构有利于避免压力的形成与积累，县级政府需要进一步优化财政收入结构，为地方政府构建稳定可靠的税源，继续降低非经常性收入比重。反之，当县级财政收入组成质量不高，也就是在财政总收入中税收收入占比不够或者占比下降，其他财政收入类型如国有土地使用权转让收入、收费收入等占比就会上升。长期下去，这种财政收入构成的此消彼长会导致财政收入的稳定性不强、质量不高，难以支撑刚性增长的支出需求，进而使当前或者未来县级财政压力增加，形成潜在的财政风险。

第四，经济发展在高压力阈值的情况下可以显著缓解财政压力。在其他情况下，GDP增长率与财政压力的相关性非常小。根据前述分析可以获知，高压力阈值通常适合那些社会发展潜力大或者外部环境特别适合投资的县级政府，经济发展速度快会带来财政收入的快速增长，缓解压力。相对于GDP增长率，第二产业占比提高更多描述的是经济结构的变化。从分析结果看，第二产业占比提高只有在低阈值下对缓解财政压力有积极作用，而在中阈值和高阈值下没有使县级政府面临财政压力的概率值发生显著性变化。这在一定程度上反向说明了随着经济的发展，提高第三产业占比、进行经济结构调整对缓解财政压力的重要性。

第五，当压力阈值取值较低时，户籍人口的增长会显著降低政府面临财政压力的概率。这一结果可以从税源的角度进行分析。人口的不断流入意味着税源扩大、财政收入增加，相对而言压力就会缓解。财政压力的化解也有利于公共产品质量的进一步提升，会对人口流入带来更大的吸引力。

（2）平均边际效应角度的分析。

虽然由胜算比角度得到的结果能较为直观地从解释变量的系数值判断财政压力的概率的变化情况，但是仍不能直观地看出概率值变化的具体数值。因此，为了更加全面地分析解剖样本数据、深入计算了解众多解释变量的变化对财政压力产生的概率的变化以及最终的影响值，本书进一步给出从平均边际效应角度分析得到的实证回归结果，如表6-9所示。

表6-9　面板 Logit 的平均边际效应结果

变量	（1） press1 风险厌恶	（2） press2 风险中立	（3） press3 风险偏好
fd	-0.256 ***	-0.622	-1.462
	(-3.42)	(-0.06)	(-0.46)
tra	-0.017	-0.005	0.018
	(-1.43)	(-0.05)	(0.45)
isp	-0.013	-0.002	0.194
	(-0.78)	(-0.01)	(0.27)
prt	-0.010 **	-0.014	0.795
	(-2.32)	(-0.05)	(0.44)
land	-0.007	-0.043	0.029
	(-0.61)	(-0.06)	(0.44)
gdp	0.001	-0.001	-0.001
	(0.05)	(-0.05)	(-0.49)
_cons	3.522 ***	0.614 *	-0.655
	(4.79)	(1.71)	(-0.43)
N	436	436	436

注：每个变量结果上行数据为回归系数，下行数据为 t 值。 *** 、 ** 、 * 分别表示在1%、5%、10%水平下显著。

根据实证回归的结果，可以得到如下结论：

第一，通过分析结果可以发现，在低压力阈值下，财政分权的系数与被解释变量在1%水平下显著负相关。当财政分权每增加1个单位时，县级政府面临财政压力的概率就会显著减少25.6%。这一结果再次说明财政分权对缓解压力有积极影响，特别是对于那些在财政压力管理上采取较为保守审慎态度的县级政府而言，适度的分权能够进一步调动地方政府的积极性。

第二，在低压力阈值下，户籍人口增长率也是影响财政压力的主要变量。根据面板 Logit 的平均边际效应回归结果，户籍人口增长率增加 1 个单位，县级政府面临财政压力的概率就会减少 1%。这一点也和刚才的分析结论完全一致，即人口的流入会给地方政府带来更为充沛、稳定的税源与财政收入，促进地区经济发展，县级政府面临财政压力的概率也会大大减少。

（3）模型准确预测比率角度的分析。

为进一步深入研究在低、中、高三种压力阈值下模型对是否存在财政压力的预测准确度，本书以前述研究为基础进行面板 Logit 模型准确预测比率分析。模型准确预测比率结果如表 6-10 所示。

表 6-10 模型准确预测比率结果

Logistic model for press1

	-----------True----------		
Classified	D	−D	Total
+	299	113	412
−	10	14	24
	309	127	436

Classified+if predicted Pr（D）>= . 5
True D defined as press1！= 0

Sensitivity	Pr（+｜D）	96. 76%
Specificity	Pr（−｜−D）	11. 02%
Positive predictive value	Pr（D｜+）	72. 57%
Negative predictive value	Pr（−D｜−）	68. 33%
False+rate for true−D	Pr（+｜−D）	88. 98%
False−rate for true D	Pr（−｜D）	3. 24%
False+rate for classified+	Pr（−D｜+）	27. 43%
False−rate for classified−	Pr（D｜−）	31. 67%

Logistic model for press2

	-----------True----------		
Classified	D	−D	Total
+	104	69	173
−	99	164	263
	203	233	436

Classified+if predicted Pr（D）>=.5

True D defined as press1 ！ = 0

Sensitivity	Pr（+｜ D）	51.23%
Specificity	Pr（−｜ −D）	70.39%
Positive predictive value	Pr（D｜ +）	60.12%
Negative predictive value	Pr（−D｜ −）	62.36%
False+rate for true−D	Pr（+｜ −D）	29.61%
False−rate for true D	Pr（−｜ D）	48.77%
False+rate for classified+	Pr（−D｜ +）	39.88%
False−rate for classified−	Pr（D｜ −）	37.64%

Logistic model for press3

	------------True-----------		
Classified	D	−D	Total
+	3	4	7
−	81	348	429
	84	352	436

Classified+if predicted Pr（D）>=.5

True D defined as press1 ！ = 0

Sensitivity	Pr（+｜ D）	3.57%
Specificity	Pr（−｜ −D）	98.86%
Positive predictive value	Pr（D｜ +）	52.86%
Negative predictive value	Pr（−D｜ −）	81.12%
False+rate for true−D	Pr（+｜ −D）	1.14%
False−rate for true D	Pr（−｜ D）	96.43%
False+rate for classified+	Pr（−D｜ +）	47.14%
False−rate for classified−	Pr（D｜ −）	18.88%

对运行结果进行分析，本书发现：

第一，对于低风险阈值下政府面临的财政压力的 Logit 模型进行准确预测的结果表明，对于模型预测概率值大于等于分割点的情况下存在财政压力的准确预测为72.57%，对于模型预测概率值小于分割点的情况下不存在财政压力的准确预测为68.33%。

第二，对于中风险阈值下政府面临的财政压力的 Logit 模型进行准确预测的结果表明，对于模型预测概率值大于等于分割点的情况下存在财政压力的准确预测为60.12%，对于模型预测概率值小于分割点的情况下不存在财政压力的准确预测为 62.36%。

第三，对于高风险阈值下政府面临的财政压力的 Logit 模型进行准确预测的结果表明，对于模型预测概率值大于等于分割点的情况下存在财政压力的准确预测为 52.86%，对于模型预测概率值小于分割点的情况下不存在财政压力的准确预测为 81.12%。

从上述分析结果来看，财政压力影响因素模型预测的准确比例相对较高。特别是在低压力阈值下，对于模型预测概率值大于等于分割点的情况下，以及在高压力阈值下的模型预测概率值小于分割点的情况，不存在财政压力的准确预测比率都相对较高。

8. 内生性处理

为了进一步处理研究中的内生性问题，在参考现有文献做法的基础上，分别以财政分权滞后一期 $fd_{i(t-1)}$ 和转移支付滞后一期 $tra_{i(t-1)}$ 为工具变量，利用两阶段最小二乘法（2SLS）对模型进行实证回归，以保证结果的稳健性，回归结果如表 6-11 所示。

表 6-11　不同阈值下财政压力影响因素稳健性检验

变量	财政分权滞后为工具变量			转移支付依赖度滞后为工具变量		
	press1	press2	press3	press1	press2	press3
fd	−0.569*	−0.202**	−0.156**	−1.117***	−1.129**	−1.269**
	(−1.94)	(−2.05)	(−2.04)	(−3.12)	(−2.05)	(−2.12)
tra	−0.103**	−0.070***	−0.189***	−0.098**	−0.087***	−0.134***
	(−2.03)	(−3.03)	(−4.03)	(−2.13)	(−8.03)	(−9.03)
isp	−0.019**	−0.005	−0.003	−0.019**	−0.002	−0.003
	(−2.00)	(−0.01)	(−0.01)	(−2.00)	(−0.01)	(−0.01)
prt	−0.020***	−0.016	0.112**	−0.006***	−0.038	−0.141***
	(−3.02)	(−0.02)	(2.02)	(−4.02)	(−0.02)	(−3.02)
land	−0.221***	−0.238***	−0.190***	−0.209***	−0.213***	−0.173***
	(−3.03)	(−4.03)	(−3.04)	(−6.71)	(−2.95)	(−2.69)
gdp	−0.017	0.005	0.008	−0.016	0.006	0.008
	(−0.05)	(0.05)	(0.49)	(−0.05)	(0.05)	(0.49)

变量	财政分权滞后为工具变量			转移支付依赖度滞后为工具变量		
	press1	press2	press3	press1	press2	press3
_cons	0.856 ***	0.607 ***	0.295 ***	0.709 ***	0.465 ***	0.368 ***
	(5.04)	(5.05)	(6.05)	(3.04)	(3.05)	(3.05)
N	436	436	436	436	436	436

注：每个变量结果上行数据为回归系数，下行数据为 t 值。 *** 、 ** 、 * 分别表示在 1%、5%、10%水平下显著。

利用两阶段最小二乘法（2SLS）得到的回归系数分析结果可以看到：在低、中、高所有压力阈值下，财政分权和财政分权滞后一期对财政压力的作用都比较显著。这说明当期及上一期财政分权赋予县级政府的财政收支活动空间大，对化解县级财政压力、避免财政风险的累积具有积极的作用。通过回归系数分析结果也可以看到，在财政分权滞后一期的情况下，转移支付对低、中、高三种阈值下的财政压力的影响也都较为显著；而滞后一期的转移支付在低、中、高三种财政压力阈值下也很显著。这一分析结果说明，无论是在县级财政压力阀门放松还是收紧的情况下，转移支付对县级财政的正常运行都非常重要，这一结论事实上也再次验证了长久以来实践中县级财政对转移支付的严重依赖。

考虑到县级财政压力在实践中表现出来的持续性特征，即上一年度有财政压力可能会影响本年度的压力状态。此外，为了避免模型被解释变量和主要解释变量之间的逆向因果关系造成的内生性，同时有效解决变量测量偏误和遗漏变量等问题，进一步构造了动态面板模型进行系统 GMM 回归。表 6-12 给出了回归结果。

表 6-12　不同阈值下县级财政压力影响因素的 GMM 回归结果

变量	(1) press	(2) press1	(3) press2	(4) press3
L. press	0.141 **			
	(2.535)			

变量	（1） press	（2） press1	（3） press2	（4） press3
L. press1		0.209 ***		
		（3.102）		
L. press2			0.126 ***	
			（2.678）	
L. press3				0.258 *
				（1.948）
fd	−0.255 ***	−0.115 ***	−0.048	−0.040 *
	（−2.729）	（−2.911）	（−1.338）	（−1.806）
tra	−0.089 ***	−0.025 ***	−0.012 *	−0.021 ***
	（−5.425）	（−3.763）	（−1.934）	（−3.140）
isp	−0.001	−0.001	0.001	−0.001
	（−0.205）	（−0.770）	（0.517）	（−0.447）
prt	−0.077 ***	−0.011	−0.016 *	−0.022 **
	（−3.524）	（−1.498）	（−1.764）	（−2.462）
land	−0.003 ***	−0.000	−0.001 *	−0.000
	（−3.774）	（−1.390）	（−1.804）	（−1.546）
gdp	0.001	0.000	−0.001	−0.001
	（0.285）	（0.169）	（−0.443）	（−0.471）
Constant	5.835 ***	1.033 ***	0.790 ***	1.607 ***
	（14.284）	（8.716）	（6.188）	（12.824）
AR（1）	0.000	0.002	0.000	0.003
AR（2）	0.145	0.118	0.007	0.431
Hansen P	0.344	0.212	0.851	0.905

注：上行数据为回归系数，下行数据为 t 值。***、**、* 分别表示在 1%、5%、10%水平下显著。

从表 6-12 的回归结果可以看出，AR（1）的 p 值都接近 0，AR（2）的 p 值除了 press2 外基本上都大于 0.1。从扰动项一阶和二阶序列相关检验的 p 值来看，系统 GMM 估计量具备一致性，动态模型的设置存在一阶序列相关但不存在二阶序列相关问题，两个检验均通过广义矩估计模型（GMM）设置的要求，因此模型设定较合理，估计结果可靠性较强。从回归结果来看，滞后一期显著为正，且系数分别为 0.141、0.209、0.126、0.258，说明县级财政压力有一定的时间惯性，即上一年度的财政压力对本年度有较大影响。变量 fd 的回归结果表明，财政分权水平的提升有利于化解县级财政压力，且在低、高压力阈值下都很显著。转移支付水平的提升依然在各个压力阈值下都有利于化解县级财政压力。这与以前的结论相一致，充分表明了模型的稳健性。

二、县级财政压力影响因素的区域异质性研究

由于样本省份下辖各县的经济地理分布与全国的总体情况基本一致，即东部沿海地区社会经济发达，西部发展相对落后，本书还专门考查了县级财政压力的地域性差别，以期通过地域差别的分析从多个角度更全面、详尽地了解县级财政压力的影响因素。

1. 描述性统计

表 6-13 提供了主要变量在 S 省各个区域的详细描述性统计。

表 6-13　变量的描述性统计

区域	变量	财政分权	转移支付依赖度	第二产业占比	人口增长率	土地财政依赖度	GDP 增长率
东部地区	均值	0.53	0.66	0.39	0.81	0.37	0.16
	标准差	0.60	1.01	0.17	2.24	0.50	0.58
	最大值	5.02	1.30	0.79	2.45	3.11	4.08
	最小值	0.30	−0.62	0.36	0.71	0.03	−0.91
中部地区	均值	0.34	0.82	0.42	0.64	0.33	0.11
	标准差	0.30	0.71	0.14	0.90	0.40	0.72
	最大值	2.16	3.39	0.62	4.80	2.28	9.79
	最小值	0.03	−0.42	0.19	−1.52	0.00	−0.87
西部地区	均值	0.17	1.47	0.47	0.77	0.45	0.17
	标准差	0.14	1.32	0.14	1.55	0.73	0.95
	最大值	0.82	5.65	0.71	10.11	5.16	9.35
	最小值	0.02	−0.07	0.49	0.17	0.03	−0.95

资料来源：S 省统计年鉴、《财政统计年鉴》、《中国县域经济数据》及各级政府网站公布的数据。

通过表6-13对各变量的描述性统计可以发现，S省经济总体发展情况较好的东部地区财政分权程度相对较高，县级财政拥有更多自主权，其次是中部地区，而西部地区财政分权程度整体较低。相应地，S省西部地区转移支付依赖度即转移支付占一般公共预算收入指标最高，中部地区次之，东部地区转移支付依赖度较低。第二产业占比西部地区最高，而在第三产业相对发达的东部，第二产业占比则相对较低。土地财政依赖度即土地使用权转让收入占一般公共预算收入指标在S省西部地区较高，东部地区次之，中部地区相对较低。这可能一方面跟当地的财政收入结构有关，另一方面也跟当地的房价和地价水平有关。

2. 实证回归与结果分析

结合现有文献的一般划分方法，对样本省份下辖各县也分别划分东中西部区域进行财政压力影响因素的区域异质性分析，得到的结果如表6-14所示。

表6-14　S省县级财政压力区域异质性分析结果

变量	东部地区			中部地区			西部地区		
	press1	press2	press3	press1	press2	press3	press1	press2	press3
fd	-0.100 ** (-2.24)	0.019 (1.25)	-1.405 * (-1.67)	-0.064 *** (9.05)	-5.586 *** (-2.67)	-6.999 *** (-2.85)	-11.530 *** (-6.81)	-0.238 *** (-3.68)	0.626 (1.03)
tra	-0.762 (-1.25)	-0.157 (1.55)	-0.693 (1.57)	3.499 *** (5.22)	0.794 (1.60)	0.6345 (0.59)	1.980 *** (5.66)	1.115 * (1.79)	1.960 ** (1.99)
prt	-0.561 *** (-3.10)	-0.452 *** (-6.22)	0.081 (1.05)	-0.097 (-0.27)	0.275 (0.32)	-0.230 (-0.329)	4.054 (0.25)	4.293 *** (-1.95)	5.886 *** (-3.68)
isp	-1.993 *** (-8.61)	-1.365 *** (-2.78)	-0.418 *** (-3.17)	-2.607 (-1.80)	-1.719 * (-1.93)	-0.921 * (-1.70)	-6.804 *** (6.52)	-0.962 ** (1.96)	-1.677 *** (3.68)
land	-1.207 *** (-3.05)	-0.623 (-0.57)	-1.300 (0.833)	-1.060 ** (-2.03)	-1.684 ** (-1.96)	-4.514 *** (-3.80)	-1.616 (-1.40)	-0.401 (-0.384)	-2.118 (-1.61)
gdp	-0.139 (-0.50)	0.578 (0.42)	0.590 (0.38)	2.959 (1.03)	-3.064 (-4.35)	-2.001 (-0.91)	-0.819 (-0.82)	-0.024 (-0.37)	-3.153 (-0.41)
_cons	2.822 *** (4.53)	-0.599 *** (-4.35)	-0.150 *** (-2.76)	1.392 *** (7.02)	3.668 ** (2.29)	3.011 ** (2.07)	6.065 *** (-9.22)	0.217 *** (3.12)	-1.190 *** (-2.99)
N	148	148	148	114	114	114	56	56	56

注：每个变量结果上行数据为回归系数，下行数据为t值。***、**、*分别表示在1%、5%、10%水平下显著。

根据实证回归的结果可以发现：从总体上看，财政分权在 S 省东、中、西部地区的不同阈值下均能有效低财政压力，适度财政分权在不同类型的县级政府中都能发挥促进财政健康的积极作用。前文中的描述性统计说明，S 省中西部地区的县级财政对转移支付的依赖程度明显高于东部地区。但实证分析的结果显示，在这些相对发展滞后的地区，转移支付的增加反而在不同水平下提高了县级财政的压力水平，反映了这些地区对转移支付的严重依赖。对于控制变量来说，第二产业占比对缓解财政压力的作用较为显著。这实际上跟该省经济发展的总体结构有关，该省尽管经济总量较大，但是第三产业占比与同经济总量相近的其他省份相比并不占优势。在 S 省中部地区和采取低压力阈值的东部地区，土地财政对缓解县级财政压力的积极作用最为显著。

为了进一步检验不同发展程度和经济规模的县区间的异质性，本书将样本区县按照地方经济体量进行分类，分别为地方生产总值在 1000 亿元以上、500 亿~1000 亿元、500 亿元以下三组，并进行实证回归，研究不同规模区县间在不同阈值下的财政压力影响因素问题，得到的结果如表 6-15 所示。

表 6-15 S 省县级财政压力组间异质性分析结果

变量	1000 亿元以上			500 亿~1000 亿元			500 亿元以下		
	press1	press2	press3	press1	press2	press3	press1	press2	press3
fd	−0.435	−2.213	−5.765	0.313	0.0677	−2.656	−3.389	−1.506	−0.577
	(1.811)	(2.851)	(4.133)	(0.447)	(0.498)	(1.891)	(2.090)	(1.313)	(1.283)
tra	3.550	−1.716	1.404	1.907	0.746	−0.358	−0.0163	0.758*	0.903**
	(4.337)	(7.537)	(0.756)	(1.467)	(1.168)	(1.380)	(0.586)	(0.436)	(0.385)
isp	−6.962	0.472	3.981	−2.474	−2.937	−3.005	−3.451*	−2.413**	−2.166**
	(6.420)	(7.772)	(3.124)	(1.996)	(1.805)	(2.193)	(1.855)	(1.158)	(1.039)
prt	0.178	−2.420	−5.945	−0.810**	−0.396	−0.255	−0.161	0.131	0.203
	(0.573)	(2.708)	(5.156)	(0.376)	(0.316)	(0.394)	(0.309)	(0.229)	(0.223)
land	−2.617	−4.905	−1.635	−0.499	−0.0546	−3.360*	−0.954**	−1.054**	−1.399**
	(3.858)	(9.331)	(0.963)	(0.547)	(0.539)	(1.914)	(0.453)	(0.448)	(0.613)
gdp	−1.974	1.668	3.962	0.0874	−0.0682	−2.190	0.769	1.261	1.547*
	(1.756)	(2.847)	(2.553)	(0.307)	(0.214)	(2.556)	(0.815)	(0.788)	(0.849)

变量	1000 亿元以上			500 亿~1000 亿元			500 亿元以下		
	press1	press2	press3	press1	press2	press3	press1	press2	press3
_cons	3. 455	4. 704	−5. 638	2. 125 *	0. 686	2. 176	4. 795 ***	1. 228	−0. 643
	(3. 852)	(4. 635)	(3. 562)	(1. 212)	(0. 991)	(2. 044)	(1. 658)	(0. 852)	(0. 790)
N	31	31	31	111	111	111	192	192	192

注：每个变量结果上行数据为回归系数，下行数据为 t 值。＊＊＊、＊＊、＊分别表示在 1%、5%、10%水平下显著。

根据实证回归的结果可以发现：财政分权程度在不同阈值下对降低财政压力都有一定作用，但这一效果在经济规模不同的区县间并不显著。对于经济总量在500 亿元以下的区县，采取中、高风险阈值的情况下，财政对转移支付的依赖程度会显著提高财政压力。这些经济发展相对落后的区县也大多分布在 S 省中西部地区，不断放松的财政压力阀门下，转移支付增加却没有有效缓解财政压力，说明这些地区的转移支付方式亟待进一步改革。该绪论与前述东中西部区域异质性的实证分析结果一致，也在一定程度上说明了实证模型和回归结果的稳定性。此外，第二产业占比和土地财政依赖度与财政压力的负相关在 500 亿元以下的区县较为显著，这也充分表明这些区县第三产业欠发达，地方财政收入的结构不够合理，对国有土地使用权转让收入依赖度高。

三、省直管县政策冲击的影响研究

为进一步验证不同政策对县级财政压力的影响与冲击，丰富对财政压力影响因素的分析，特别是针对现在学术界存在争议的省直管县问题，本书在整体实证研究模型的基础上加了省直管县政策执行的时间虚拟变量，以考虑省直管县政策对被解释变量财政压力的冲击效果，构建以下模型。[①]

$$\text{press}_{it} = \beta_0 + \beta_1 \text{fd}_{it} + \beta_2 \text{tra}_{it} + \beta_3 \text{isp}_{it} + \beta_4 \text{prt}_{it} + \beta_5 \text{land}_{it} + \beta_6 \text{gdp}_{it} + \beta_7 \text{fsp}_{it} + \beta_8 \text{invest}_{it} +$$
$$\beta_9 \text{loan}_{it} + \beta_{10} \text{cityr}_{it} + \beta_{11} \text{szgx}_{it} + \lambda_t + \varepsilon_{it} \tag{6-2}$$

式中，szgx_{it} 表示省直管县的政策虚拟变量，隶属省直管县范围的为 1，否则

---

① 考虑到样本数据量过少，将 37 个省直管县作为处理组，其余县作为对照组进行双重差分分析研究结果不佳，故本书正文中没有做上述分析。

◆ 县级财政压力测评与影响因素研究

为 0；fsp_{it} 为财政供养率；$loan_{it}$ 为县级政府债务率；$cityr_{it}$ 为城镇化率；$invest_{it}$ 为投资增速；λ_t 为时点效应；ε_{it} 为随机扰动项。

经对样本梳理统计发现，截至 2019 年 S 省共有 41 个省直管县，其中 20 个县是 2009 年执行的该政策、17 个县是 2017 年执行的该政策。由于构建模型选取样本的数据是 2007—2019 年，实证分析时没有考虑 2019 年第三批划入省直管县的 4 个县市，只考虑了 2019 年以前的 37 个省直管县。对模型进行实证回归，得到的直接回归结果、胜算比回归结果和平均边际效应回归结果分别如表 6-16、表 6-17 和表 6-18 所示。

表 6-16 省直管县政策冲击下的 Logit 系数分析结果

变量	(1) press1	(2) press2	(3) press3
fd	0.256	0.118	−0.014
	(0.36)	(0.31)	(−0.50)
tra	2.047**	2.412***	2.357***
	(2.75)	(2.35)	(2.04)
szgx	0.254	−0.165	−0.157
	(0.22)	(−0.24)	(−0.54)
prt	−7.127**	−4.695	14.693
	(−2.33)	(−0.41)	(0.95)
isp	−2.311	−8.200***	−3.601
	(−0.96)	(−3.01)	(−1.55)
fsp	−28.110	18.350	30.187
	(−1.25)	(0.74)	(1.55)
land	−0.057	0.257	−0.199
	(−0.06)	(1.29)	(−1.33)
invest	−0.469	−0.569*	−0.258
	(−1.58)	(−1.88)	(−1.52)
loan	2.188*	2.268***	2.147***
	(1.90)	(3.06)	(2.65)
cityr	0.581	−1.156	−0.246
	(0.06)	(−1.42)	(−0.41)

变量	（1） press1	（2） press2	（3） press3
gdp	−0.000 (−1.33)	−0.000 (−0.51)	0.000 (1.17)
_cons	1.254 (0.11)	1.512 (0.98)	−1.125 (−1.26)
N	151	151	151

注：每个变量结果上行数据为回归系数，下行数据为 t 值。＊＊＊、＊＊、＊分别表示在 1%、5%、10% 水平下显著。

表6-17　省直管县政策冲击下的 Logit 胜算比结果

变量	（1） press1	（2） press2	（3） press3
fd	1.018 (0.36)	1.693 (0.31)	−0.633 (−0.50)
tra	12.811＊＊ (2.75)	11.531＊＊＊ (2.35)	16.692＊＊＊ (2.04)
szgx	1.215 (0.22)	−0.590 (−0.24)	−0.761 (−0.54)
prt	−0.000＊＊ (−2.33)	−0.000 (−0.41)	0.000 (0.95)
isp	−0.068 (−0.96)	−0.000＊＊＊ (−3.01)	−0.019 (−1.55)
fsp	−0.000 (−1.25)	0.000 (0.74)	0.000 (1.55)
land	−0.965 (−0.06)	1.561 (1.29)	−0.430 (−1.33)
invest	−0.501 (−1.58)	−0.531＊ (−1.88)	−0.421 (−1.52)
loan	3.751＊ (1.90)	15.623＊＊＊ (3.06)	6.241＊＊＊ (2.65)
cityr	2.506 (0.06)	−0.069 (−1.42)	−0.725 (−0.41)

续表

变量	(1) press1	(2) press2	(3) press3
gdp	-1.000 (-1.33)	-1.000 (-0.51)	1.000 (1.17)
N	151	151	151

注：每个变量结果上行数据为回归系数，下行数据为 t 值。＊＊＊、＊＊、＊分别表示在 1%、5%、10% 水平下显著。

表6-18　省直管县政策冲击下的 Logit 平均边际效应结果

变量	(1) press1	(2) press2	(3) press3
fd	0.040 (0.94)	0.067 (0.44)	-0.076 (-0.43)
tra	0.560＊＊＊ (2.63)	0.531＊＊＊ (2.77)	0.442＊＊＊ (2.65)
szgx	0.031 (0.40)	-0.077 (-0.81)	-0.023 (-0.24)
prt	-7.181＊＊ (-2.06)	-1.751 (-0.43)	2.246 (0.85)
isp	-0.318 (-0.82)	-1.652＊＊＊ (-2.96)	-0.469 (-1.17)
fsp	-6.960 (-0.86)	3.515 (0.51)	6.157 (1.59)
land	-0.007 (-0.15)	0.059 (1.10)	-0.151 (-1.36)
invest	-0.167 (-1.60)	-0.124＊ (-1.77)	-0.105＊ (-1.69)
loan	0.280＊ (1.77)	0.598＊＊＊ (3.01)	0.279＊＊＊ (3.05)
cityr	0.178 (0.69)	-0.463 (-1.63)	-0.064 (-0.16)
gdp	-0.000 (-1.29)	-0.000 (-0.65)	0.000 (1.10)
N	151	151	151

注：每个变量结果上行数据为回归系数，下行数据为 t 值。＊＊＊、＊＊、＊分别表示在 1%、5%、10% 水平下显著。

根据实证回归的结果，可以得到如下结论：

第一，增加省直管县虚拟变量后，转移支付依赖度仍然是影响财政压力的最主要的指标，与被解释变量显著正相关。转移支付依赖度增加一个单位，政府在低压力、中压力和高压力阈值下面临的财政压力分别增加56%、53.1%和44.2%。这说明，考虑了省直管县的因素后，转移支付收入占一般公共预算收入的比重越高，即县级财政对转移支付的依赖度越高，地方政府在各个压力阈值下面临财政压力的概率越高，在一定程度上带来了财政压力的增加。

第二，考虑了省直管县的因素后，债务余额对财政压力依然显著正相关。这说明，当前对于地方财政特别是县级财政而言，保持财政可持续、健康发展的关键举措之一就是合理控制债务规模。此外，财政分权、经济发展、第二产业占比、土地财政的依赖度、户籍人口增长率和城镇化率等控制变量对财政压力的影响并没有发生显著变化。

第三，从模型分析结果看，省直管县对县级财政压力的作用并不显著。笔者也认为省直管县政策在化解县级财政压力方面并没有发挥关键性作用。这一结论与刘尚希（2014）研究的主张省直管县改革存在误区，省直管县并不一定会化解财政压力的结论相一致。

四、模型的稳健性检验

目前关于财政分权的研究较多，指标的选取上也各有观点，但是财政收入分权指标和财政支出分权指标依然是现有文献研究中采用最多的指标（张晏和龚六堂，2005；傅勇，2010；白彦锋等，2019；段迎君等，2020）。财政收入分权指标和财政支出分权指标在一定程度上体现了政治经济的制度安排，同时财政支出分权指标也反映了政府间事权与支出责任的分配。县级财政支出分权指标越大，说明在事权与支出责任安排方面越倾向于由县级财政承担更多责任。前面模型构建的时候本书选用了县级财政收入的分权指标，为检验模型的稳健性，接下来本书采用县级财政支出分权指标 FD_{it} 作为解释变量进行分析，这里 FD_{it} 用县级人均一般公共预算支出占全国人均一般公共预算支出的比重来表示，比重越大说明财政分权的程度越深，县级财政承担的事权与支出责任越重；反之则分权程度越低，县级财政承担的事权与支出责任越轻。

为了防止遗漏变量，在模型一的基础上结合以往文献分析，本书还必须考虑债务的变化对县级财政压力的影响。同时，自 2005 年以来实行的"三奖一补"政策中的重要一项就是对缩减县级财政供养人员进行奖励，那么县级财政供养人口的变化是否也会影响财政压力，也成为我们继续研究的一个因素。此外，城镇化率和固定资产投资增速等与地区发展密切相关的因素在县级财政压力中扮演了什么角色，也是本书接下来要分析研究的内容。

除了县级财政支出分权指标 FD_{it} 外，本书还引入可能影响县级财政压力的控制变量，如财政供养率 fsp_{it}、县级政府债务率 $loan_{it}$、城镇化率 $cityr_{it}$ 和投资增速 $invest_{it}$ 等，建立模型，进一步考察不同变量对县级财政压力的影响。

$$press_{it} = \beta_0 + \beta_1 FD_{it} + \beta_2 tra_{it} + \beta_3 isp_{it} + \beta_4 prt_{it} + \beta_5 land_{it} + \beta_6 gdp_{it} + \beta_7 fsp_{it} + \beta_8 invest_{it} +$$
$$\beta_9 loan_{it} + \beta_{10} cityr_{it} + \lambda_t + \varepsilon_{it} \tag{6-3}$$

其中，财政供养率 fsp_{it} 等于县级财政供养人口除以户籍总人口，该数值越大，相对而言财政负担就越重，反之就越轻；政府债务率 $loan_{it}$ 用县级债务余额除以县级综合财力来表示，比重越大债务负担就越重，比重越小债务负担就越轻；城镇化率 $cityr_{it}$ 和投资增速 $invest_{it}$ 以政府网站公布数字为准。

由式（6-3）得到的 Logit 系数的稳健性检验和平均边际效应的稳健性检验结果分别如表 6-19 和表 6-20 所示。

表 6-19　Logit 系数的稳健性检验结果

变量	(1) press1	(2) press2	(3) press3
FD	−0.985 (−0.76)	−0.436 (−0.63)	−0.181 (−0.71)
tra	−2.533** (−2.01)	−2.108*** (−2.65)	−1.178*** (−2.71)
prt	−12.695* (−1.67)	−8.725 (−5.76)	−3.350 (−5.28)
isp	−0.306 (−0.26)	−0.718 (−1.47)	−2.469 (−1.60)
fsp	−8.937 (−0.71)	7.069 (1.33)	0.582 (1.20)

续表

变量	(1) press1	(2) press2	(3) press3
land	-0.539* (-0.89)	-0.340 (-0.36)	-0.416 (-0.33)
invest	0.133* (0.14)	0.000 (0.00)	-0.000 (-0.00)
loan	1.651* (1.89)	2.740*** (2.64)	2.350*** (3.01)
cityr	0.861 (0.38)	-3.150 (-1.63)	-0.340 (-0.28)
gdp	-0.000 (-1.15)	-0.000 (-0.44)	0.000 (1.06)
_cons	3.681 (0.96)	-0.645 (-1.14)	-0.440 (-1.26)
N	151	151	151

注：每个变量结果上行数据为回归系数，下行数据为 t 值。***、**、*分别表示在 1%、5%、10%水平下显著。

表 6-20　平均边际效应稳健性检验结果

变量	(1) press1	(2) press2	(3) press3
FD	-0.181* (-1.75)	-0.159 (-1.09)	-0.071 (-0.52)
tra	-0.930*** (-2.80)	-0.934*** (-3.00)	-0.019*** (-3.10)
prt	-10.901*** (-2.58)	-1.882 (-0.51)	-1.860 (-0.56)
isp	-0.194 (-0.89)	-0.410 (-1.15)	-0.627 (-1.46)
fsp	-8.570 (-2.12)	2.010 (0.37)	-0.675 (-0.21)
land	-0.061 (-1.57)	-0.043 (-1.37)	-0.027 (-0.95)
invest	0.001* (1.75)	0.000 (0.75)	-0.000 (-0.81)

变量	(1) press1	(2) press2	(3) press3
loan	0.708* (1.65)	0.352*** (4.17)	0.295*** (3.21)
cityr	0.217 (0.92)	-0.086 (-1.04)	-0.019 (-0.85)
gdp	-0.000 (-1.25)	-0.000 (-0.94)	0.000 (1.65)
N	151	151	151

注：每个变量结果上行数据为回归系数，下行数据为 t 值。***、**、* 分别表示在 1%、5%、10% 水平下显著。

根据实证回归的结果，可以得到如下结论：

第一，随着解释变量的增加，在各种压力阈值下，转移支付依赖度与被解释变量的系数都显著负相关，说明转移支付依赖度是县级财政压力影响因素中最主要的指标。转移支付收入占一般公共预算收入的比重越高，即县级财政获得的转移支付收入越多，地方政府在各种压力阈值下面临财政压力越小；反之，财政压力就越大。

第二，财政支出分权对低压力阈值下的财政压力有影响，但是作用较小。根据研究结果，财政支出分权指标相对财政收入分权指标对财政压力的影响较不明显，特别是在中高压力阈值下。根据前面的分析，选择低压力阈值是一种较为保守的做法，通常适用于县级税收来源有限的情况下或者外部环境较为恶劣时，审慎地选择低压力阈值有助于提前感知风险，避免压力进入不可控区间。在这种环境下，财政支出分权程度的加深会增加县级财政压力。在经济发展潜力较大、相对放松的财政压力阀门下，财政支出分权程度的加深对财政压力的影响不显著，这可能是由于财政支出的增加带动了当地经济的发展、投资的增加，进而形成了新的财源。因此，县级政府一定要根据自身的情况量力而行，合理设置压力阈值，提前预防风险。

第三，新加入的变量债务余额对被解释变量在各个压力阈值下都有显著的正向影响，说明债务余额越大，县级政府面临的财政压力会显著加大。而且，在中高压力阈值下，债务余额对财政压力在1%水平下显著。这说明，在财政压力阀门放松的情况下，县级财政对债务的依赖程度更深，更倾向于发行地方政府债务来发展经济，但这也会导致还本付息的压力不断增加。

第四，投资增速在低压力阈值下对财政压力增长的概率有正向影响。这说明当县级政府收紧压力阀门，以政府为主体的固定资产投资增加会导致财政压力的增加，这与现实中的实际情况非常吻合。

第五，在低压力阈值下，户籍人口增长率对被解释变量有显著的负向影响。人口是影响经济发展潜力的重要因素，持续的人口流入是未来经济发展的动力，会持续不断地增加当地的财政收入，进而缓解县级财政压力。城镇化率和第二产业占比的提高并没有明显缓解财政压力，GDP增长率与财政压力的相关性也非常小。前面已经提到过，相对于GDP增长率，第二产业占比提高更多描述的是经济结构的变化。从分析结果来看，第二产业占比提高没有使县级财政压力发生显著性变化。这在一定程度上反向说明，随着经济的发展，提高第三产业占比、进行经济结构调整对缓解财政压力的重要性。

第四节　本章小结

本章首先对研究县级财政压力的文献进行回顾，了解现有研究中对财政压力的关注点和分析方法，为后面的规范研究和实证研究提供理论支持。其次，本章运用内外因素论，分别分析了影响财政压力的外部因素和内部因素。笔者认为，相对于外部因素，影响财政压力的内部因素更为关键。再次，本章最重要的部分就是运用S省2007—2019年的县级财政数据建立非平衡面板数据，从理论和实证角度分别研究了财政压力受到的来自财政分权、转移支付等主要影响因素的问题，有助于从更深层次掌握地方政府财政压力成因及缓解问题；研究当前背景和不同阈值下，财政分权和转移支付等对县级财政压力所产生的影响，并针对东中西部进行区域异质性分析。最后，在此基础上，本书针对省直管县政策的影响建立模型进行实证研究。

针对 S 省区县级样本的总体研究表明，财政分权对于缓解县级财政压力具有正向作用，根据低压力、中压力和高压力阈值设定财政压力预警极限值，回归结果和胜算比结果都显示财政分权会不同程度上缓解财政压力，说明适度提高财政分权程度和财政自主权，县级政府的可支配财力和财权增加，可以调动政府积极性，收入保障度提高，同时可以因地制宜安排支出，从而降低财政压力，实现区域高质量发展和提供公共产品与服务。尤其是随着压力阈值的提高，分权能够更大地化解压力，在我国社会经济发展各项指标较好、更有经济活力的地区，适当的放权并赋予地方政府更大的财政自主权，也更有利于政府根据区域实际制定发展规划、安排支出。同时，财政依赖度即转移支付占一般公共预算收入之比对缓解地方政府财政压力具有显著的正向作用，但长期仍需要进一步完善转移支付制度。除此之外，经济发展在高压力阈值的情况下可以显著缓解财政压力，第二产业占比提高仅在低阈值下对财政压力产生一定的正向作用，在各个压力阈值下土地财政的依赖度对财政压力的概率增大有显著影响，当压力阈值取值较低时户籍人口的增长会显著降低政府面临财政压力的概率。

对于 S 省财政压力影响因素的区域异质性研究发现，省内东部地区财政分权程度较高，其次是中部地区，西部地区财政分权程度整体较低；相应地，西部地区财政依赖度即转移支付占一般公共预算收入指标最高，东部地区财政依赖度较低。实证回归结果也表明存在东中西部的区域异质性，为了保证研究结论的稳健性，本书还按照地方发展程度和经济规模进行分类，分为 GDP 高于 1000 亿元地区、GDP 在 500 亿元和 1000 亿元之间区域、GDP 在 500 亿元以下区域，进一步进行了 S 省的区域异质性检验。

更加深入地，本书针对省直管县政策对财政压力的影响进行了实证研究，发现省直管县政策在化解县级财政压力方面没有发挥关键性作用，这也与国内已有文献针对这一问题早期的研究结果一致。

综上所述，本章理论分析财政压力主要受到来自财政分权即人均一般公共预算收入占全省人均一般公共预算收入指标、财政依赖度即转移支付占一般公共预算收入指标、第二产业比重、人口增长率、土地财政依赖度即土地使用权转让收入占一般公共预算收入指标等的影响，除此之外，宏观经济增长速度也对财政压力产生一定影响，地方经济高质量发展、产业结构的优化均有助于提振地方财力。

第七章 化解地方财政压力的
国际经验及启示

国家性质的不同决定了其治理形式也存在差别。世界上任何一个国家的治理都没有固定的模式可以依循。国家治理的现代化是当前世界各国政府面临的共同的技术性问题，财政治理的现代化也是如此。

从逻辑上来讲，研究地方政府的财政压力首先应该涉及的就是合理划分中央与地方各级政府之间财政管理职责与支出权限的问题。事权与支出责任划分是中央与地方财政管理体制的有机组成部分，其核心矛盾表现在财政管理体制中的集权与分权关系，即如何解决"分权与制衡相结合"的问题。一个国家究竟倾向于采用集权还是分权的财政管理体制来应对地方政府面临的财政压力问题，体现了一个国家政治权利的分配格局和政府间财政关系的基本框架，同时也会受到本国历史文化传统、宪法法律制度、财政状况和金融市场体系发展等综合因素的影响。这其中任何一个因素的差异或者演变，都将会对该选择产生不可估量的影响。其次，研究县级财政压力离不开对政府债务的研究。从世界各国的基本情况来看，地方政府债务是地方政府筹集财政资金缓解经济压力的重要途径。在地方政府财权和财力一定的情况下，承担相对较多的事权与支出责任就意味着财政缺口会扩大，久而久之就会产生财政压力。在一定程度上为了缓解财政压力，保证政府经济职能的实现，地方政府就会通过发行债务来增加财政收入。正如李嘉图在《政治经济学及赋税原理》一书中所表达的观点：在某些条件下，政府无论用债券还是税收筹资，其效果都是相同的或者等价的。这就意味着，政府的任何债券发行都体现着将来的偿还义务;如果不能实现经济和财政的更为积极的、正向的发展,那么在将来偿还的时候,会导致更高的税收和更大的压力。所以,在研究财政压力问题时,我们也绝不能忽视对于政府债务的分析。最后,县级财政压力的研究离不开对政府预算监督与管理的研究。对政府预算实行监督,是现代国家预算公开化、民主化的重要体现,也是确保政府公共预算符合广大人民意愿,保证政府收支的合法性,增强政府预算的透明度,提高财政资金使用效益,实现政府依法行政、依法理财的客观要求。通过建立规范、合理的预算管理与监督制度,既可以有力地保证政府预算的合法性和合理性,又有利于化解地方政府的财政压力。

当前我国的财政治理体系是在继承优秀历史文化传承、社会经济逐步发展的基础上不断演进发展的。加快财政治理体系现代化,建立地方政府财政压力合理疏导机制,一方面需要从我国的现实条件出发,创造性推进改革;另一方面"它山之石,可以攻玉",熟悉并且了解国外政府在化解地方财政压力、维持良好的财政状况方面的成功经验和做法,对我国具有很好的经验借鉴作用。

第一节　地方政府化解财政压力的国际经验

根据前述分析,对于地方政府特别是更为接近民众的基层政府,财政压力如何化解需要结合各自历史、文化、政治、经济和社会等不同情况来分析。一般来说,在化解财政压力、防范债务引发财政风险方面可以依据财政管理集权程度由高到低分为中央政府调控型、制度约束型、共同协商型和市场约束型。综观世界各国的具体实践,许多国家往往是上述几种方式结合使用,但以其中的某一种方式为主。

一、中央政府调控型

中央政府调控型是一种建立在较为集权基础上的财政管理体制。在这种体制下，中央政府居于绝对权威地位，利用行政手段直接对地方政府包括县级政府进行全面的管理，包括对财政事权和收支范围进行事前审批、事中监管和事后检查。地方政府主要执行上级决定，财政自主权极为有限。当前采取中央政府调控型的主要是像法国、日本这样的单一制国家或联邦制国家。其中，日本的特点最为明显，地方政府财政赤字水平受到中央政府严格限制，具体的地方债务发行也由中央政府统一制定。

1. 法国

法国是采取中央集权的单一制国家，政府管理体制分为中央、大区、省和市镇四个层级。相应地，财政体制也是由相对独立的中央财政、大区财政、省财政和市镇财政构成。法国实行的是中央集权型的财政体制，财力主要集中在中央。法国在加强地方财政管理、化解财政压力方面主要采取以下做法：

第一，加强财政监督管理。法国采取全口径的公共预算管理，无论是地方财政的收支还是政府债务的发行、偿还等都必须遵照预算编制程序严格执行。预算编制程序分为三个阶段：第一阶段，编制国家概预算；第二阶段，编制部门预算草案；第三阶段，编制国家预算草案。预算草案交由议会讨论时，财政部长要做有关预算草案的答辩和解释，各部部长也要到议会为各部预算进行辩护和说明。预算草案经过议会长达三个月的审查讨论通过后公布。法国有一套严密的财政监督机构，设有会计法庭、财政总监和财务监督官，对国家预算进行全过程监督。为体现对地方财政的全面管理，地方政府财政受多个部门共同的监督和管理，这些部门包括议会、审计法院、财政部、财政部派驻机构等。银行金融机构也可以对地方财政进行间接监控。地方财政在出现困难导致运转不灵或者无法到期偿还债券等情况时，中央政府首先垫付资金代为偿还，同时解散原有的地方政府或议会。选举成立新的地方政府和议会后，由新的地方政府和议会制订增税计划，逐步弥补财政赤字，并偿还中央政府前期垫付的资金。

第二，发行地方债券。法国法律允许通过借款或者发行债券弥补地方财政赤字。借款或者发行债券都必须以政府的自有资产进行抵押或担保，并且要求筹集的资金只能用于公共基础设施项目的工程建设，不可以用来弥补财政经常性预算缺口。按照规定，如果地方政府需要向银行借款，那么就会以政府的财产为抵押，借款利率与市场利率基本持平，借款期限一般不能超过 15 年；如果地方政府需要发行债券，那么就以每年的财政收入为担保，借款利率一般比国债利率高一些，但通常会低于企业债券的利率。地方政府对自身的债务负完全责任，资金来源主要包括税收、中央对地方的转移支付、发新偿旧、建立偿债准备金制度等，中央政府不承担直接偿还责任。

2. 日本

日本地方行政主要产生于 1949 年的夏普公告和 1950 年的神户公告。夏普公告以地方自治精神为主，明确了国家、都道府县和市町村之间行政事务划分原则。尽管日本一直未停止财政改革的脚步，但是中央和地方政府的累计负债仍然有增无减，并且孕育着深刻的危机，特别是地方财政面临的困难越来越大。进入 20 世纪 90 年代以后，大多数发达国家的财政状况越来越好，但是日本地方财政的情况则恰恰相反，财政危机成为越来越让政府头疼的问题。由于地方财力不足，政府债务规模不断膨胀，继 2006 年北海道夕张市财政破产后，日本国内对赤字引发政府破产的担忧日益增加。据统计，2010 年日本约有 2497 个自治体存在财政赤字，地方政府财政缺口总额达 18 兆日元。政府长期债务不断积累，已构成经济发展的重大隐患，但是由于日本的国债九成以上为国内债务，再加上经常项目账户处于盈余状态，而且拥有巨额的国内居民金融资产以及海外净资产和外汇储备，估计在可预见的未来出现财政破产的可能性极小。不过，随着人口老龄化程度的加深，财政状况还将持续恶化，财政重建将成为日本的超长期难题。

为此，日本政府主要采取以下措施应对财政压力：

第一，实施债务重组，积极处理不良贷款。首先，积极使用政策工具。2013 年以后，日本政府积极进行债务重组和不良贷款处置，最多的时候使用了九大典型政策工具箱中的七个，这充分显示了日本政府进行债务和坏账清理的决心。除了使用宽松的货币政策进行通货再膨胀之外，日本政府还实施了结构性改革。在上述政策的刺激下，日本的经济增长率远远高于利率的增速，这在一定程度上有利于促进债务削减，并且有利于债务重组和不良贷款处置。其次，日本政府还将银行进行国有化，并积极进行债务重组和不良贷款处置。在债务危机之后，日本直接将一些银行进行国有化，为这些银行提供流动性，并且购买了它们的一些不良资产。在具体实践中，日本政府以银行复兴法案为基本准则，提出了"一揽子银行投资"方案来处理不良贷款和坏账。在此背景下，大约162家日本的金融机构一起出资成立了债权重组托管银行、东京共同银行等四家机构来进行债务重组和不良贷款处置，这在一定程度上促进了日本的债务处理，并且提振了民众的信心和预期。最后，日本政府效仿美国的做法，成立了不良债权回收机构。该机构的资本金完全由政府出资，具有非常明确的法律支持，并且根据市场原则进行操作。该机构的成立和运营也对日本的债务重组和不良贷款处置方面起到了重要的推动作用。

第二，设置债务监管制度。作为单一制国家，日本主要以行政控制来管理地方政府债务，中央政府拥有地方债务的审批权和监督管理权，通过制度约束对地方债务进行管理和控制。为有效控制财政风险，中央对地方政府能否发债制定了严格的依据。以下四种情况严禁发行债务：地方税征税率低于90%；不按时偿还本金或曾通过虚假信息申请获准发债；有财政赤字的地方政府和账面经营出现亏损的国有企业；如果地方政府的债务依存度超过20%但低于30%，就不发行基础设施建设债券，如果地方政府的债务依存度超过30%就不能发行一般事业债券。

第三，强化债务管理。一是地方债发行方式更加多样化，通过多样化发行结构、期限、方式来分散财政风险。二是债务资金来源由过去的以中央政府资金为主逐渐转变为以民间资金为主。从2001年开始，地方政府为了满足经常性开支的需求，在地方债发行之外，还发行一定额度的临时财政对策债，这种临时债务以地方税为担保偿还本息。三是延长债券期限以及发行转期债。近年来，20—30年的超长期地方债逐渐取代了原有的偿债期限10—15年的地方债，且这些地方债的最终购买者一般是外资的金融机构和各种保险公司。四是外资金融机构加大了对日本地方政府的融资参与程度。五是强化地方债务权责发生制政府会计制度，旨在早期加强对资产存量的管理，使地方政府财务更加公开透明。2009年，日本政府针对地方公共团体颁布了《财政健全化法》。该法律制定了衡量地方政府财政状况的指标体系，这一指标体系包括两部分，即财政健全化指标和公营企业经营健全化指标，通过指标体系的具体衡量来尽早发现地方财政中可能存在的风险问题，保障地方财政的健康运营。

二、制度约束型

制度约束型是以部分分权为基础建立起来的地方财政管理体制。在制度约束型体制下，中央政府会通过较为完善的法律条款和财经制度约束地方财政的收支行为，但一般情况下不直接干预地方政府的日常财政管理活动。这种模式的突出优点是以制度为约束，公开透明，充分避免了中央政府和地方政府之间的讨价还价；缺点是制度约束导致缺乏灵活性，容易滋长逃避法规约束的行为。美国、巴西、南非等都是制度约束型的国家。

1. 美国

美国作为典型的联邦制国家，分权和制衡是其政府组织的基本原则，也是指导其政府间财政关系的主要理念。美国联邦制政府分为联邦、州和地方政府三级。美国共有 50 个州政府、一个特区（华盛顿哥伦比亚特区），按照联邦政府的界定，2012 年美国有 89055 个地方政府，地方政府形式多样，其中包括县郡、乡镇、自治市、特别区等。美国宪法对州政府的权力有规定，各州政府又有各自的宪法，美国联邦政府是由州授权形成的，联邦政府和地方政府的权力是各州政府让渡的结果。联邦政府和州政府之间是一种平等关系，而各州的州政府和地方政府之间是上下级关系，地方政府行为和职权由州宪法规定，州政府对于地方政府一般都有较大的权力。

美国地方政府主要有两种类型：一类是通用型地方政府，包括县郡、市、镇或村，这类政府通常提供多种公共服务，如治安、交通、市政建设、垃圾处理等；另一类是提供特定公共服务、满足不同利益群体共同需求的特别服务区，如向公众提供学校、消防、公园、供水等单一服务的政府。特别服务区政府是基于功能和特定公共服务的提供而设置的，其管辖区域通常与其他形式的地方政府行政管辖区域交叉重叠。特别服务区的辖区与受益范围具有一致性，符合辖区设置的财政等价原则，可以使公共服务的受益和成本相匹配，使外部效应内部化，减少"搭便车"问题，并发挥特定公共服务提供的规模效应，但这同时使地方政府既多又杂，也会增加公共服务提供成本。县郡政府和市级等各种类型的地方政府之间是平级关系。

美国联邦、州和地方三级政府有各自的事权和支出责任。在三级政府中，联邦政府的事权和支出责任最大，同时对州政府和地方政府给予转移支付，以支持各地方公共服务的供给及政府职能的实现。美国州政府和地方政府的职能包括执法、教育和经济发展三方面。联邦政府主要提供国防、外交、社会保障等公共物品，而州政府和地方政府主要提供教育、治安等公共物品。2012 年美国州政府和地方政府收入 3 万亿美元，州政府和地方政府收入的主要来源是税收。州政府主要依靠销售税和个人所得税收入，地方政府则主要依靠不动产税收入。此外，联邦政府对州和地方政府的资助是州政府和地方政府收入的重要组成部分。地方财政预警机制是经济预警的重要组成部分，是针对地方财政风险的监控机制。

美国各级政府针对事前、事中、事后三个环节制定了一系列制度以化解财政压力、防范财政风险。

（1）事前管理：完善地方财政风险防范体系。

首先，建立较为完善的财政风险预警机制。一方面制定政府债务余额，统筹考虑财政收入、财政支出和政府债务存量，确定政府债务余额，不得随意突破（见图 7-1）。其中，财政收入因素着重考虑财政收入政策和财政收入限额；财政支出因素侧重于考虑未来财政政策和财政支出限额；政府存量债务则侧重于考虑政府债务规模和政府债务风险。另一方面通过一定的程序甄别财政风险，对风险超标的地方政府提出警示。较为典型的是由州审计局负责的位于中东部的俄亥

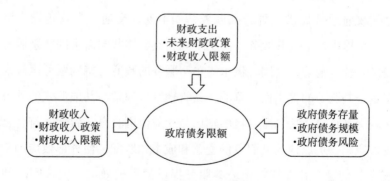

图 7-1　政府债务限额约束

俄州的风险防范方式。俄亥俄州审计局通过财政审查明确地方政府财政状况。如果审查结果显示财政紧急，州审计局对其进行预警，采取着重监控措施；如果整改到位财政状况好转，则无须进行预警但随时监控；如果财政状况无法好转，则宣布其进入财政危机状态，由该州的财政计划和监督委员会负责监督和控制该地方政府的财政管理（毛晖和陈志勇等，2015）。

其次，地方债务管理透明。美国州政府与地方政府必须遵循政府会计准则委员会在《政府会计、审计和财务报告》（1983）中建立的政府债务报告基本准则来记录和报告政府债务。按照准则上的条款规定，在市政债券存续期内，政府财政状况及经济法律发生的重大变动都必须由市政当局及时全面披露相关的最新信息。加利福尼亚州、得克萨斯州和路易斯安那州进一步规定，所有地方政府必须报告所有债务活动。所有地方政府的债务规模及财政收支情况都在网络对外公开，接受监督。截至 2009 年，美国已有 14 个州报告并对外公开了州政府债务的统计数据。接受民众监督的、高度透明的债务管理体系有利于地方政府控制债务支出方向，主动提高财政支出的使用效率，更能从根本上防止地方债务的过度膨胀。

最后，完善政府信用评级制度。严格的信用评估是地方政府进入资本市场的先决条件。信用评估要求公开披露经过独立审计的公共财政账户。美国拥有目前最完善的信用评级制度，信用评级机构发达。在普遍面临财政压力的背景下，为了更多地筹集较低成本的资金，美国不同层级的各类政府都对政府信用非常重视，除定期接受世界三大信用评级中介机构的评估外，还会在网上公布信用评级结果，接受公众监督。

（2）事中管理：严格债务危机管理程序。

为应对财政压力可能导致的风险问题，美国政府制定了严格规范的破产程序和法律法规，明确责任，保护利益。

第一，地方政府是债务危机后果的直接承担者。在美国，联邦政府不对州政府和地方政府的一般性借债行为直接干预与控制，地方自主权较大。所以，联邦政府不需要批准各州的债券发行计划，各州政府也不需要批准地方政府的债券发行计划。各级政府对债券发行的控制完全以市场机制为主，同时结合宪法、其他法律和规章的相关规定。为控制债务风险的蔓延，避免财政风险向上级转嫁，政府间以严格的立法控制下级政府的预算约束。

第二，规范地方政府的破产程序。破产机制是债务违约发生后的解决程序。破产机制的设计考虑了公共机构破产与私人机构破产的不同，既保护债权人的利益，又注意维持政府提供的基本公共服务。破产机制的设计还考虑了破产采用法律方法还是行政方法。首先，需要证明破产申请人的真实财务状况，保证地方政府满足破产的能力条件。其次，地方政府要自愿提交申请。最后，法院审核债务调整方案，决定该地方政府是否能够破产。美国的《破产法》要求，债务调整方案必须使债权人获得最佳利益，并且必须被每类债权中至少2/3或超过半数以上的债权人以书面方式接受。如果地方政府满足上述条件，法院会受理地方政府的破产申请，进入破产程序。

第三，地方政府破产法律制度健全。美国的《破产法》第九章是专门关于地方政府破产问题的，法律规定既涉及了对地方政府的救济安排，又涉及了破产过程中债权人、债务人的参与方式。美国的《破产法》在保障地方政府运营的同时尽量减轻其债务负担，同时注重保全债权人利益。

（3）事后管理：采取恢复措施走出债务危机。

首先，制订政府破产财政恢复计划。财政恢复计划涉及人力资源安排、法律赔偿、债券发行和税收的组织等各个方面，每个步骤都要经过严格的法律程序，并与债权人反复协商。

其次，通过减少支出和增加收入进行财政调整，化解财政压力，恢复财政可持续性。在减少财政支出方面，主要措施就是精简机构和人员等，尽量保障公共基础服务的提供。在收入方面，既可以直接通过调高税率、开征新税种等实现收入增加，也可以变卖如闲置的办公楼、公共图书馆或公园等政府资产获得收入。

最后，执行有序的债务重组方案。当地方政府凭借自身力量无法消除财政赤字，陷入严重债务危机时，上级政府可以协助其实施债务重组，也就是说通过进行财政改革，上级政府按照需求将地方政府的债务重组为更长期限的债权工具。在纽约市债务重组案例中，面对财政危机，州政府出面协助市政府建立市政援助公司（Municipal Assistance Corporation，MAC）实施债务重组，以州政府信用为担保，由该市政援助公司发行长期债券，筹集的资金用于支付短期债务和市政府职能运转的基本开销。不过，在美国历史上，联邦政府对州政府的救助十分罕见。这主要是因为，联邦政府认为，对地方政府无条件的援助和默许的担保会增加地方政府的道德风险，进而对地方政府不负责任的借款和贷款方轻率的放款形成鼓励。因此在实践中，州政府摆脱债务危机一般需要通过自身的财政改革增收减支而实现。

2. 巴西

巴西政府由三级架构组成，联邦政府、州和自治市。作为地方政府的各州可以直接选举自己的州长，每个州都有单一的立法机构，其成员由代表自由选举产生。自治市一级的结构与之相同市长和市议员由直接选举产生。巴西的宪法给予地方政府的权力虽然广泛但也很模糊。例如，巴西的宪法给予各州"宪法限制下的一切权力"；给予自治市"为地方利益提供服务的权力"。巴西的宪法给予了第三级政府自治权，各州就无权干涉自治市司法范围内的行为。虽然巴西的宪法对各级政府的责任划分是模糊的，但对收入的划分却十分详细。巴西的宪法为每一级次的政府都划分了详细的税基，建立了中央政府与地方政府之间的税收分配体制，在这一体制下有相当大数量的税收收入在各级政府之间分配。该分税体制有两个重要的组成部分：第一，联邦政府在两个主要税种——所得税和产品税中占有固定份额，同时这两大税种的收入按一定的比例在各州和自治市之间分配；第二，州属增值税（VAT）在各州与自治市之间共享。各自治市在转移支付以后的净税收收入以每年40%的速度增长，其所占总税收收入的份额从1987年的12%增长到1992年的17%。

巴西的财政分权延长了各州不断增长的债务负担引致的宏观经济危机。自20世纪70年代以来，巴西地方财政共经历了三次比较大的危机。巴西政府出台了一系列政策措施来解决财政压力的问题。其中，《财政责任法》在立法层面保障了财政体制改革的顺利进行，重在解决以下问题：

第一，加快财政体制改革，从根本上解决"预算软约束"问题。巴西财政体制改革、加强预算管理监督有以下主要举措：

（1）严格政府预算编制。巴西参与预算编制的机构有财政部、政府财政办公室、议会和预算法院等。财政部和政府财政办公室负责预算编制的组织实施；议会负责审查年度预算和预算相关立法；预算法院负责预算执行的监督、审计以及相关纠纷、诉讼的调处与裁决。1986 年，巴西为抵御金融风波，在财政部下还专门设立国库秘书处，负责预算的执行，类似于我国财政部内设的国库司。巴西各级政府在预算调整中要经过严格的法定审查程序，各级政府有一定的权力，但预算追加和调整余地很小，而且要经过审计部门进行严格的审计。预算法院有权对政府支出项目进行审计。巴西对支出预算还要进行内部控制和外部控制，前者主要由政府和议会完成，后者主要由预算法院和审计部门完成。

（2）制定债务风险预警指标，增强对地方政府债务的管理和控制。例如，巴西规定在借款额不能超过资本性预算规模的基础上，要求新增债务率必须低于当年财政收入的 18%，政府提供担保的债务不得高于当年财政收入的 22%等。

（3）增加公共部门债务信息透明度。中央政府要求地方政府每 4 个月公开一次债务报告，同时中央银行严格履行监管责任。

（4）违反法令时的纠正机制。对于违规举债、屡次突破赤字上限或无法偿还债务的地方政府，禁止银行向其继续发放贷款，并对实施过度财政刺激政策的相关责任人追究责任。

第二，建立市场化负债机制，控制地方债务规模的扩大。巴西采用供求两端入手的做法控制地方债务规模。所谓需求端控制，其核心是通过设立一系列债务预警指标以控制地方政府随意举借新债。这些指标主要包含了借款总额控制、新增借款额控制、借款主体财务和信用控制、政府担保额控制及最低偿还标准等内容。供给端控制的核心是限制各银行向公共部门提供贷款，禁止地方政府的供应商与合同承包方和巴西国有及地方政府所属的银行，向地方政府或者其关联实体提供信贷。为此，巴西的宪法也相应做了修正，到 2000 年为止禁止各州发行新的债券，中央银行也不许私人银行增加持有州债券。

第三，加快金融系统改革，避免财政风险转化为金融风险。为增强金融系统抵御风险的能力，避免财政问题转化为金融风险，巴西对商业银行进行了一系列改革，包括以下举措：

（1）切断地方政府与银行之间的关联，减少政府对银行的干预。

（2）加快金融系统向外国资本包括跨国银团开放的步伐，提升银行业务竞争力。

（3）中央银行要求商业银行实施更严格的贷款审查制度，提高商业银行的贷款质量，降低风险暴露水平。

（4）中央银行向全国性银行注资，降低这些对金融市场稳定有重要意义的银行的不良贷款率，充实银行资本金使其符合巴塞尔协定的内容要求。

第四，国有企业私有化，降低地方政府的财政负担。巴西的国有企业在20世纪90年代普遍效益低下，不但不能为财政提供丰厚收益，反而需要大量财政资源的投入以维持企业正常运行，给财政带来了沉重的负担。为全面加强地方政府的债务管理工作，1998年巴西政府推出了一系列的财政稳定计划，计划的核心就是加快推进社会保障与行政管理领域的体制改革，通过国有企业私有化节省政府投入，减少企业对财政的潜在影响（李佩珈和陈巍，2015）。

3. 南非

作为单一制国家，南非政府非常注重增强政府财政工作人员的责任意识，通过债务报告制度增强政府举债的透明性。

第一，严格地方政府的举债行为。当产生不良财政压力时，市政府可以通过发行短期债券的方式来保障财政正常运行。但是发行短期债券只适合两种情形：有像税收这样可靠的收入来源进行弥补的短期性资金缺口；或者是有稳定财政拨款或长期债务等作为还款来源的资本性项目的融资需求。如果要发行短期债务，首先需要由市长提出并签署融资协议，在经过市议会集体同意并由市政府财务主管审核同意后协议才能生效。为了满足基础性、公益性项目的资金需求，南非政府可以用长期债务替换短期资本项目融资，也可以直接发行长期债券。如果发行长期债券则必须将其纳入政府资本预算，接受统一监督与管理。为保障债务处于可控范围内，无论是举借短期债务还是发行长期债券，南非都要求地方政府在借款协议中明确债务偿还资金来源及保障措施。除三种情形外，市政府不得以任何名义替政府机构或自然人提供担保。

第二，实行预算管理，提高债务透明度。市政府为实现财政压力的全口径测量，将债务收入纳入预算收入，保持预算收支的平衡。市政府的长期预算计划必须反映实际发生的和可能发生的债务。与此同时，为细化管理，按照风险程度的等级对债务项目进行分类，并按照分类情况实行不同的预算管理。因为信息透明度要求很高，所以市政府按照规定对设计贷款双方和项目等所有信息进行完全、准确的披露。

第三，完善财政压力化解机制。南非的法律规定，一旦市政府不能到期偿还债务，影响了政府的信用，就可以被认定为出现了财政压力甚至面临危机。上级政府必须强制介入，按照规定由专门的市政财务复苏署编制完备合理的财务复苏计划。

当财政压力过大引发财政危机后，市政府可以向法院提出申请，待法院批准后市政府就可以暂停甚至停止偿还债务。在这一过程中，法院按照程序依法对市政府的财政收支和实际偿债能力等情况进行审核，在确保市政府能够提供基本公共产品和服务并履行自身职能的前提下，裁定市政府可以在 3 个月内暂停偿还债务；如果法院经过审核，已经确定市政府不具有偿还债务的能力，那么按照程序法院会依法裁定停止偿还债务，市政府只能保留最低数量的公务人员（刘西友，2014）。如果市政府被法院裁定暂停或终止偿还债务，按照规定由省政府根据债权人名单和受偿顺序、可用于还款的金额等制定分配计划以保障债权人的合法权益，该分配计划须经法院批准后生效。

三、共同协商型

与前两种类型不同，共同协商型是以较大程度的分权为前提情况建立的地方政府财政体制。在共同协商的体制下，针对关键性的宏观经济指标比如财政赤字、收支项目的增减等，地方政府需要会同中央政府进行协商并达成一致意见。在协商同意的基础上，地方政府才可以自主决定财政收支和发行债券等行为。共同协商型发挥作用的前提是国家财政约束制度健全、政府节俭意识比较好。

1. 澳大利亚

澳大利亚是实行联邦制的国家，由联邦政府、州政府、自治区和为数众多的地方政府实体组成。三级政府的行政和经济管理权限相对独立。与行政管理体制相适应，每一级政府相应设置一级财政。州与地方政府预算负责本地区的财政开支，而联邦政府财政除负担本级开支外，还要担负地区间财力的协调和财政政策的设计。澳大利亚联邦地方政府既有税收立法权，又有举债权，在地方债务发行、管理方面经过多年的实践，形成了比较成功的经验，有效地控制了地方财政压力。

第一，严格财政监督，设立专门机构监督和管理地方财政收支。澳大利亚财政监督非常严格。负责预算执行监督的主要有议会、国库部、财政与行政管理部、审计署等。在议会监督方面，除了正常的预算法案批准、财政税务政策批准等外，主要是反对党监督。在国库部监督方面，主要是对税收的征收监管。国库部下设的税务局有2000多名稽查人员，充分发挥计算机在税务征管中的作用，对纳税人有针对性地进行检查。在财政与行政管理部监督方面，除在预算编制时对各部门支出进行测算、严格审核预算指标外，在预算执行中通过国库单一账户系统，与各部门零余额账户连接，对每天的支出进行分析和整理，随时监控预算执行情况。各部门每年10月上报上一预算年度财务执行报告，财政与行政管理部审核后在第二年3月上报议会审议，同时作为制订下一个预算年度预算的依据。在审计署监督方面，审计署隶属议会，不受行政干预，负责对所有政府部门进行审计，一般每年对每个部门的预算执行情况进行一次审计，包括"合法性"审计和"绩效性"审计。审计署在国库部长期派驻工作组，每月进行一次审计，每年10—11月要向议会提供各部门上一财政年度预算执行的审计报告，并向社会公布。审计署自身的预算执行情况则由议会聘请独立会计师进行审计监督。澳大利亚在1927年成立了专门负责地方政府债务监督、管理和内部协调的机构——借款委员会。借款委员会的工作职责除了为地方政府制订总体的融资计划外，还包括审查详尽具体的借款计划、政府债务的季报和年报，同时负责引导金融市场对地方政府的借款计划、项目进展和资金使用情况实施监督等。

第二，对债务实行中央地方共同管理。澳大利亚的中央政府和地方政府共同参与地方债务管理，地方政府每年要与中央政府根据宏观经济目标等就财政赤字和收支情况达成协议。按照规定，州政府每年根据下一年度的融资需求制订举债计划，并向借款委员会进行陈述。在符合宏观政策的前提下，借款委员会举行会议，通过成员间协商确定联邦政府和州政府的融资额度，各级政府据此计划举债。按照借款委员会统一确定的框架要求，各州政府须就融资及资金使用情况按照季度和年度进行严格的综合报告制度。各级地方政府共同管理债务的模式使债务发行、资金使用、债务偿还全过程处于严格、透明的监督管理下，发挥了地方政府互相监督的作用。

第三，实行严格的信用评级和等级管理制度。澳大利亚政府每年都会邀请国际信用评级机构作为第三方，全程参与地方政府信用评定。第三方提供的信用评级服务相对于政府评定更加专业、公开、公平和公正，信用评级结果会影响未来的筹资规模、筹资成本等一系列问题。例如，政府现存债务的多寡会影响信用等级的高低，而信用等级的高低也会对政府未来的筹资计划产生重大的影响。以往债务规模小的政府获得的信用等级较高，未来筹资的空间大且发债时利率可以低一点；反之，以往债务规模大的信用等级较低，未来筹资空间小且发债时利息成本高。通过信用评级和等级管理，对那些具有良好信用等级的地方政府提供制度激励和保护。

第四，加强债务危机管理。一般来说，地方政府必须对自身的债务承担全部责任，但是一旦地方政府面临偿债危机无法履行偿债义务时，澳大利亚政府通常采取以下三种处置方式：①建立地方政府债务违约破产清算制度，以保护地方政府债权人的合法权益；②通过法律明确界定上级政府承担救助责任的范围、方式以及实施的条件和程序；③通过私有化方法，将公有资产出售给私营部门取得收入偿还债务，由借债的管理改变为偿债的管理。

2. 丹麦

位于北欧的丹麦是一个单一制国家，也是一个经济发达的工业化国家，除中央政府外，丹麦拥有 14 个县和 273 个市。然而与我国的行政层级不同的是，丹麦的县大而市小。中央政府由 24 个部组成，部长是部门负责人，也是内阁成员。由于丹麦的地方政府结构层次以地方自治县市为主体，直接面向居民，所以地方政府体制改革会直接影响治理绩效。在全国的财政支出中，地方政府占比超过 2/3，且不同地区之间的税基差别很大。在不同地区财政收入和人口等方面存在差异的情况下，化解区域财政压力、维持财政平衡的任务就是确保基本公共服务水平和税率的大致相同。

第一，明确中长期财政支出政策，平衡支出需求。为了保持社会经济稳定和可持续发展，丹麦政府制订了国家社会经济中长期发展计划。作为丹麦经济发展和结构改革的纲领性文件，该计划明确规定政府公共支出要为中长期的社会经济发展提供支持，明确了政府一年之间的经济政策、支出结构政策和公共融资政策的主要目标，同时规定了国家预算和地方预算的最高预算限额。其核心内容包括：丹麦经济必须为未来十年人口结构变化劳动力减少、退休人口增加做好准备；财政预算最低必须保持平均每年占总量的盈余，以减少公共债务规模，尤其是降低公共债务占的比重；提高工作效率，控制公共部门增加雇员，以保证在预算刚性约束下一年，每年公共消费性支出增长，其间增幅要大大低于每年增长的水平，公共服务和公共产品的质量持续改进。

此外，在平衡全国不同地区的支出需求方面，丹麦专门制定了衡量地方政府支出需求的办法，即通过一系列客观标准来决定政府支出范围。这里的客观标准其实就是指地方政府实际支出与支出需求之间的联系，根据支出需求的客观差别所导致的支出实际差别进行平衡。平衡的对象仅包括地方政府提供一般水平的公共服务支出，对较高水平的服务支出不再进行平衡。丹麦财政支出结构与其行政职能相适应，各级公共支出责任与其承担的事权也相一致，中央政府主要负责国防、外交、司法和中央政府事务支出，地方政府的事权范围相对较宽，地方财政支出约占国家整个财政支出的70%。

第二，统筹财政收入，平衡税基。丹麦政府在预测年度财政指标时，在按比例削减总量指标后，通过因素分析来确定最终预测年度指标要确定宏观经济目标，把国民收入、积累和投资增长以及国际收支与公共支出联系起来。统筹税收及非税收入，为来自国内外的借款及援助的所需资金做出计划，这样的预算要考虑有关税收制度、收费水平以及宏观经济政策的选择条件，有助于使税收等成为一种宏观经济政策工具。在平衡地方政府间税收的过程中，丹麦为那些税基相对较低、税源不足的地方政府提供财政拨款，以弥补其税收的不足。税基平衡的核算也是以加权方法为基础，综合计算所有地方政府税收收入和包括土地收入在内的其他收入（董礼胜，2000）。

第三，其他拨款和平衡机制。丹麦政府认为，当地方政府收入规模过小，却被安排了超出其自身财政能力的支出任务的时候，就会导致财政压力。为解决这一问题，丹麦政府通过调整政府间财政运行机制以弥补县级政府财力的不足。主要做法就是中央政府通过拨付特别援助资金的方式，帮助某些地方政府渡过难关，使它们获得资金支持去应对财政支出的不断增长。除此之外，丹麦政府也非常注重发挥地方政府合作的优势，通过鼓励地方合作，互通有无、资源共享，来应对县级财政压力。这种纵横交错的局部运行机制调整的实际操作导致了丹麦整个财政体系的复杂程度变高，阻碍了政府透明化的发展。

第四，强化财政监督。财政始终突出监督的作用，预算的刚性和透明度要靠法制约束和保障，即从宪法、预算法规和行政命令三个层次，对预算的编制审批、执行和监管做出详细的规定。丹麦财政部除财政支出司负责财政支出总体情况的监管外，其余各司局分别对行政、环境、交通、教育、劳工市场、卫生等部门预算支出进行相应的过程管理和监督。将监督职能融入预算周期管理运行全过程，依法作用于预算程序和环节，监控整个财政运行过程。丹麦宪法规定："未经国会批准，政府不能征税，经费不能拨付，预算执行中的超收，只能用于削减财政赤字或结转下年使用，不得用于安排追加当年支出。"所以，政府预算一经国会批准，任何人无权自行更改变动，必须依法严格执行。从预算编制开始，财政部对政府各部门申报各项目资金的真实性、合理性认真地进行审核和监督。预算经国会批准后，财政部还要通过审核各部门会计报表、监控资金流动和进行现场调查等方式，对各预算单位是否依法执行预算情况进行监督。财政部还安排有关人员对各司局预算管理和执行情况进行核实。此外，政府各部门也均设有内部审计机构，依法监督本部门预算资金运行情况，国家审计厅每年要对财政部和部分政府部进行财务和绩效审计。

四、市场约束型

市场约束型是建立在完全分权基础上的财政管理体制。这种分权体制下的地方政府有很大的自主量裁权，面对财政压力可以根据自身实际资金需求自主决定是否进行市场融资，不需要中央政府的批准。实行市场约束型管理体制的典型代表是加拿大和新西兰。这两个国家都依靠市场约束财政行为，但也有所不同。前者只对省级政府市场化举债进行彻底约束，对省级以下的财政收支依然进行行政控制；后者行政控制的痕迹更少，主要依赖市场约束财政收支行为，地方政府融资完全受资金需求和金融市场状况的影响。

1. 加拿大

1867 年《英属北美法案》的通过使加拿大正式成为一个联邦国家。从行政管理体制上看，加拿大拥有联邦、省和地方三级政府。联邦政府是加拿大唯一的中央政府；省级政府层面包括 10 个省政府和 3 个地区政府；地方级政府是省级政府的派出机构，只能享有省政府所赋予的权力，受到省政府的直接管辖，主要分为市政、学区和其他各种董事会、代理商及委员会等类型。与行政体制相呼应，加拿大的财政体系也是由联邦、省和地方（主要是市）三级财政组成的，实行分税制财政管理体制与部门预算制度。由于地方政府在法律上是省级政府的组成部分，加拿大地方财政的相应税收权与支出权都是省级财政让渡的结果，总体规模偏小。加拿大在管理财政收支、预防不良财政压力形成方面主要有以下做法：

第一，严格划分政府间事权与支出责任。加拿大联邦与省的立法权划分由 1867 年《英属北美法案》第六部分中采用列举方法进行专门规定。其中，联邦政府权力包括：公共债务和公共资产，商业贸易监管，失业保险，以税收方式筹集收入，信用举借，邮政服务，统计，民兵、军事、海军服务和国防，加拿大政府雇员薪金标准确定以及供给，灯塔、浮标、黑貂岛事务，航海和海运，海军医院资质评定和维护，海岸线和内陆渔业，省内、省际和国际轮渡，货币发行和管理，银行注册成立、银行业，储蓄银行监管，计量单位确认，汇票和本票管理，利率管理，法定货币管理，破产，创造发明专利，知识产权，印第安人和印第安人保留地管理，入籍管理，结婚、离婚事务，刑事法，联邦监狱建立、管理、维护。省政府权力包括：用于省内事务的省内直接税征收，以本省信用举借，省级政府构建、官员任命以及薪金发放，省属公共土地、森林树木的管理和出售，省属监狱设立、管理和维护，海军医院以外的省属医院、精神病院、慈善机构的设立、管理和维护，省内市政机构管理，为筹集省级资金收入而发放的商店、沙龙、餐饮、拍卖机构营业执照，地区公共事务，省属公司企业注册成立，省内婚姻注册,省内财产和公民权利,省内司法公正事务的管理,违法行为的罚金、罚款、入狱等判决管理,基本的省内一般事务。其他另有四项立法权则单列条文详细划分,分别是:不可再生资源、森林资源和电力资源的开采、开发和保护、管理划为省独享权;教育为省独享权;养老金为联邦独享权;农业和移民权为共享权,省有权对省内农业事务、移民事务立法,但联邦也有权就全国范围内的农业及移民事务进行立法。

加拿大政府间关系具有较强的协作性,当需要提供某项公共服务时,由涉及该某公共服务的地方政府、省政府和联邦政府共同就每个级次政府的责任比例进行谈判。

第二,严格地方政府财政预算与收支管理。加拿大政府预算执行刚性较强,预算一旦通过立法程序批准,执行中受到全程监督,内部有联邦和地方议会、国库委员会监督,外部有审计监督。例如,密西沙加市财政局负责监管该市的预算执行,定期对部门预算执行情况进行汇总,每年三次向市议会汇报预算执行情况,若执行不理想会影响到第二年预算。

加拿大的地方财政预算可以分成运行预算和资本预算两类。运行预算是满足政府日常运转和履行政府行政管理义务的收入和支出,包括政府管理支出、资产性支出、债务支付和转移支付。通常地方政府只被允许在其资本账户上借款,且需要由省政府明确平衡预算条款和债务限额。许多省级政府会成立直接由政府委任的地方董事会,专门检查像资本性支出、政府债务、社区规划和某些法规等地方政府的收支及管理活动。地方政府的财政透明度高,预算、决算及各项财政活动都公布于政府网站上,任何人都可以上网下载。加拿大地方政府的财政收入包括自给收入和转移支付收入两大类,其中自给收入一般占总收入的80%左右。自给收入主要来自财产税和相关税收收入,这部分收入占自给总收入的一半以上。以实现政府职能为主要目的,加拿大地方财政支出主要满足基本公共服务领域,如供水、排污、垃圾处理、道路等基础设施,以及公园、博物馆、图书馆等方面。

第三,实施复杂分税制,建立收费制度补充财政收入。加拿大联邦一级税收以个人所得税为主,辅之以社会保障税和商品与劳务税;省级税收以及个人所得税和商品与劳务税为主，辅之以社会保障税，具体如：省和地区所得税、省零售营业税（PST，艾尔伯塔省、爱德华王子岛、西北地区及育空地区除外）、采矿税、天然资源专利税、资产税（艾尔伯塔省、爱德华王子岛、西北地区及育空地区除外）；地方税以财产税为主，还包括物业税、商业税和所得税等。除关税和省际交易税外，省政府与联邦政府拥有相同的税基，可以征收相同的税收。这种政府间共享税收权力的做法使加拿大的税收体系格外复杂。

加拿大地方财政危机主要源于入不敷出，单纯以财产税收入作为地方主要收入来源难以解决财政困难。于是，地方政府为了弥补财政缺口，建立了一套包括使用费和规费在内的收费制度来满足财政需求。使用费就是对个人使用一项具体的公共服务所收取的费用，通常遵循谁使用谁付费的原则，由公共产品或劳务的受益人按规定支付相应的费用，如供水、排污、垃圾处理、图书馆、博物馆、交通、电力等。规费是属于政府管理性质的收费，所以又叫作发展费用或者估价征收。发展费用主要是地方政府为负担与新发展某些项目征收的相关资金成本。收取上来的费用主要用于资助供水、排污、主要交通干线的建设等方面。

第四，实行联邦与省级对地方政府转移支付。自 20 世纪 60 年代开始，加拿大就建立了永久性政府间协商程序，该制度保障了税收均衡和征税合作。20 世纪 90 年代加拿大联邦政府未就预算限制立法，但一些省和地区要求实行预算平衡或债务削减立法，并纷纷出台财政预算管理法规，如亚伯达省 1993 年和 1995 年分别出台了《赤字削减法》和《平衡预算和债务偿还法》，萨斯嘻彻温省 1995 年出台了《平衡预算法》，马尼托巴省 1995 年出台了《平衡预算、债务偿付和纳税人保护相应修正案》，魁北克省 1996 年出台了《赤字削减和平衡预算法》，新布伦瑞克省 1993 年和 1995 年分别出台了《省级经常支出和经常收入平衡的法案》和《平衡预算法案》，新斯科舍省 1996 年出台了《财务措施法案》，西北地区 1995 年出台了《赤字削减法案》，育空地区 1996 年出台了《育空地区纳税人保护法案》等。这些法律从制度上保证了加拿大地区财力的平衡。

此外，加拿大联邦政府和省级政府在对地方资金转移方面负主要责任。大多数采取无条件财政拨款的方式，由上到下按人或按户拨款，可以弥补地方财政缺口，赋予地方政府充裕的财政资金满足基本公共服务的需求。如果确实是由于联邦政府的政策或措施导致了地方政府的支出，那么在这种情况下联邦政府会给地方政府拨款，但拨款数额占支出的比重较低。从实现国家目标的角度考虑，联邦对地方政府的拨款是有必要的，特别是在解决例如流浪者生活、住房等问题方面。

第五，对政府债务实行严格的信息披露制度，实施地方债务风险自担。根据加拿大法律规定，加拿大各级政府必须向公众公开与预算有关的信息，包括预算的编制和执行情况、预算执行结果偏离预期的主要原因等。各在野党组成"影子内阁"，包括党领袖、下议院首席议员以及各内阁部门的"评论员"，职责为监督政府，对内阁进行问责。为维护执政地位，赢得民心，加拿大各级政府会利用各种渠道，向社会宣布其施政纲领和相关的预算政策，并做出详细的解释说明，争取公众的理解与支持。比如，加拿大的公共账户信息每年都会在加拿大公共服务和购买平台的专门网站上进行公布，加拿大财政部每年还会定期公布《加拿大债务管理战略》《加拿大官方外汇储备管理》《财政监督月报》等报告。在预算编制过程中，加拿大政府十分重视鼓励和吸收社会公众参与，通过实地走访、举行听证会等形式，广泛听取各方面意见。在预算审批阶段，议会召集各部部长、高级官员、利害关系人及普通公众参与预算辩论环节，并向每个参加人提供整套预算文本，包括预算、支出估算、各部门计划和重点政策报告及各部门上年绩效报告。在预算执行过程中，联邦和省级政府密切跟踪预算执行情况，以进展报告的形式定期向公众披露相关信息。每个财年结束后，联邦财政部要发布年度财务报告，国库委员会秘书处为联邦政府编制社会指标的绩效报告，各部门也要提交部门绩效报告。加拿大省级政府遵循相同原则，向议会和公众发布季报和年报，披露财政运转状况和项目绩效信息。

此外，加拿大政府实行"行政负担底线"制度，每年定期发布报告，公布联邦政府相关规定对商业机构造成行政负担的情况，进一步促进了政府运行机制的透明和开放。比如，根据加拿大财政部公布的相关信息，截至2015年6月30日，加拿大财政部支持的行政管制规定对商业构成的行政负担为4766项，至2016年6月30日则上升至4818项。

加拿大允许地方政府举债，但要求地方政府基于市场秩序自我约束举借债务，要求地方政府对债务进行风险自担。对于地方政府发债造成的债务危机，加拿大联邦政府一直坚持拒绝援助的立场，省级政府对下级政府的债务危机同样奉行不援助政策。另外，加拿大政府积极筹建加拿大基础设施银行，吸引私人资本服务公共需求。以加拿大基础设施银行为中介，政府可以引入市场力量为风险较大、财务收益较小的项目提供融资支持，以支持大型项目建设，减少政府举债压力。

2. 新西兰

新西兰的政府结构是以英国国会制度为基础建立起来的，全国有 12 个大区，74 个地方行政机构，经济较为发达，地方政府独立性较高。20 世纪 70 年代中期以后，新西兰面临严重的财政危机，政府支出占 GDP 比例大幅上升，政府信誉自 80 年代开始不断下降，经济、社会发展面临前所未有的危机。鉴于此，新西兰开始关注行政绩效，推行新的财政政策。长期以来，新西兰地方政府以"非负债经营"为基本的财政理念，所以地方财政运行情况较好。

第一，实施全方位的预算管理。面对政府举债可能带来的风险问题，新西兰应对的一个重要举措就是实行严格的预算管理制度，加强地方政府债务管理。按照新西兰的法律规定，地方政府在发行债券之前，必须合理确定债务规模并按照法律严格编制债务预算报告。债务预算报告编制完毕之后，一般情况下不能更改，但是如果必须调整，比如要扩大债务发行的规模时，地方政府必须会同议会共同商讨决定，避免新发行债务给地方财政带来风险。例如，新西兰的惠灵顿政府在发行政府债券的时候，将其债务按照期限严格区分并分别制订借款计划，借款计划在市议会讨论通过后反映在年度计划或长期计划中，举债过程强化监督，力图降低各种风险。

第二，建立严格的信用评级制度。对世界各国政府来讲，政府的信用等级是衡量财政健康与否的重要依据之一。新西兰政府高度重视信用评级，至少每三年聘请独立信用评级机构作为第三方进行一次全面的信用评级，并以此作为地方政府发行债券的依据。如果地方政府具备良好的财务状况、负债率较低、应对未来的偿债压力有足够的储备，那么地方政府信用评级的等级就较高，有更多的信用优势以更低的融资成本获得较多的资金。有学者对新西兰的财政信息公开制度予以高度评价，James E. Alt 在其论文中用不同方法统计了部分国家财政透明度。

在其统计中，新西兰以 11 分高居榜首，而美国、英国和澳大利亚则分别以 8 分、7 分和 6 分居第二、第三、第四位。

第三，不断提高财政透明度。新西兰的财政预算完全向社会公众公开，自觉接受监督。如果民众对预算不满，可以直接在新西兰国会的网站投诉，一旦投诉，民众有权直接面见所在选区的国会议员。每年所提交的预算也不是由政府来完成，而是由国际知名的专业机构来完成。这一机构会负责审核和研究各部门的"钱袋子"需要装多满。一旦预算法案通过了，审计机构将不间断地"盯着"这笔钱的使用，并及时将执行预算的过程公开。为了提高地方政府财政透明度、有效控制债务风险，新西兰建立了相对完备的债务报表制度。在全面反映地方政府债务状况的过程中，新西兰要求地方政府编制预算平衡表、年度财政状况报告、综合财务报表以及融资绩效评估报告等，充分利用这些报表工具向社会公众公开财政和债务信息，接受社会公众的监督。

第四，建立隐性债务核算管理体系。新西兰风险管理工作细致，是世界上为数不多已建立政府隐性债务核算报告体系的国家。以权责发生制为基础编制的财政报告，对或有债务的核算分类明确，包括可计量和不可计量部分，两个部分的债务相互独立，没有交叉。财政报告还对或有负债的覆盖范围、总规模及可能引致风险的发生概率进行说明。此外，每个部门和机构还分别编制了自己的财政报告，以便详细显示或有债务的数量、资金去向、项目进度等信息。很多国家的财政报告最多只能显示现金流量或者直接债务的总规模等，但是，新西兰通过这种汇总的和分立的或有债务报告很好地避免了上述缺陷，为中央政府全面监控地方财政风险提供了有效的制度保证和技术操作手段。

第二节　国际经验对我国的启示

对世界各国政府和学者来讲，地方财政运行状况和财政压力都并非是新的研究课题。特别是 2008 年金融危机爆发以来，财政风险与债务风险都是后危机时代困扰全球的问题。联合国发布的 2018 年《世界经济形势与展望》认为，全球经济指标开始步入复苏的区间，并且把当年全球经济增长预期定为 3%左右。但是在全球债务率下降的同时却伴随着负债规模的加速增长，所以从全球范围来看，财政失衡问题依然在各国政府普遍存在，局部区域的财政压力甚至在持续积累膨胀。与此同时，各国政府也认识到财政压力给本国经济社会带来的危害，并纷纷采取措施把财政压力控制在有效范围内，以避免财政压力引发的不确定性和风险。

受历史文化传统、行政管理制度、财政管理体制、金融市场等多重因素累加影响，不同的国家在化解财政压力方面的措施各有不同（见表 7-1），并且很多国家在具体措施实施上并不仅仅囿于一种类型。还有一些国家，如日本和英国，处于一种类型向另一种类型过渡阶段，更多的国家越来越倾向于多种类型措施的融合。

表 7-1 地方政府化解财政压力的国际经验

类型	代表国家	主要做法
中央政府调控型	法国	1. 采取完全的公共预算管理和监督管理 2. 发行债券以政府资产为抵押或担保，建立偿债准备金制度
	日本	1. 设置严格的债务监管制度 2. 强化债务管理，债务资金来源、期限结构、发行方式多样化
制度约束型	美国	1. 建立财政风险预警机制 2. 以法律形式严格债务危机管理，应对财政压力导致的风险 3. 通过破产恢复计划、收支调整、债务重组等方式帮助地方政府走出债务危机
	巴西	1. 制定法律，强化预算硬约束，禁止中央为州和地方政府实施财政紧急援助 2. 设立债务预警指标并限制银行向公共部门贷款，从供求两端控制地方债务规模的扩大 3. 加快金融系统改革，避免财政风险转化为金融风险 4. 加快推进社会保障与行政管理领域的体制改革，国有企业私有化，降低地方政府财政负担
	南非	1. 严格短期举债行为，长期债务纳入资本预算 2. 债务收入纳入财政预算，举债透明度提高 3. 财政压力化解机制步骤完善

续表

类型	代表国家	主要做法
共同协商型	澳大利亚	1. 设立专门机构监督管理各级财政收支 2. 联邦和州政府共同管理债务 3. 对各州政府信用评级，实施信用等级管理 4. 加强地方政府债务危机管理
	丹麦	1. 明确中长期财政支出政策，平衡支出需求 2. 建立各级政府税基平衡机制 3. 通过政府间财政运行机制建立其他拨款和平衡机制 4. 强化财政监督
市场约束型	加拿大	1. 严格划分政府间事权与支出责任 2. 严格地方政府财政预算与收支管理 3. 建立收费制度以补充财政收入 4. 省级政府主要以无条件拨款的形式负责对地方的转移支付 5. 对政府债务实行严格的信息披露制度，实施地方债务风险自担
	新西兰	1. 对地方债务实行严格预算管理，借款计划由市议会讨论通过 2. 每三年进行一次全面信用评级 3. 建立较为完整的地方政府债务报告制度 4. 建立或有负债管理体系，全面监控财政风险

从具体实践来看，为应对财政压力带来的债务问题，避免过大的压力转变为财政风险，目前各国主要采取的措施有以下几个方面：

一、将非税收入作为地方财政收入的重要补充

无论是税收收入还是非税收入，都是政府的合法收入。尽管税收收入和非税收入的职能作用不同，但彼此之间相互补充、不可替代。作为非经常性收入，非税收入是经过政府授权的，由国家机关、事业单位等依法利用政府权力、政府信誉、国家资源、国有资产或提供特定公共服务、准公共服务取得并用于满足社会公共需要或准公共需要的财政资金。① 在现代社会，非税收入已经是与国家权力结构有内在联系的重要公共收入种类。非税收入不仅是一种公共收入形式，而且

---

① 参见《财政部关于加强政府非税收入管理的通知》（财综 2004〔53〕号）。

是一种化解公共风险的制度安排。

从实践来看，当前地方政府财政压力的一个直观原因就是收入乏力。因此，以非税收入补充财政收入进而满足公共支出的需要是化解财政压力的最为直接有效的手段。加拿大、美国、澳大利亚等国都将非税收入视为政府收入的重要来源。特别是在税收收入增长困难、赤字规模增长速度较快的时期，非税收入占比显著提高。通过征收使用费和规费，来满足不同类型的公共支出。哈维·罗森（1985）认为非税收入中的使用费就是公共产品和服务的价格，或者说这个价格是政府提供的某一产品或服务的收费标准。

尽管美、加等国在收费制度、标准、项目构成、管理等方面各不相同，但无一例外的是，这些国家在政府间事权与支出责任划分中都明确规定了政府收费的管理职责和收费权限。在这一过程中，按照权责支出相统一的原则，地方政府无疑成为收费资金的主要获得主体和使用主体，因而这些国家也赋予了地方政府应有的收费管理权限。

二、不断完善财政监督

1987 年 Mc Cubibins 和 Roger 将委托代理理论引入公共部门研究，认为政治家和官僚二者之间实际上也形成了委托代理的契约关系，因此应该按规则博弈。在财政问题中契约就表现为政府预算，即政府接受公众委托，运用预算资金提供公共产品和服务。在政治利益与晋升压力双重下，作为代理人的官僚机构有时会不自觉地脱离委托人的监督和控制，以更多地实现自我的利益需求，该情况被称为"官僚机构的代理松弛"。如果此时外界监督缺位，就可能带来政府超越国力过度借债的行为。为了限制官僚的投机行为，就必须对其行为进行监督与约束，提高财政透明度。

法国、巴西、澳大利亚和加拿大在减低地方财政压力方面共同采取的做法是通过预算硬约束，全过程监控财政收支，加强财政监督。一方面，强化预算约束，对预算决算及各项财政活动进行定期公布，大大提高了地方政府的财政透明度；另一方面，通过财政监督，介入预算编制审查、预算执行调整、决算评价等各个环节，可以有效减少预算业务管理机构和部门预算单位的合谋、违规等行为。

三、对地方债务实行严格管理

世界范围内不断爆发的债务危机使政府债务问题成为各国专家的研究焦点。特别是欧债危机和次贷危机严重阻碍相关国家社会经济发展的沉痛经历，让我们意识到对地方债务管理的重要性。提高对地方政府债务的重视程度，积极探索并采取可行的管理方法来化解潜在的债务风险，在保障基本公共服务的同时又可确保地方财政安全。

美、日两国在控制地方债务方面最值得借鉴的就是一套相对完善的法律制度。美国的《证券法》、日本的《地方财政法》都详尽明确地规定了地方政府债务资金来源、管理使用和债务偿还等问题，严格禁止地方政府临时借债。20世纪末，日本地方政府为筹措经常性经费而大量发行赤字债，甚至负债率一度高达38.5%，比例为世界第一，地方财政状况恶化，为债务危机的发生埋下了隐患。日本政府认识到债务风险控制的重要，于是颁布了防范债务风险的相关法案，并引入了早期风险预警体系以防范债务风险。尽管我国未发生地方政府债务危机，但局部地区发生债务危机的不确定性和风险依然存在，我们应予以重视，借鉴他国经验，果断采取措施控制规模、降低风险。

四、加大政府间转移支付力度

政府间转移支付是在明确支出责任和收入划分背景下，将财政资金在不同层级政府间无偿转拨，实现财政纵向及横向平衡，解决辖区间外溢的一种再分配方式。不同类型的国家在财政运行中都会实施政府间转移支付，只是相对来说集权制国家如日本，中央对地方转移支付规模较大；而实行分权型的国家如美国，中央对地方转移支付的规模较小。

按照国际经验，丹麦和加拿大的减轻地方财政压力、避免地方债务风险方面的典型做法就是注重转移支付。根据地区间支付需求差异、财政收入情况、税收能力与税收努力等因素，通过科学的计算公式核算转移支付分配资金。此外，这些国家还建立了转移支付动态调整机制，以保证转移支付计算结果的精确度和实用性。

五、建立严格的政府信用评级制度

信用评级最早诞生于美国。对政府进行信用评级本质上就是把政府作为市场中的债务人按照一定的指标对其履行偿债责任的信用能力进行科学判断的一种方法。引入市场化的方法对地方政府进行信用评级，既便于动态有效地掌握地方政府实际偿债能力，还可以通过评级结果引入多种主体的监督机制，有效地约束了地方政府随意举债或者超标举债的情况，便于控制地方政府债务风险。

美国、澳大利亚、新西兰等都非常重视政府信用评级。通过定期的专业评级，对地方政府收支情况、风险等做出评测，进而决定地方政府未来融资的规模、利率大小等。现有债务存量较少且信用评级高的地方政府，未来可以以相对较低的融资成本为政府公共事务筹集到较多的资金；相反，现存债务规模大且信用评级低的地方政府，想要通过发行债务取得收入相对困难，或者只能以相对较高的融资成本发行规模有限的债务。引入这种市场化的机制有利于督促地方政府重视信用等级建设，既限制了信用等级低的地方政府融资的空间，也起到了鼓励与保护信用等级较高的地方政府的作用。

第三节　本章小结

从世界范围来看，各国政府都已经普遍认识到过度的财政压力给社会经济带来巨大冲击与危害，并纷纷采取各种有效措施尽可能地把财政压力控制在有效范围内，以避免财政压力引发的不确定性和风险。本章借助 Teresa 和 Craig 的研究，认为世界各国在化解财政压力、防范债务引发财政风险方面可以依据财政管理集权程度由高到低分为中央政府调控型、制度约束型、共同协商型和市场约束型，并对四种不同类型的国家的典型做法进行了梳理总结。

通过比较，本章认为很多国家在具体措施实施上往往并不仅仅囿于一种类型，许多国家是将上述几种方式结合使用。尽管鉴于不同的国家历史背景、经济及体制原因，我们不可能一味仿效国外做法，但是可以因地制宜，借鉴国外好的方面，形成具有自己特色的做法。总体来说，以收费作为财政收入的重要补充、不断完善财政监督、加强对债务的严格管理、加大政府间转移支付力度和建立严格的政府信用评级制度对地方政府管理财政压力、控制财政风险能够发挥积极作用。

第八章　化解县级财政压力的政策建议

理论和实践的研究告诉我们，县级财政压力的产生并非是"一日之寒"，而是在较长时期内多重矛盾相互交织、共同积压的结果。深化改革构建新发展格局，就要厘清众多因素间盘根错节、错综复杂的关系，不能仅仅是"头疼医头，脚疼医脚"，而是要把握治标与治本相结合、特殊与一般相结合、当前与长远相结合，扫除原有障碍。

当前，我国经济下行压力依然很大，国际局势也给世界经济带来了新的不确定性，且新的不确定性因素还在不断演变。面对这一局势，我们要做的就是稳字当头，稳中求进，不断提高财政的效能与可持续性，而这都离不开对县级财政压力的化解。一方面，通过对财政压力化解机理的分析，可以帮助我们明确县级财政压力化解的科学路径；另一方面，通过借鉴国际经验与做法，再紧密结合我国具体实际，从短期举措和长期举措两大方面探索县级财政压力化解的具体措施，有助于保障县级政府财力运行和职能实现的顺利、有序。

第一节　化解县级财政压力的机理分析

对中外历史总结回顾可以发现，几乎所有国家经历的重大社会变革背后都有深刻的财政压力的背景。在中国，宋代的王安石变法和明代中期的张居正变法，究其原因都是由于中央财政的长期亏空（叶坦，1996；黄仁宇，2001）。英国1642年爆发的内战和1688年的光荣革命也都和君主与议会的财政权力之争有千丝万缕的联系（Kindleberge，1991）。18世纪后期，债务危机和通货膨胀始终左右着动荡的法国政局，长期的偿债压力导致了法国大革命（Sargent et al.，1995）。一战后的德国承担了巨额的战争赔款使国家财政濒于破产，以希特勒为代表的法西斯势力开始执掌政权（Keynes，1920）。古今中外不胜枚举的史实似乎都在支持一个假说，那就是财政压力是改革的起因之一。

财政压力的出现及不断膨胀会导致政府财政收支失衡，影响财政职能的顺利实现，进而降低社会对公共管理的信心。当这种不信任伴随着财政风险的扩大蔓延到其他领域时，就可能给社会经济造成不可估量的后果，甚至影响国家政治的合法性和公信力。最早研究"合法性"的学者马克斯·韦伯（1998）认为，"一切经验表明，没有任何一种统治自愿地满足仅仅以物质的动机，或者仅仅以情绪的动机，或者仅仅以价值合理性动机，作为其继续存在的机会。换言之，任何统治者都企图唤起并维持对它的合法性的信仰"。就财政方面而言，执政者为维持执政的合法性和社会的稳定性，最为理想的选择就是通过科学有效的途径化解逐渐积累的不良财政压力，确保财政治理的顺利进行。

一、化解县级财政压力的基本原则

在化解县级财政压力的过程中，不同地区、不同层级的政府面临的矛盾类型和程度千差万别，有针对性地采取不同的具体政策有可能是各地方政府的未来选择。但是，差异化的县级政府始终要立足全国基本公共服务均等化，围绕全面建成小康社会和现代化建设全局，遵循整体协调、差异对待、量力而行、公开透明等基本原则有计划、有步骤地逐步化解不良的县级财政压力。

1. 整体协调原则

我国县级财政压力的形成由来已久，尽管现在的主要表现是县级财力不足、财政支出效率低下、地方债务风险加大等，但是造成财政压力过大的原因并不在于哪一个独立的方面或者哪一项独立的制度，而是系统性原因导致的。系统性原因导致的问题就必须采取系统性措施去解决。因此，化解县级财政不良压力就必须依靠整个财政体系之间关系的调整，优化财政经济运行机制，推进行政管理制度改革。

2. 差异对待原则

差异对待原则既是针对压力程度不同的县级财政而言，也是针对同样面临严重压力的县级财政而言。一方面，结合前面构建的财政压力测评模型，不同程度的财政压力采取的手段各不相同，实行分层管理。如果财政压力为零或者较小，那么县级财政往往收支较为均衡，不存在较多年度连续大规模赤字和债务的情况。在这种情况下，以保持现状、监督预防措施为主，在县级财政能够提供基本公共产品和服务的情况下不对其进行过多的干预。当财政压力接近预警阈值时，监督预防的等级要提高，并适当采取干预措施，避免压力触发报警阀门。当财政压力达到或者高于财政压力预警阈值时，必须采取各种措施化解财政压力，尽量使之回到合理区间（见图8-1）。另一方面，对于高于财政压力预警阈值的县级财政也要分情况区别对待。需要通过指标分析判断压力过大的具体原因是什么，在有针对性地采取措施化解压力的同时，避免压力的再度累积。

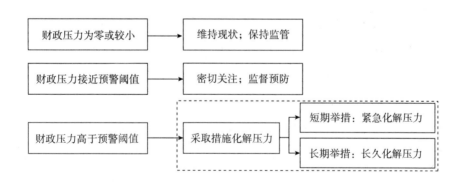

图8-1　财政压力的分层管理

3. 量力而行原则

政府在履行自身职责的过程中离不开财力的支持。在财力有限的情况下，政府职能和提供公共服务的范围确定就不能过于理想化，上级政府不能期望下级政府做超越资源能力范围的事情。在确定县级政府事权的过程中，要实事求是地以当地实际可支配财力以及可用于投资项目或公共服务的资源为首要依据；县级政府在制定地区发展规划的时候目标也不能太高，要立足于现实，这也是政府充分取得社会公众信任的基础。

4. 公开透明原则

政府在安排财政收支活动的过程中调动使用的都是社会公共资源，因此其整个过程都应该在社会的普遍监督之下。保持财政收支的透明度在各个国家都广受关注。实现财政透明有诸多好处，一方面，有利于提高财政使用效率；另一方面，有利于反腐倡廉、监管干部、树立政府的形象。近年来出炉的《中国财政透明度报告》和《中国市级政府财政透明度研究报告》均显示，整体上政府财政透明度是在不断提升的，但不同层级政府、不同地区政府的信息公开程度差别较大。大部分省一级政府公开了约一半的财政信息，透明度高的省份公布了大约70%的信息，但透明度低的省份公布的信息不到30%。因此，建立一套完整的制度来确保财政透明度，加大财政监督是今后要充分重视的问题。

二、化解县级财政压力的思路

20世纪90年代分税制改革实施以来，地方政府作为财政利益主体的功能也得到了不断的巩固，独立性日益增强。随着地方政府财政收入规模和事权的不断增加，一些地方政府不良财政压力开始凸显。根据前面的论述和第五章的实证分析，影响县级财政压力的因素错综复杂、相互交织，最终导致财政压力不断积累形成不良压力则是内外因素共同作用的结果。这些内外因素包括经济、政治、历史、现实等多个方面。为保持县级财政的健康运行，使财政压力处于合理的区间范围内，应了解其内在发展变化规律，进而有针对性地找到化解不良财政压力的途径。

1. 明确县级财政事权与支出责任是化解财政压力的根本举措

财政压力的最直接表现之一就是支出超过了收入，导致了财政缺口。上级政府为了最大化自身利益，倾向于向下级政府转移事权。通过政治权力或者行政规定把自己的事权转移给下级政府由其承担部分支出，而部分应该由地方政府承担支出责任的事权则主要依靠来自中央政府的专项转移资金。通过前面内容的分析可以看到，导致支出过大的重要原因是县级政府承担了太多的财政事权与支出责任。在政绩考核与行政评价压力的背景下，尽管面临财政压力的风险，地方官员也被迫依赖其他财政收入来源如国有土地使用权转让收入等完成相关考核指标，这就进一步加大了财政的未来压力，使县级政府面临未来风险的可能性上升。虽然国家有相关文件明确了基本公共服务如养老、医疗、教育等的支出责任在中央政府和地方政府间的划分，但是由于不同地域经济社会发展的水平不同，导致在责任划分具体标准及比例方面差异很大，具体落实有一定难度。因此，在化解财政压力的过程中，必须考虑县级财政事权与支出责任。

2. 充实县级政府自有财力是化解财政压力的直接手段

在所有影响一国财政收入的因素中，经济因素是基础性因素。经济的增长在一定程度上有助于化解压力，为政府职能的发挥提供应有的财力保障。第五章模型回归结果表明，国有土地使用权转让收入占一般公共预算收入的比重与财政压力呈现正相关关系。也就是说，县级财政越依赖国有土地使用权转让收入，经常性收入比重降低，财政压力就会越大。这其实就进一步提醒了县级政府，要优化财政收入结构，为地方政府构建稳定可靠的税源。不仅要追求财政收入的"量"，更重要的是考虑提高财政收入的"质"，以高质量的财政收入来源化解财政压力。

3. 规范考核制度和指标体系是化解财政压力的外部环境

激励机制是制度构建中的重要组成部分，有效的制度必须要求长期稳定的激励。行政决策和权力并不能保证激励长期有效，但制度可以维持激励的稳定存在。内部关系的复杂多变会给行政决策特别是临时性的决策和权力带来约束，影响它的长期性、稳定性和有效性。科学的制度设计要充分考虑正反两方面，所以如果只有激励机制而没有约束机制，那么制度的有效性是大打折扣的。

在制度设计的过程中，除了考虑激励机制的正效应外，还不能忽视激励可能带来的负效应，所以在激励之外需要约束主体权力和行政自由度等，尽力实现约束与激励的平衡。实践中，也要充分认识到激励与约束二者之间是相互依存、不可分割的，在制度设计的过程中要避开二者的冲突点，既要健全激励机制发挥其正效应，也要有约束机制对其进行制衡，最终实现目标的平衡点。

要从根本上扎紧财政压力的"袋子"，就要优化政绩考核制度，不能片面追求数量的增长，更要强化债务的管理。把债务管理纳入政府绩效考核以及官员问责机制，也可以逐步改变地方政府的行为方式，有助于形成新的、更加强调发展质量的可持续性政绩观。

4. 完善转移支付制度是化解财政压力的内部机制

在财政管理体制中，财力的均等化是实现政府职能、提高资源配置效率的前提和基础，也是实现政府间基本公共服务均等化的基本手段。促进政府间财力均等化直接关系到辖区居民的福利水平和社会的稳定，因此通过转移支付制度缩小基层政府之间财力的差异，也是实现县域经济均衡发展的一项重要措施。在第五章实证分析中可以看到，转移支付对财政压力的依赖性明显。模型回归结果表明，转移支付依赖度与财政压力呈现显著正相关关系。也就是说，转移支付收入占一般公共预算收入的比重越高，财政压力就越大；反之，财政压力就越小。这其实反映了在财政压力较大地区，本身收入无法满足支出需求而造成的对转移支付的严重依赖的事实。所以，通过完善转移支付制度满足县级财政基本需求，也是短期内直接有效的化解财政压力的手段之一。

第二节　化解县级财政压力的短期举措

县级财政压力的存在无论在学术界还是在实践工作中都已经被证实。过度积累的财政压力就像社会经济发展中的隐形炸弹，随时可能爆发并引致更大的风险和破坏。根据前面的分析，当财政压力已经超过甚至连续超过压力阈值，那么就必须紧急采取措施来化解压力，使财政回到相对健康的状态中来。因此，这些紧急采取的避免财政压力过大而导致风险的举措，就被称为短期举措。短期举措的目的是紧急化解财政压力，主要从收支和债务管理等短期可以见效的政策角度化解风险，这些举措通常并不涉及财政体制等根本性的变革，强调周期短、见效快。结合前面的影响因素分析和国际经验启示，可以采取的短期举措主要包括以下几个方面：

一、多渠道赋予县级财政稳定可靠的收入

1. 理顺省级以下收入分配关系，赋予县级财政更多税收收入

现代财政制度的建立要充分调动地方财政的积极性，通过理顺收入分配关系，赋予各级政府相对独立的收入来源，满足基本支出的需求。短期内为化解财政压力，可以考虑在省级以下税收收入分配中，逐步提高县级财政的分配比例，通过赋予县级财政更多稳定的税收收入，减轻其对转移支付的依赖。例如，S 省一直以来就较为重视省级以下的收入分配，一般企业增值税的 50% 和一般企业所得税、个人所得税的 40%、城市维护建设税、土地使用税等税收收入都组成市县的固定收入。这种分配方式对促进县域经济发展，避免不良压力积累起到了积极作用。其他省份也可以参考这一做法，在逐步理顺省级以下收入分配关系的时候，适当将财权下移。稳定的税收收入既有利于化解当前财政压力，也有利于通过收入预期优化县级财政支出。在此基础上，有条件的省份可以逐步将县级财政收入调节权、举债权等通过制度规定的方式明确下来。

2. 推进非税制度改革，使之成为县级财政收入的可靠来源之一

非税收入是财政收入的重要组成部分，是政府参与国民收入分配和再分配的一种形式。在县级政府财力不足的情况下，可以效仿加拿大政府的做法，通过科学合理的收费方式弥补财政缺口。受地价影响，国有土地使用权转让收入的规模增长明显，将其合理划分作为中央和省、市县三级共享收入也符合所有层级政府的利益，因此可以考虑在扣除补偿性成本后按照分享比例由各级政府统筹安排使用。但是，也要格外引起重视的是县级财政压力对国有土地转让收入的过度依赖。特别是在前述实证分析中我们可以得知，在各个压力阈值下土地财政的依赖度与财政压力正相关。也就是说，国有土地使用权转让收入占一般公共预算收入的比重提升，即县级财政对国有土地使用权转让收入的依赖度提高，会明显增加政府面临的财政压力。这一分析结果说明，短期来看通过国有土地使用权转让收入可以提高县级财政收入，缓解支出压力。但是，这并非长久之计。其他财政收入类型如国有土地使用权转让收入、收费收入等占比会增加。长期下去，这种财政收

入构成的此消彼长会导致财政收入的稳定性不强、质量不高，难以支撑刚性增长的支出需求，进而使当前或者未来县级财政压力增加，形成潜在的财政风险。

3. 完善地方政府债券发行，促进各级政府财政平衡

发行地方债也是短期内化解县级财政压力的有效举措。通过发行债务，县级财政可以获得一笔收入，进而满足刚性的支出需求。收支的缺口被弥补了就不会形成累积的财政压力，自然也就避免了财政风险。前述的实证分析也证明了县级政府债务对缓解财政压力的积极作用。事实上，自 2011 年上海市、浙江省、广东省、深圳市成为地方政府自行发债试点以来，地方政府通过债务进行融资已经成为普遍现象。尽管目前社会上也存在很多关于地方债务发行规模是否已经过于庞大等疑问，但中国财政科学研究院的调研结果认为，目前各级政府债务规模增长的速度基本上等于财政收入增长的速度，地方政府不存在明显的债务风险，财政压力基本可控。中国社会科学院财经战略研究院县域经济课题组运用不同的财政收入核算口径对县级政府的债务进行考察，同样认为总体债务率并不太高。

尽管债务风险可控，但是在提高地方政府新增债务限额应对财政减收、化解地方财政压力时，必须有严格的监管与约束机制。从总量上看，避免举债规模过大引致财政与金融风险。发达地区的城市如苏州、无锡等，城市债务总量虽然较大，但地区经济发展迅速，财政收入有保障，所以总体风险可控。规范债券发行最根本的就是揭开债务的"黑箱"，化暗为明，有利于控制风险。县级政府可以科学利用债券工具促进财政平衡，根据自身经济实力和实际需求确定发行债券的规模、还款期限、利率等。为有效监控县级财政风险，要严格执行债务定期审计制度，考核政府发行和偿还债务的指标，防止风险积累，促进县级财政健康发展。从国债发行结构看，在严格管理的基础上，允许发行专项债券用于饮水、水利设施、电网改造、交通、环境治理以及教育卫生等方面的事业，集中财力办大事，提高县级政府举债资金使用的效率。

二、不断完善省级以下转移支付制度

在县级财政压力的实证分析中，各种财政压力阈值下转移支付依赖度都是重要的影响因素。转移支付意味着县级财政收入的增加，增加的财力一方面可以满足支出的需求，另一方面也有利于缓解县级财政压力。所以，在化解财政压力的短期举措中，完善转移支付制度是关键之一，有助于提高县级财力保障水平和财力均衡度。

1. 加大财力均衡性转移支付的比重

针对财政区域发展不平衡和县级财政压力的问题，一方面要求县级财政努力挖掘自身潜力，提高财政自给能力；另一方面要求完善省级以下转移支付制度，加大省级以上财政的转移支付力度，均衡地区财力，保障县级财政基本职能的实现。

首先，转移支付体系应该以公共服务均等化为目标。根据地区间财力不平衡的实际，在综合考虑地区经济发展、财政供养人口、人均财力和支出标准等因素的基础上，合理确定转移支付项目、资金计算方法和指标体系，科学设置一般性转移支付项目的范围和计算方式。考虑到不同地区公共产品和服务的供给效率和财政收支的差异，完全以实际供给人数为基础计算支出需求并不公平。综合考虑行政、公检法、公益性事业等不同性质的差别，结合供给人口、区域面积、服务对象等客观因素，设定指标系数，在建立数学公式计算标准收入和标准支出的基础上，确定均等化转移支付的指标。

其次，整合归并专项转移支付项目。把部门掌握的来自不同渠道的专项资金统一纳入核算，避免多而杂的资金游离于预算监督之外。充分发挥专项资金经济效应，将体制上解补助、税收返还、工资性转移支付等纳入其中，针对特殊政策目标进行分配。

最后，防止资金截留，提高资金使用针对性。中央直接面向县级安排转移支付资金，县级财政科学整合资金，统筹安排使用。为保障专项支农资金的使用，可以考虑由专门职能机构负责，保障资金安全快捷地用于指定用途。例如，部分地区实行的农民补贴资金直接由代管银行按账号发到农民手上。

2. 减轻地方财政压力，降低地方配套资金安排

在规范纵向转移支付的过程中，还需要动态考虑县级经济发展的实际情况，确保转移支付资金与县级基本财力对称，避免"一刀切"。情况不同的地区要按照科学统一的计算公式和系数给予不同的补助。对于财政相对困难、没有资金配套能力的县，上级政府要进行专项转移支付统筹管理，尽量不安排或者少安排配

套资金。针对那些公益性特别强的如生态建设、水利设施除险加固等项目的转移支付，甚至可以考虑取消财政困难县的配套要求，或者由所在省政府财政垫付，既能够保障项目的顺利实施，又可以直接减轻县级财政压力。

3. 注重转移支付资金使用效果的监督和评价

在确定转移支付资金规模时，还需要通盘考虑各种因素作为客观依据，逐步取代原来的基数法测算转移支付规模。在设计计算公式明确转移支付标准时，上级财政还应该特别注意财政收入增量用于转移支付的比例如何确定的问题，从而保证区域均衡。每个财政年度之初，转移支付随年度财政预算一起安排执行，地方政府可以根据自身实际合理安排支出进度。在转移支付资金使用过程中，不断加强审计监督和绩效评价，着重审查公共基本支出的保障情况。对专项资金重点审计专款专用情况和使用绩效；对财力均衡性拨款则注重考查转移支付资金接受方的财政状况变化及趋势，通过指标比对等方式评价资金利用效率。

三、合理划分政府间事权与支出责任

事权划分是现代财政制度的基础，事权与支出责任的匹配关系也是化解县级财政压力的关键。为实现法治政府的建设目标，党的十八届四中全会提出了"权责法定"的原则。这一原则为避免出现事权与支出责任不匹配、利用行政权力下移支出责任、事权责任主体与执行主体不一致等问题提供了法律基础。财政事权其实就是指"财政要干什么事儿"，支出责任其实就是"在什么事儿上要花钱"，财力就是指"有多少钱来办事儿"。具体来说，事权、支出责任的关系可以通过图8-2体现出来。

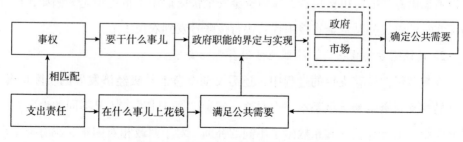

图8-2 事权与支出责任划分理论框架

　　所以在事权与支出责任划分中，首先要解决的问题就是事权的划分，也就是明确财政要干什么事儿。事权划分的第一步就是科学合理地划分政府与市场的活动边界和职能范围，避免越位与缺位。然后，根据公共需求的层次和类别的不同，在各级政府之间合理划分财政事权，明确该提供什么样的公共产品和服务。财政事权的明确是支出责任有序划分的前提。按照权利义务对等原则，政府有多大的财政事权，就应该承担多大的支出责任；反过来说，支出责任的实现也是财政事权能够顺利履行的物质保障。那么，目前到底应该如何界定政府间的事权与支出责任呢？

　　为了建立科学的中央和地方财政关系，2017 年以来财政部已经陆续出台了外交领域、基本公共服务领域、教育领域、医疗卫生领域等的事权和支出责任划分方案。同时各省级政府也出台了省与市县在相应领域的事权与支出责任划分办法。但是，这些领域涉及的只是财政事权的一部分，且越往下划分越不细致。必须要有一个更为科学合理的划分标准，对省级以下政府间事权与支出责任进行规范。

　　借鉴公共产品理论，可以采取"外部性程度+信息复杂性强度"标准，合理划分政府间事权与支出责任（见表8-1）。这种划分方法的基本原则是：一种事权的外部性程度越高，就越应该由上级政府承担支出责任；一种事权信息复杂性强度越高，就越应该由下级政府承担支出责任；如果一种事权兼具外部性和信息复杂性双重特征，那么就应该适当引入激励相容机制，考虑由上下级政府共同承担该种事权，政府间具体支出责任大小及分担比例应该根据实际需要进行动态调节。

表8-1　"外部性程度+信息复杂性强度"标准下政府间事权与支出责任划分区域

信息复杂性强度	外部性程度高	外部性程度低
信息复杂性程度高	区域Ⅲ：上级政府事权，委托下级政府承担支出责任	区域Ⅳ：下级政府事权，下级政府承担支出责任
信息复杂性程度低	区域Ⅱ：上级政府事权，上级政府承担支出责任	区域Ⅰ：下级政府事权，上级政府补贴

从四个区域的不同情况对应来看：区域Ⅰ中的事权外部性和信息复杂性程度都比较低，依据上面总结的事权与支出责任划分原则，划归为下级政府事权，由其承担主要支出责任，在下级财力不足的情况下，上级政府可以适当拨付资金进行补助分担支出责任。例如，县域范围内的住房保障应该是县级事权并承担主要支出责任，但是当县级财力不足时，为均衡市县发展，可以由市财政进行补贴。区域Ⅱ中事权的外部性程度高但信息复杂性程度低，属于上级政府的专属事权，由其承担支出责任，最典型的就是外交和国防等。区域Ⅲ对应的事权外部性和信息复杂性程度都高，符合上级政府主要事权的特征，但考虑到该类事权本身具有的信息复杂的特点，可以充分结合下级政府掌握的信息优势，由上级通过转移支付等方式委托下级政府承担支出责任，也可以采取上下级政府分担的方法。例如义务教育和医疗卫生等，尽管是上级事权，但是由于信息分散复杂，所以由县级政府安排具体支出会更有效率。区域Ⅳ的事权外部性程度低但信息复杂程度高，所以具备下级政府事权的特征，应该由下级政府承担该事权对应的完全的支出责任。实践中最典型的就是县域辖区内的城乡社区发展事务等，属于典型的县级事权，应该由县级财政承担支出责任。

通过这种方式，可以统一各级政府间的事权与支出责任划分的标准，进而更加高效地对纷繁复杂的财政事权和支出责任进行具体划分，明确事权和支出责任应当由哪级政府承担，以及支出责任如何划分等具体琐碎的问题。

四、提高县级财政预算管理水平

我国当前面临的国际国内形势、宏观经济政策等都决定了财政收入占 GDP 的比重不能过高。在财政资金供给不足的情况下，如果因管理粗放损失浪费较多、使用效益较差，财政收支矛盾显然就会更加尖锐。财政管理水平的提高尽管是一项长期坚持的工作，但是从短期来看，它对提高财政运行效率、化解财政压力同样有积极的作用。

1. 继续健全全口径预算管理制度，完善县级预算公开制度

一方面，要继续健全全口径预算管理制度，在县级层面实现政府所有收支科目的全方位管理和统筹安排，提高资金使用效率；另一方面，要真正发挥县级人

民代表大会的监督作用，实现人民代表大会对所有财政性收支的立法控制和管理监督。同时，预算公开作为现代财政预算的一项基本原则和制度，有利于提高财政透明度，使财政收支包括预算、预算调整、决算、预算执行情况的报告及全部报表和各级政府采购情况等更好地接受公众监督。县级财政部门应该进一步完善财政信息公开制度，实现县域民众与政府之间的良性互动。一方面，民众可以监控县级财政收支行为，对收入取得、使用去向等有更多了解；另一方面，通过预算公开民众也会对政府的宏观决策，包括宏观调控的重点、范围等有更多了解，增强社会公众对政府的信任。

2. 完善县级预算审核制度和国库集中收付制度，加快预算绩效管理队伍建设

市级财政部门要加强对县（市、区）财政的预算审核，提高其预算编制水平。通过审核，一方面保障县级财政支出安排的合法性和合理性，督促县级财政以保障和改善民生为目标合理利用资金、调整优化支出结构；另一方面，通过预算审核，充分了解不同区域财政经费保障的真实差距，为下一步完善转移支付制度缩小地区财力差距奠定基础。不断完善国库集中收付制度，充分发挥国库在预算收支管理中的执行、监督职能。

针对当前预算绩效管理队伍人才短缺的情况，要切实把加强预算绩效管理队伍建设作为当务之急。具体来说，可以采取以下措施：一是引入专家参与机制。聘请熟悉预算绩效管理的县人大代表、政协委员、项目专家、财务专家组成专家库，为预算绩效管理工作提供政策理论以及评价方案方面的指导，确保评价工作的公平、公正和公开。二是引入竞争机制。通过政府购买服务方式，引入绩效管理评价经验丰富的中介机构、专家库等社会资源，充分参与到预算绩效管理工作中来，通过第三方对项目绩效进行评价，以求评价结果的科学和公正。三是建立预算单位管理专职队伍。充分整合各方力量，使预算绩效管理工作制度化、规范化和法制化。四是建立财政内部绩效管理队伍。在县财政业务科室明确专职联络员，注重培养发掘财政预算业务骨干，充实预算绩效评价专职队伍，形成绩效管理工作合力。

五、按步骤稳妥化解现有债务

通过实证分析可以发现，债务在各个压力阈值下对县级财政压力都有显著的正向影响。因此，短期化解县级财政压力的一个重要举措就是积极稳妥地化解现有债务。无论是从理论还是从实践来看，必须根据具体情况，明确县级债务的责任主体，有计划、有步骤地化解存量债务，同时通过严格制度，从根本上扎住过度举债的口子。

1. 锁定债务总量，明确偿债责任

明确中央、省、市、县政府的债务主体责任以及对债务本金和利息偿还的责任。在锁定债务总量时，明确固定期限圈定债务存量，对日期内的债务明确责任。对现存债务按银行同期贷款利率重新核定利息，统一监督管理。对没有正当理由高出银行同期贷款利率的，采取核减本金、同债权人重新签订合同的方式，从根本上避免债务"气球"的"吹大"。

明确偿债责任，完善督促检查和问责机制。真正落实将政府负债纳入领导班子政绩考核范畴的做法，考评结果作为领导班子调整和干部提拔任用、奖惩的重要依据。对不顾地方经济发展实际举债的行为严查到底并追究责任，这一做法也会对向服务型政府转型发挥良好的导向作用。持续不断地强调建立政绩考核的长期跟踪机制，不断强化离任审计和责任追究制度，激励官员确立长远的、可持续的、统筹全面的发展思路，树立科学的执政理念。

2. 积极采取有效措施，有步骤有顺序地化解存量债务

按照公共产品理论，不同类别的债务清偿顺序和资金来源等都有所不同。经常性项目和资本性项目的投资方向与领域不同，项目的受益期长短也不同，所以项目成本的分摊方式也必然有所区别。现实中，经常性项目融资和资本性项目融资的融资期限结构、利率等都存在差异，所以偿还的资金来源、先后顺序、偿还方式等也各有不同。按照国际惯例，对经常性项目融资一般通过税收筹集偿还债务所需的本金和利息，因为税收作为经常性财政收入，其主要目的就是满足经常性支出的需要。因为资本性项目与经常性项目不同，受益期间横跨多个年度，所以在成本分割方面也应该考虑所有受益年度，让在不同时期受益的人群都承担了

相应的成本，从而使成本收益相对等。相对于经常性项目，资本性项目的收入来源更加多样化，并且项目本身也可能随时形成收益，作为收入用于偿还债务。经常性项目中虽然有税收这一稳定收入作为资金来源，但是除此之外很难获得其他的偿债资金。在县级政府没有财政盈余能力的时候，即使是短期负债也可能导致债务逾期。所以在偿还债务的时候，一方面应通过偿债基金等方式对即将到期的经常性项目负债进行偿还，这样可以迅速化解县级财政当前的压力；另一方面，要对资本性项目进行科学管理，通过运营尽可能实现最大收益，通过项目盈利清偿资本性项目债务。换句话说，经常性项目的债务偿还要优先于资本性项目债务偿还，而私人部门的债务偿还要优先于公共部门债务偿还。

3. 严格考核制度，杜绝不合理的举债行为

结合考核制度改革，注重官员政绩考核的科学性与长效性，从根本上避免新的、大规模的县级政府债务的产生。注重激励机制的引入，建立政府债务偿还和债务负担率降低的奖励机制和目标责任制。对债务负担减少进度明显的县，要在物质和精神上予以适当奖励，鼓励基层政府主动化解债务。结合干部离任债务审计制度，逐步建立起严格的政府债务责任追究制度。官员任期内出现不良债务数额较大情况要严格审计甚至立案侦查，对通过举债谋取政治红利或个人私利的必须依法进行惩处，从根源上杜绝没有实际意义的、不符合程序的举债行为。

第三节　化解县级财政压力的长期举措

县级财政压力的化解仅靠短期举措是远远不够的，因为这些举措只能暂时性化解压力，而不能从根本上避免压力的产生与膨胀。长远来看，必须通过制度性的变革从根本上杜绝不良财政压力的产生与累积。制度的重要性随着新制度经济学在西方经济学领域的兴起而不断受到关注。制度经济学家们认为，欧洲文明特别是现代技术的出现其中一个重要的原因就是制度，通过制度对权力的滥用、机会主义等形成了约束，使人们在固定的交往规则中付出获得回报，最终促进社会

的和谐进步。科学有效的制度才是国家兴亡的关键。长期来看，财政压力的化解不仅涉及县级财政有多少钱、花多少钱的问题，而且更多涉及的是能有多少钱、要花多少钱和应该怎么花钱的问题。因此，更多地需要从收入支出制度和政绩考核等方面探寻制度性的解决因素。

一、持续发掘县域经济潜力，提高县级财政保障能力

前面的分析告诉我们，在制约一国财政收入的所有因素中，经济因素是决定财政收入规模的基础性因素。所以，大力发展县域经济、加快乡村振兴步伐、实现地方经济又好又快发展是化解县级财政压力的经济基础，有利于从总体上提高我国财政的汲取能力，为政府职能的发挥提供应有的财力保障。在这里，县域经济的平稳、健康发展不仅意味着经济发展可以为财政收入的增加提供"量"的支撑，而且意味着经济发展的"质"的提高可以进一步带动财政收入的增长。这是因为改变了原有的粗放式、低增长发展方式的经济结构优化，对于经济的平衡发展特别是财政收入的稳定增长、保持财政收入结构的合理具有重要意义。

1. 把握小城镇发展机遇，协同推进新型工业化

党的十八届三中全会提出要推动大中小城市和小城镇协调发展的思路，党的十九届五中全会进一步提出以人为核心的新型城镇化发展理念，这意味着城镇特别是小城镇在我国区域经济格局中的地位日益凸显。伴随着中央政府重点实施的"一带一路"建设、长江经济带和京津冀协同发展三大宏观发展战略，政策的逐步向西推进，将改变西部部分市县边缘地带的地位，京津冀地区和长江经济带的发展将赋予沿线城市群、城市周边小城镇更加清晰的差别化功能定位。因此，中西部地区的基层政府（主要表现为中小城市和小城镇）将迎来一个发展的重要机遇期。

另外，如果工业化的发展脱离了城镇化，那么这种工业化事实上抛弃了第一产业的有力支撑，是有缺陷的、不可持续的。为实现振兴县域经济发展、提高农民和小城镇居民收入水平的目的，就必须设法激活县域和广大农村的经济增长活力，通过政策组合，引导技术、人才和资本等战略要素流入城镇和农村，逐步培养具有活力和市场竞争力的产业结构。在科学合理的产业结构的形成过程中，也会产生大量的基础设施建设的投资需求，这种对于生活质量提升的追求会激发消

费潜力，是经济增长的驱动力。①

2. 推进农业产业园发展，全面推进乡村振兴

理论上讲，通过市场手段和行政手段都可以实现产业结构的调整，但是单独依靠市场的力量实现产业结构调整需要更长的时间。在这一过程中，由于市场失灵还会出现较大的经济波动，所以无论是在市场经济国家还是计划经济国家，产业结构调整一直以来都是政府弥补市场失灵的表现之一，是公共财政政策制定中的重要方面。

我国是一个农业大国，大量存在的小规模农户经营模式再加上农业产业化水平相对较低等特点，进一步放大了农业先天弱质性的缺陷。为应对这一问题，近年来国家出台了大量政策鼓励农业实行适度规模化经营。在这样的大环境下，各种新型农业经营主体，如农民合作社和农业产业化龙头企业等开始大量涌现，为农业发展注入了新的活力。为了引导农民走生产技术先进、生态环境可持续的农业现代化道路，政府还积极引导农村土地经营权有序流转，促进农业适度规模经营，增强市场竞争力。通过产业结构的优化调整，形成对经济发展有重要带动和支撑作用的基础性产业、先导性产业和瓶颈性产业的支持，为经济持续、快速发展和财政增收创造条件。

从 2016 年中央农村工作会议提出建设现代农业产业园以来，我国农业产业园发展稳步推进。农业产业园的目的是进一步在农村加快建设和完善适于工业企业进驻和发展的环境，聚集大量企业或产业，最终农业产业园成为产业集约化程度高、产业特色鲜明、集群优势明显、功能布局完整的现代化产业分工协作区和实施工业化的有效载体。2020 年中央一号文件《中共中央　国务院关于抓好"三农"领域重点工作确保如期实现全面小康的意见》中明确提出，加快建设国家、省、市、县现代农业产业园，支持农村产业融合发展示范园建设，办好农村"双创"基地。支持各地立足资源优势打造各具特色的农业全产业链，建立健全农民分享产业链增值收益机制，形成有竞争力的产业集群，推动农村一二三产业

---

① 根据中国证监会《新常态下县域经济发展的金融支持》课题组 2015 年向中央党校县委书记进修班发放的问卷调查汇总情况看，城镇化建设资金中银行信贷资金占比超过70%的为 11 个县（市、区），达16.4%，使得资金流向真正有实体产业支撑的区域。

融合发展。加快建设国家、省、市、县现代农业产业园，支持农村产业融合发展示范园建设，办好农村"双创"基地。同时，随着我国经济的快速发展和科学技术的进步，传统农业生产结构也进入了调整期，以增加农民收入、改善生态环境、加速农业产业化与现代化进程。显然，作为农业技术组装集成、科技成果转化及现代农业生产的现代农业园区是实现传统农业向现代农业转变的必然选择。

近年来，我国农业产业园建设速度也在不断加快（见图8-3）。自2017年第一批41家农业产业园立项名单公布以来，农业产业园的建设速度加快，2018年又增加建设了21个农业产业园。据统计，截至2019年6月，这62个国家级产业园区已形成95个主导产业，园区农民人均可支配收入达到2.2万元，示范引领作用凸显。到2021年底，共创建国家现代农业产业园区195个，为促进产业融合和农民增收做出了很大的贡献。《全国乡村产业发展规划（2020—2025年）》明确，到2025年，要完成建设300个现代农业产业园。

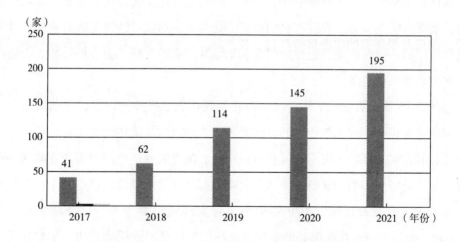

图8-3 2017—2021年国家级现代农业产业园区建设

3. 强化县域金融支持力度

构建良好的县域金融投资环境，有利于吸引社会资本流入县域和农村，在促进经济社会发展的同时均衡地区间的公共资源配置，并对县域经济的转型升级提供支持，推动城乡一体化建设。

首先，不断深化农村金融机构改革。在信息化背景下，充分发挥农村信用社的作用，不断推进产权制度改革完善组织形式，继续提高其服务农业和农村的能力。以县域重点项目为支持对象，鼓励商业银行扩大县域支行的业务范围。充分发挥政策性银行对县以下区域经济发展的支撑作用，结合互联网金融创新各类服务"三农"的政策性业务和金融产品。通过股权多元化，注重吸引民间资本的广泛参与，突出本土特色打造专注服务地区发展的、专业化村镇银行和小微银行。以管理科学、运行规范的较成熟的农民专业合作社为基础，在合规的前提下鼓励发展农村合作金融，培育主体更加多元化的农村金融服务形式，促进农业产业和农业科技创业的发展。

其次，创新农村金融产品和金融服务方式。借助互联网金融的优势，探索适合农业产业链发展的金融产品和金融服务，更好地服务于农业生产。不断扩大绿色金融和普惠金融的影响力，在广大农村地区引入更具针对性的微贷和产品贷等，加大宣传力度，普及应用现代金融工具，更好地满足农民个性化、多元化、特色化的金融服务需求。根据农业发展和农民的实际需求，创新金融产品和服务，改造升级现有的农业保险产品，使产品与需求对接，银行、保险机构与农户对接。逐步在农村地区推广保单更加通俗易懂、保费更加低廉实惠的保险产品。加快推进各级财政分担风险、分担成本的农业巨灾保险制度，多层次分散巨灾风险，切实保障农业生产生活的顺利进行。

最后，加快发展县域及以下范围的普惠金融。为解决县域经济实体和农户发展资金短缺的问题，在现有金融机构和服务的基础上，继续扩大网点覆盖面和信贷投放规模，提高资金活力。一方面扩大县域贷款资金增量，另一方面适时酌情发行专门针对小微企业和"三农"的金融债。

4. 完善产权制度，积极推动社会投资的参与力度

县级财政的发展离不开农村的发展。要在逐步完善农村产权制度的基础上，不断尝试、积极探索财政资金与包括农户在内的社会投资相结合的方式。可根据情况，积极采取财政贴息、定额补助、配套投资、人才培训等方式，提高总体盈利水平，降低运营成本，激发社会投资者参与农村投资的积极性。在投资项目的选择上不断创新、大胆尝试，逐步在农田水利、农村道路、大中型沼气池、小水

电、社区医疗、农民培训等方面进行积极探索。通过财政资金支持、社会投资力量参与，会更顺利有效地建设农村公共设施。

二、完善地方税体系，加快省级以下转移支付法律体系建设

衡量县级财政状况的一个重要指标就是县级政府的财政能力。财政能力是指政府组织财政收入、安排财政支出等方面的综合运筹能力，它涉及财政资源汲取、使用、组织、协调的全过程。这里所说的财政资源包含但不仅局限于财政收入，还包括能够带来财政收入的属于政府所有的各类资产和资源，如森林、海洋等。因此，从财政资源的角度看，公共收入包括税收、收费、公共资产以及资源收益、无形资产收益等。尽管财政资源丰富，但是化解县级财政压力主要依赖的还是经常的、稳定的收入。

1. 明确县级财政的主体税种，从源头扩大基层财力

尽管全面营改增之后，调整了增值税在中央和地方间的分配比例，保证了营业税取消后地方财政收入稳定，但完善的地方税体系依然没有构建起来，无法赋予县级政府稳定可靠的财力。可以仿照国际做法，将税种明确划分为中央税、省级税和市县税，明确各自的收入来源。在税收重新划分初期，可先将部分附加及非税收入纳入县级财力，以后逐步过渡到以财产税为主。未来县级财政收入的主要来源包括三部分：第一部分是房地产税（主要包括房产税、城镇土地使用税和土地增值税）、城市维护建设税、环境保护税、烟叶税（市县占比60%）、车船税、契税、耕地占用税；第二部分是县级国有资本经营收益上缴部分；第三部分是县级非税收入和土地出让金（市县占比40%）。

以财政分权理论为基础，主要的地方税种应该是受益税，即辖区居民享受到公共服务能够反映到税收上，通过该种方式激励地方政府向辖区居民提供更优质的公共服务。房产税作为最典型的受益税之一，适合作为地方的主要收入来源，应在科学设计、充分征求意见的基础上尽快开征。发达国家经验表明，房产税可以为地方政府提供可靠的收入来源。在保有环节开征房产税，既有利于促进房地产市场的健康发展，又可以使市县政府获得稳定充裕的财政收入。房地产的地域性特征决定了其课税归属明确、管理成本低、收入来源稳定，适合作为市县的主

体税种，弥补财政收入的不足。长远来看，积极发展房产税，逐步形成省级以资源税为主、市县级以房产税为主的格局。此外，土地增值税、耕地占用税和城市维护建设税等也可以作为县市两级政府的专有税收收入，再辅之以车船使用税、环境保护税等，赋予市县更多的自主权和调配权，充实市县财政收入。

2. 加快省级以下转移支付制度的法规建设

转移支付制度的完善离不开法律制度的完善，因此必须加强省以下转移支付制度的法律法规建设。第一个阶段可以以相关条例、规定、通知等立法层次较低但时效快的方式，规定基本公共服务均等化项目的具体实施方案、项目资金筹集措施、项目完成后的绩效评价等。相关的条例还应该加大监督管理的力度，特别是对资金管理和项目实施部门的具体职责、项目实施过程中的项目监督和审计、事后问责制度等，防范转移支付过程中的腐败行为和寻租行为，通过制度规范均等化项目，全过程提高资金使用效率。经过实践与不断完善，中长期则应该考虑将完善后的办法、规定等通过制定相关法律明确立法层次，不断提高省级以下转移支付的透明化、规范化和法制化。

3. 建立政府间横向转移支付制度

我国疆域辽阔，不同省份和地区在资源禀赋、人口、社会经济发展水平等方面各有不同，想要实现公共服务均等化就需要均衡地区财力。就一个省份的范围来说，为调节地区间财力的不均等，省级政府可以进行纵向的转移支付调节上下级财力差异，但这只是财政资金有效配置的一个维度。未来要建立并完善政府间的横向转移支付制度，使其作为纵向转移的有效补充。二者相互配合，共同提高资金的使用效率和均等化效果。

具体测算的时候，横向转移支付的数额与财力的人均值成反比，与辖区内的公共服务需求成正比。也就是说，财力人均值越高、公共服务需求越旺盛的地区，资金转入数额越少；反之就越多。由于地区间经济发展水平差距较大、人均财力各有不同，在横向转移支付制度设计之初，可以在不同区域、不同层级间的政府试点并渐进推广。

综合考虑全国和地区财力人均值的横向转移支付计算模型如下：

$$T_{hi} = \sum_{k=0}^{n} (D_{pi} - A_p) C_{ik} B_{ik}$$

式中，T_{hi} 表示横向转移支付的数额，如果 T_{hi} 大于零则表示 i 地区为富裕地区，转出 T_{hi} 的财力；如果 T_{hi} 小于零则表示 i 地区为贫困地区，转入 $-T_{hi}$ 的财力；如果 T_{hi} 等于零则没有财力的转入与转出。D_{pi} 表示 i 地区的财力人均值；A_p 表示全国（或全省）财力的人均值；C_{ik} 表示待定系数；B_{ik} 表示地区人口数；i 表示不同的地区（省或县）。无论是地区财力人均值 D_{pi}，还是全国（或全省）财力的人均值 A_p，在计算的时候都用包含转移支付的财政总收入比人口数来确定。

通过完善横向转移支付制度，有效弥补纵向转移的不足，实现财力富裕县向财力贫困县的财政资源转移。以富裕县支援贫困县的方式，达到均衡地区间财力，实现基本公共服务均等化的最终目标。

三、建立事权与支出责任的动态调整机制

财政事权与支出责任的动态调整强调的就是静中有动，在明确各级政府"该办什么事"与"谁花钱办事"之间关系的时候，能够具体问题具体分析，因地、因时地进行调整。通过建立动态调整机制，目的是让各级政府在提供公共产品和服务时能够自主有效地使用财政资金。与事权与支出责任划分原则一致，动态调整机制严格遵循事权与支出责任相匹配。在科学调整中央与地方事权关系的基础上，合理界定支出责任。实际工作中，按照"谁负责办事，谁主要花钱"的原则，防止相互推诿事权和支出责任。

1. 明确动态调整的责任主体

在动态调整过程中，必须明确责任主体。按照现行法律法规，基本公共服务领域的事权范围和支出责任由中央政府确定。事权与支出责任的动态调整机制从本质上说就是财政管理体制改革的一项配套保障措施，所以动态调整的主体也应当和划分主体保持统一性。因此，由中央政府负责动态调整既有法律依据，又有助于提高行政管理效率。

借鉴国外做法同时结合我国实际，可以考虑由财政部结合专业人士组成事权

动态调整小组，对随社会发展新出现的事权和需要调整的事权进行充分论证，最终提出讨论建议，提交中央政府。按照现行法律规定，重大财政事项的决定权属于人民代表大会。所以，事权动态调整小组的建议需提交全国人民代表大会常务委员会，在获得批准后才可生效。为充分体现财政民主、公开原则，事权调整的依据和最终的结果都需要向社会公开，自觉接受社会、公众和媒体的监督。

2. 科学设计动态调整的纵横机制

正所谓"审定时宜，虑定而定"。随着社会发展公共需求也会发生变化，这时自然就需要对事权与支出责任进行合理的调整，以保证划分的科学性和效率性。一国制度和法律设计应稳定，不宜变化过多过勤，所以调整应该尽可能少。结合我国每五年制定一个国民经济与社会发展规划的实际情况，可以每五年进行一次动态调整顺应规划制定频率，既考虑到了法律的稳定性，又结合了经济社会发展的实际。

第一，事权与支出责任在政府间的纵向调整。随社会进步新出现的产品和服务，首先应以公共产品理论为判断依据，明确其性质是纯公共产品、准公共产品还是私人产品，进而判断该项事权应该由政府、政府+市场还是纯粹由市场来承担。通过明确新事权的主体责任也有利于进一步判断支出责任应该由谁承担，避免政府在公共产品提供上的越位与缺位。一旦明确了事权与支出责任的主体责任也就明确了政府和市场的边界。如果新的产品和服务由市场力量提供，那么政府不得干预；如果新的产品和服务由政府提供，接下来就需要根据"外部性程度+信息复杂程度"标准来判断该项产品和服务属于哪一级政府的哪一类财政事权，进而在不同层级政府间进行划分，并根据具体情况进行动态调整。

对原本存在但需要适度调整的事权与支出责任，就可以对照"外部性程度+信息复杂性程度"标准判断由哪一级政府承担。如果某项事权的外部性程度随着社会进步逐渐变大或者说公共产品和服务的受益范围变大了，可以根据外部性程度改变的大小判断应该属于哪一级政府的事权，反过来如果事权的外部性程度或者受益范围变小也是如此。最典型的案例就是环境保护或者空气治理。一直以来，地方环境治理属于地方事权，由地方政府承担主要支出责任，但是随着环境污染范围的不断扩大，环境保护逐渐上升为国家战略，该项事权也相应调整为中央地方共同事权，由中央和地方按照比例共同承担支出责任。

第二，事权与支出责任在政府间的横向调整。实践中，不同的地方政府在行政效率、财务成本控制、资源调配等方面能力各不相同。所以，即使是地方事权在同一级别的不同地方政府之间也存在效率的差别，即同一项事权与支出责任，行政效率高的政府比行政效率低的政府完成程度更好、受益范围更大、成本更低，这时就需要根据效率原则适度调整事权在同级政府间的分配。

除此之外，为提高工作效率，要尽量坚持一项事权由一个部门负责，同一级政府的不同部门之间要做到分工明确、职责清晰，减少"多龙治水"、事权重叠、相互推诿等低效现象。当然实践中到底哪个部门应该负责该项事权，也应该在考虑经济发展和行政效率等综合因素的基础上合理确定，并适时进行动态调整。

四、完善政府政绩考核和评估机制

经济学研究的开篇假设就是"经济人"，即任何个人和组织都存在自身利益，追求自身利益的最大化。事实上自利性并非完全不道德，只要利益的实现不要以过多损害他人或社会整体利益为前提。马克思在《德意志意识形态》中提到："无论利己主义还是自我牺牲，都是一定条件下个人自我实现的一种必要形式。"这一观点既适用于个人，又适用于组织包括政府，为政府行为扩张找到了依据。经济新常态背景下，厘清地方行政层级，转变政府角色，对社会经济发展的各个方面都具有重要意义。在通过制度化解过度积累的县级财政不良压力的过程中，要选择行政管理体制和官员政绩考核制度作为切入点和突破口。

1. 改革行政管理体制，精简人员

英国的诺斯古德·帕金森就认为，不管政府的工作量实际上是增加了还是减少了，政府的机构不断增加，行政人员数量不断膨胀，政府的组织效率实际上是下降的。长期来看，化解县级财政不良压力要从精简人员入手，减少财政的行政成本，降低财政供养系数，达到"节流"的目的。

2. 完善政绩考核机制

各种追求"短平快"效应的做法在导致经济发展与社会发展严重失衡的同

时，也给地方财政带来支出压力。伴随着社会转型和经济发展，环境保护重要性的显现、社会矛盾的累积和治理中出现的困境要求既要认识到经济发展的重要性，也需要进行政府治理和行为模式的调整与改革，构建评价维度更加多元化、适应社会需求和政府现状的综合评价体系。

政绩考核指标设计中一方面要关注民众满意度，注重经济发展质量提升；另一方面也要重视教育、就业、收入分配、社会保障、医疗状况等，努力提高经济发展的"含金量"。通过制度调整，使官员任职时从单纯考虑经济增长的圈子中跳出来，关注政府该做的事情，实现向服务型政府的转变。可以根据经济社会发展的不同阶段和目标，采取不同的考核指标体系（见表8-2）。经济发展水平较高的县，着重考核工业化和城镇化水平、经济增长的质量和效益、资源消耗等方面；以农业发展为主的县，突出对农业建设、生态保护等方面的考察。考核指标的设置是建立在社会发展总体情况基础上的，还应考虑地区间差异，灵活增加或减少考核指标。在实际应用中，不同县还应根据情况合理确定指标体系中的权重，使指标评价体系既符合区域发展实际又科学合理地评价官员工作绩效。

表 8-2　县级政府绩效考核指标体系

Ⅰ级指标	Ⅱ级指标	Ⅲ级指标	备注
经济	经济增长（%）	GDP 增速 财政收入增速	以农业为主的县，注重农业生产能力 重点考核：财政支农支出比重（%），人均耕地面积（亩/人），农业机械总动力（万千瓦/公顷），农民人均粮食产量（吨/人）等
	产业优化（%）	第二产业占 GDP 比重 第三产业占 GDP 比重 第二、第三产业就业人口率	
	城市规划（%）	新增建设用地增速 建设用地单位产出率	
生活	收入（元/人）	城镇居民人均可支配收入 农村居民人均纯收入	同以农业为主的县
	消费（元/人）	城镇居民人均消费性支出 农村居民人均消费性支出	

Ⅰ级指标	Ⅱ级指标	Ⅲ级指标	备注
民生	民生设施	道路长度（公里/万人） 供气管道长度（公里/万人） 供水管道长度（公里/万人） 公交车辆（标台/万人）	以农业为主的县，可根据情况暂不考核供气、供水指标，但须考核通硬化公路行政村比重（%）作为替代，其他指标相同
	教育	财政教育经费（元/人） 受教育年限（年/人） 中小学数量（个/百平方公里）	
	医疗（%）	卫生支出的比重 每千人卫生专业技术人员比率	
	社保（%）	社保支出占财政支出比重 基本养老保险参保率 城镇居民基本医疗保险参保率 新型农村合作医疗参与率	
环境	环境治理（%）	城市污水处理率 生活垃圾无害化处理率	以农业为主的县，注重生态保护 重点考核：财政用于环保支出比重（%），森林（草原植被）覆盖率（%），水土流失治理率（%），森林病虫害防治率（%），生物多样性区域面积增加率（%），主要污染物排放达标率（%）
	环境质量	空气质量二级以上天数占全年比重（%） 人均绿地面积（平方米/人）	

3. 构建自上而下与自下而上相配合的激励与约束体系

政绩考核指标设置固然重要，但同样重要的是由谁来考核。目前的考核方式有利于实现社会整体发展的目标，注重上级政府对下级的政策引导和监督，但这也容易导致考核结果难以达到预期目的。借鉴发达国家的有益经验，建议引入第三方进行评价。通过第三方机构评估不仅结果更加客观、公正、易于为民众接受；还可以将多元化评估主体引入监督，弥补政府单一主体在绩效评估中的不足。同时，通过第三方进行评估有助于及时了解公众实际需求，促使地方政府创新服务。和平时代的制度变革从来就是一个循序渐进的过程，不可能一蹴而就。可以在保留现有制度框架的基础上引入一些非指标化的制度加以配合。当前阶段考虑通过人民代表大会、中国人民政治协商会议等，对官员在教育、医疗、环保等方面的成绩进行考核与评估，矫正原有量化考核机制的缺陷。长期来看，要更多地依靠外部监督手段甚至第三方，设计指标体系进行考核，客观反映绩效评估。通过制度激励地方政府履行自身职能的时候更多考虑辖区居民的利益，同时约束官员们的施政权力和行为，以考核机制结合民意约束，构建一套科学有效的激励约束制度。

第四节　本章小结

本章首先对化解财政压力的机理展开分析，认为财政压力的化解要遵循整体协调、差异对待、量力而行、公开透明等基本原则，综合考虑事权与支出责任划分、县级自有财力、政绩考核指标体系和转移支付制度等方面，通过多角度、全方位入手，保证县级财政的高质量发展。在此基础上，从短期举措和长期举措两个方面提出化解县级财政压力的具体路径。

短期举措的目的是紧急化解财政压力，主要从收支和债务管理等短期可以见效的政策角度化解风险，这些举措通常并不涉及财政体制等根本性的变革，强调周期短、见效快。第一，多渠道赋予县级财政稳定可靠的收入。通过理顺收入分配关系，赋予县级财政稳定可靠的收入来源；推进非税制度改革，使之成为县级财政收入的稳定来源之一；完善地方政府债券发行，促进各级政府平衡财政。第二，完善省级以下转移支付制度，建立县级财力最低保障制度。加大财力均衡性转移支付的比重；降低地方配套资金安排；注重转移支付资金使用效果的监督和评价。第三，合理划分政府间事权与支出责任。提出"外部性程度+信息复杂程度"标准，以期纵向地为各级政府间特别是县级事权划分提供基本原则。第四，提高财政预算管理水平，提高县级财政资金管理效率。通过提高预算管理水平、培养专门的预算管理人才等扎紧不良财政压力形成的"口袋"。第五，按步骤稳妥化解现有债务。考虑到现行财政压力的一个表现就是累积的债务，所以科学合理地防范与化解债务风险也是一个重要的举措。

从长远来看，必须通过制度性的变革从根本上杜绝不良财政压力的产生与累积。首先，发掘自身经济潜力，提高县级财政保障能力。通过推进农业产业组织和产业结构现代化、强化县域金融支持力度、积极推动社会投资的参与力度等措施，让县级财政练好"内功"。其次，完善地方税体系，加快省级以下转移支付法律体系建设。明确县级财政的主体税种，从源头扩大基层财力；加快省级以下转移支付制度的法规建设；建立政府间横向转移支付制度，使县级财力更为充沛。再次，建立事权与支出责任的动态调整机制，避免新事权、待调整事权等引起新的矛盾导致新的风险。最后，完善政府政绩考核和评估机制。化解财政压力绝不是财政本身的问题，正所谓"牵一发而动全身"。因此，必须结合科学合理的政府绩效考核机制，为政府事权与支出责任的顺利划分与实现保驾护航。

参考文献

［1］ Aizenman J, Kletzer K, Pinto B. Economic Growth with Constraints on Tax Revenues and Public Debt: Implications for Fiscal Policy and Cross-Country Differences ［J］. National Bureocel of Econcmic Research, 2007.

［2］ Alt J E, Lassen D D. Fiscal Transparency, Political Parties, and Debt in OECD Countries ［J］. European Economic Review, 2006, 50 (6): 1403-1439.

［3］ Anne C, Harvey S R. Budget Spillovers and Fiscal Policy Interdependence: Evidence from the States ［J］. Journal of Public Economics, 1993 (3): 285-307.

［4］ Badu Y A, Sheng Y L. Fiscal Stress in Local Government: A Case Study of the Tri-cities in the Commonwealth of Virginia ［J］. The Review of Black Political E-conomy, 1994, 22 (3): 5-17.

［5］ Bahl R, Linn J. Fiscal Decentralization and Intergovernmental Transfers in Less Developed Countries ［J］. Acoustics Speech & Signal Processing Newsletter IEEE, 1994 (12): 1-19.

［6］ Bahl R, Martinez-Vazquez J, Sjoquist D L. Central City-Suburban Fiscal Disparities ［J］. Public Finance Quarterly, 1992, 20 (4): 420-432.

［7］ Bahl R. Economic Analysis of Effects of Business Cycles on the Economy of Cities: Business Cycles and the Fiscal Health of State and Local Governments ［J］. Economic Inquiry, 1984 (7): 1-58.

［8］ Bahl R. Fiscal Decentralization as Development Policy ［J］. Public Budgeting & Finance, 2004 (1): 59-71.

[9] Bahl R. Metropolitan Fiscal Disparities [J] . Journal of Policy Development and Research, 1994, 1 (1): 293-306.

[10] Bailey S J. Local Government Economics [M] . London: Palgrave Macmillan, 1999: 109-124.

[11] Baldacci E, McHugh J, Petrova I. Measuring Fiscal Vulnerability and Fiscal Stress: A Proposed Set of Indicators [J] . International Monetary Fund, 2011, 22 (3): 276-301.

[12] Bardhan P. Decentralization of Governance and Development [J] . The Journal of Economic Perspectives, 2002 (16): 185-205.

[13] Baum A, Checcherita-Westphal C, Rother P. Debt and Growth: New Evidence for the Euro Area [R] . ECB Working Paper, No. 1450, 2012.

[14] Benito B, Guillamón M D, Bastida F. Budget Forecast Deviations in Municipal Governments: Determinants and Implications [J] . Australian Accounting Review, 2015, 25 (1): 45-70.

[15] Blecher M, Shue V. Tethered Deer: Government and Economy in a Chinese County [M] . Stanford: Stanford University Press, 1996.

[16] Bodman P, Hodge A. What Drives Fiscal Decentralization? Further Assessing the Role of Income [J] . Fiscal Studies, 2010 (3): 373-404.

[17] Brixi H P, Schick A. Government at Risk: Contingent Liabilities and Fiscal Risk [R] . World Bank Publications, 2002.

[18] Brown D T, James C M, Mooradian R W. The Information Content of Distressed Restructurings Involving Public and Private Debt Claims [J] . Journal of Financial Economics, 1993 (2): 93-118.

[19] Brown R H, Liu W T. Modernization in East Asia: Political, Economic, and Social Perspectives [M] . Santa Barbara, California: Praeger Publishers, 1992.

[20] Buchanan J M. Politics, Policy, and the Pigovian Margins [J] . Classic Papers in Natural Resource Economics, 1962 (2): 204-218.

［21］Buettner T, Wildasin D E. The Dynamics of Municipal Fiscal Adjustment ［J］. Journal of Public Economics, 2006 (6): 1115-1132.

［22］Cai G, Zhang X, Yang H. Fiscal Stress and the Formation of Zombie Firms: Evidence from China ［J］. China Economic Review, 2022, 71: 27.

［23］Cerniglia F. Decentralization in the Public Sector: Quantitative Aspects in Federal and Unitary Countries ［J］. Journal of Policy Modeling, 2003 (8): 749-776.

［24］Checcherita-Westphal C, Rother P. The Impact of High and Growing Government Debt on Economic Growth and Its Channels: An Empirical Investigation for the Euro Area ［J］. European Economic Review, 2012, 56 (7): 1392-1405.

［25］Chen S X. The Effect of a Fiscal Squeeze on Tax Enforcement: Evidence from a Natural Experiment in China ［J］. Journal of Public Economics, 2017, 147 (3): 62-76.

［26］Chernick H, Reschovsky A. Local Public Finance: Issues for Metropolitan Regions ［J］. Competitive Cities in the Global Economy, 2006 (11): 473-491.

［27］Chernick H, Reschovsky A. Lost in the Balance: How State Policies Affect the Fiscal Health of Cities ［R］. The Brookings Institution Center on Urban and Metropolitan Policy, 2001.

［28］Clements B, Bhattacharya R, Nguyen T Q. External Debt, Public Investment, and Growth in Low-Income Countries ［R］. IMF Working Paper, 2004.

［29］Connor W. The Politics of Ethnonationalism ［J］. Journal of International Affairs, 1973 (1): 1-21.

［30］Cottarelli C, Keen M. Fiscal Challenges for Asia in the Post-crisis World: Taxing the Financial Sector: Recent Issues and Developments: Tax Policy Options for Fiscal Sustainability ［R］. IMF Working Papers, 2011.

［31］Crosby A W, Robbins D. Mission Impossible: Monitoring Municipal Fiscal Sustainability and Stress in Michigan ［J］. Journal of Public Budgeting, 2013 (9): 522.

［32］Day P. Access to Spatial Data: The Political Power of Legal Control Mechanisms ［D］. The University of Wisconsin-Milwaukee, 2012.

［33］Denhardt R B, Grubbs J W. Public Administration: An Action Orientation ［M］. San Diego: Harcourt Brace College Publishers, 1999.

［34］Dollar D, Hofman B. Intergovernmental Fiscal Reforms, Expenditure Assignment, and Governance ［R］. World Bank, 2008.

［35］Douglas J, Bush N. Global Development Finance 2005 : Mobilizing Finance and Managing Vulnerability : Analysis and Statistical Appendix ［M］. Washington, DC: World Bank Publications, 2005.

［36］Doumpos M, Zopounidis C. Multicriteria Analysis in Finance ［M］. Berlin, Heidelberg: Springer, 2014: 1-10.

［37］Druker M, Robinson B. Implementing Retrenchment Strategies: A Comparison of State Governments and Public Higher Education ［J］. New England Journal of Public Policy, 1994, 10 (2): 357-391.

［38］Espinoza R A, Prasad A. Nonperforming Loans in the GCC Banking System and Their Macroeconomic Effects ［R］. IMF Working Paper, No. 10/224, 2010.

［39］Fan J, Tao A, Ren Q. On the Historical Background, Scientific Intentions, Goal Orientation, and Policy Framework of Major Function-Oriented Zone Planning in China ［J］. Journal of Resources and Ecology, 2016 (4): 172-189.

［40］Fernández M A, Bendodo E, Sánchez J R, Cabrera F E. A Group Decision Process Based on Expert Analysis and Criteria Coalition to Measure Municipalities' Financial Distress ［J］. Soft Computing, 2017 (12): 3327-3345.

［41］Finegold K, Schardin S, Steinbach R. How Are States Responding to Fiscal Stress? ［R］. An Urban Institute Program to Assess Changing Social Policies, 2003.

［42］Fisher J. Party Finance and Corruption: Britain ［M］. London: Palgrave Macmillan, 2000: 15-36.

［43］Galariotis E C, Guyot A, Doumpos M, Zopounidis C. A Novel Multi-attribute Benchmarking Approach for Assessing the Financial Performance of Local Governments: Empirical Evidence from France ［J］. European Journal of Operational

Research, 2016, 248（1）: 301-317.

［44］Garde Sánchez R, Rodríguez Bolívar M P, López Hernández A M. Corporate and Managerial Characteristics as Drivers of Social Responsibility Disclosure by State-owned Enterprises［J］. Review of Managerial Science, 2017, 11（3）: 633-659.

［45］Garrett G, Rodden J. Globalization and Fiscal Decentralization［M］//Cameron D R, Ranis G, Zinn A. Globalization and Self-Determination: Is the Nation-state under Siege? New York: Routledge, 2006: 278-300.

［46］Gisele M. The Impact of Government Expenditure on the Greek Government Debt: An Econometric Analysis［J］. Mediterrancan Journal of Mathematics, 2013（4）: 56-61.

［47］Gold S D. State Investments in Education and Other Children's Services: Fiscal Profiles of the 50 States［M］. Washington, DC: Finance Press, 1995.

［48］Gorina E, Joffe M, Maher C. Local Fiscal Distress: Measurement and Prediction［J］. Public Budgeting & Finance, 2018a, 38（1）: 72-94.

［49］Gorina E, Joffe M, Maher C. Using Fiscal Ratios to Predict Local Fiscal Distress［J］. Social Science Electronic Publishing, 2018b（4）: 1243-1265.

［50］Gregori W D, Marattin L. Determinants of Fiscal Distress in Italian Municipalities［J］. Empirical Economics, 2017（12）: 1269-1281.

［51］Groves D. Better Homes and Gardens: Sense of Place in the Sherlock Homes Stories［J］. Journal of Popular Culture, 2003, 36（3）: 466.

［52］Groves S M, Godsey W M, Shulman M A. Financial Indicators for Local Government［J］. Public Budgeting & Finance, 2003（7）: 5-19.

［53］Hemming R, Petrie M. A Framework for Assessing Fiscal Vulnerability［R］. IMF Working Paper, 2000.

［54］Holcombe R G, Sobel R S. Public Policy toward Pecuniary Externalities［J］. Public Finance Review, 1996, 36（7）: 192-235.

［55］Honadle B W, Costa J M, Cigler B A. Practical Strategies for Local Fiscal

Health [J] . Fiscal Health for Local Governments, 2004 (8): 219-239.

[56] Honadle B W. The States' Rolein U. S. Local Government Fiscal Crises: A Theoretical Model and Results of a National Survey [J] . International Journal of Public Administration, 2003, 26 (13): 1431-1472.

[57] Hou F. The Study on Rates of Investment Return to Human Capital in China Rural Areas [J] . Economic Research Journal, 2004 (12): 24-31.

[58] Illing M, Liu Y. An Index of Financial Stress for Canada [J] . Journal of Financial Stability, 2003 (1): 125-237.

[59] Jones S, Walker R G. Explanators of Local Government Distress [J] . Abacus, 2007 (2): 396-418.

[60] Keynes J M. The Economic Consequences of the Peace [J] . De Economist, 1920 (12): 161-169.

[61] Khan K S, Siddiqi M W. Determinants of Firm Growth: An Empirical Examination of SMEs in Gujranwala, Gujratand Sialkot Districts [J] . Public Budgeting & Finance, 2011 (5): 436-449.

[62] Kindleberger C P. The Economic Crisis of 1619 to 1623 [J] . Journal of Economic History, 1991 (3): 149-175.

[63] Kloha P, Weissert C S, Kleine R. Developing and Testing a Composite Model to Predict Local Fiscal Distress [J] . Public Administration Review, 2005 (3): 313-323.

[64] Kornai J, Maskin E, Roland G. Understanding the Soft Budget Constraint [J] . Journal of Economic Literature, 2003 (12): 1095-1136.

[65] Kubak M, Horváthová L, Horváth J, et al. Fiscal Decentralization and Public Debt in the European Union [J] . Lex Localis, 2012 (3): 143-157.

[66] Kumar M S , Woo J. Public Debt and Growth [R] . IMF Working Paper, 2010.

[67] Lobo M C, Lewis-Beck M S. Anchoring the Portuguese Voter: Panel Dynamics in a Newer Electorate [J] . Political Research Quarterly, 2011 (1): 293-308.

［68］Lutz B, Sheiner L. The Fiscal Stress Arising from State and Local Retiree Health Obligations［J］. Journal of Health Economics, 2014, 38（5）：130.

［69］Macco V. First Principles of Public Finance［J］. Journal of Political Economy, 1936（7）：36-57.

［70］Maher C S, Deller S C. Municipal Responses to Fiscal Stress［J］. International Journal of Public Administration, 2007, 30（12-14）：1549-1572.

［71］Martinez-Ferrero J, Frias-Aceituno J V. Relationship Between Sustainable Development and Financial Performance：International Empirical Research［J］. Business Strategy and the Environment, 2015（1）：20-39.

［72］Mitra P, Selowsky M, Zalduendo J. Turmoil at Twenty：Recession, Recovery, and Reform in Central and Eastern Europe and the Former Soviet Union［M］. Washington, DC：World Bank Publications , 2010.

［73］Oates W E. An Essay on Fiscal Federalism［J］. Journal of Economic Literature, 1999（3）：1120-1149.

［74］Oates W E. Fiscal Federalism［M］. New York：Harcourt Brace Jovanovich Press, 1972：35-45.

［75］Olson M. Logic of Collective Action［M］. Harvard University Press, 1965.

［76］O'Connor J. The Fiscal Crisis of the State［M］. New York：St. Martin's Press, 1973.

［77］Parikh S, Weingas B R. A Comparative Theory of Federalism：India［J］. Virginia Law Review, 1997（10）：1593-1615.

［78］Perez-Lopez G, Plata-Diaz A M, Zafra-Gomez J L, López-Hernández A M. Off-Budget Operations, Political Factors and Municipal Debt：An Empirical Study Using Panel Data Methodology［J］. Journal of Finance and Economics, 2014, 23（1）：185-218.

［79］Pescatori A, Sy A N R. Are Debt Crises Adequately Defined［J］. IMF Staff Papers, 2007, 54（2）：306-337.

[80] Raphael B, Slade R, Bauen A, Shah N. The Commercial Performance of Cellulosic Ethanol Supply-chains in Europe [J]. Biotechnol Biofuels, 2009, 2 (1): 41-73.

[81] Reinhart C M, Rogoff K S. Growth in a Time of Debt [J]. The American Economic Review, 2010, 100 (2): 573-578.

[82] Rodden J, Eskeland G S, Litvack J. Fiscal Decentralization and the Challenge of Hard Budget Constraints [M]. Cambridge, London: The MIT Press, 2003: 127-141.

[83] Rodríguez Bolíva M P, Navarro-Galera A, Muñoz L A, Subirés M D L. Factors Influencing Local Government Financial Sustainability: An Empirical Study [J]. Lex Localis, 2015 (1): 127-145.

[84] Rubin M M, Willoughby K G. Financial Management Grades for the States: A Prospective Use [J]. Public Budgeting & Finance, 2009, 29 (1): 49-67.

[85] Samuelson P A. The Pure Theory of Public Expenditure [J]. The Review of Economics and Statistics, 1954, 36 (4): 387-389.

[86] Sargenty T J, Velde F R. Macroeconomic Features of the French Revolution [J]. Journal of Political Economy, 1995, 103 (3): 474-518.

[87] Selowsky M. Income Distribution, Basic Needs and Trade-offs with Growth: The Case of Semi-industrialized Latin American Countries [J]. World Development, 1981, 9 (1): 73-92.

[88] Skidmore M, Scorsone E. Causes and Consequences of Fiscal Stress in Michigan Cities [J]. Regional Science & Urban Economics, 2011, 41 (4): 360-371.

[89] Sobel R S. Optimal Taxation in a Federal System of Governments [J]. Southern Economic Journal, 1997, 64 (2): 468-485.

[90] Stegarescu D. The Effects of Economic and Political Integration on Fiscal Decentralization: Evidence from OECD Countries [J]. Canadian Journal of Economics, 2009 (2): 694-718.

[91] Stigler G J. Selections from the Wealth of Nations [M]. New York: Harlan

Davidson, Inc. , 1957: 116.

[92] Tiebout C M. A Pure Theory of Local Expenditures [J] . Journal of Political Economy, 1956, 64 (5): 416-424.

[93] Tresch R W. Public Finance [M] . London: Academic Press, Inc. , 1981.

[94] Tsui K Y. Local Tax System, Intergovernmental Transfers and China's Local Fiscal Disparities [J] . Journal of Comparative Economic, 2005 (1): 173-196.

[95] Turley M, Sayce S. Energy Performance Certificates in the Context of Sustainability and the Impact on Valuations [J] . Journal of Property Investment & Finance, 2015 (8): 446-455.

[96] Walsh F. Public Relations & the Law [J] . Public Relations, 1988 (12): 76-92.

[97] Warner M E, Aldag A M, Kim Y. Pragmatic Municipalism: U. S. Local Government Responses to Fiscal Stress [J] . Public Administration Review, 2020 (5): 457-499.

[98] Watson D J, Handley D M, Hassett W L. Financial Distress and Municipal Bankruptcy: The Case of Prichard, Alabama [J] . Journal of Public Budgeting, 2005 (3): 129-150.

[99] Weingast B R. Second Generation Fiscal Federalism: The Implications of Fiscal Incentives [J] . Journal of Urban Economics, 2009 (3): 279-293.

[100] Weingast B R. The Economic Role of Political Institutions: Market Preserving Federalism and Economic Development [J] . Journal of Law, Economics, and Organization, 1995, 11 (1): 1-31.

[101] Wheare K C. Federal Government [M] . London: Oxford University Press, 1964: 47-51.

[102] Wildasin D E. Review of Tax Policy and Planning in Developing Countries [J] . Journal of Development Economics, 1997 (1): 219-227.

[103] Willoughby K G, Melkers J E. Implementing PBB: Conflicting Views of Success [J] . Public Budgeting & Finance, 2000, 20 (1): 105-120.

[104] Wuthnow R. Acts of Compassion [M]. Princeton: Princeton University Press, 1993.

[105] Zafra-Gomez J L, Rodriguez Bolivar M P, Munoz L A. Contrasting New Public Management (NPM) Versus Post-NPM Through Financial Performance: A Cross-Sectional Analysis of Spanish Local Governments [J]. Administration & Society, 2013 (8): 710-747.

[106] Zhao Z J, Hou Y. Local Option Sales Taxes and Fiscal Disparity: The Case of Georgia Counties [J]. Public Budgeting & Finance, 2003, 34 (7): 172-217.

[107] Zheng X B. Fiscal Decentralization and Political Centralization in China: Implications for Growth and Inequality [J]. Journal of Comparative Economies, 2006 (4): 713-726.

[108] 白景明, 朱长才, 叶翠青等. 建立事权与支出责任相适应财税制度操作层面研究 [J]. 经济研究参考, 2015 (43): 3-91.

[109] 白彦锋, 贾思宇. 财政分权对区域创新能力的影响——基于土地财政中介效应的实证研究 [J]. 财政监督, 2019 (12): 27-34.

[110] 白彦锋, 姜哲. 我国财政动态平衡问题研究 [J]. 中央财经大学学报, 2019 (1): 15-22.

[111] 保罗·萨缪尔森, 威廉·诺德豪斯. 经济学 [M]. 萧琛译. 北京: 商务印书馆, 2013.

[112] 曹光宇, 刘晨冉, 周黎安, 刘畅. 财政压力与地方政府融资平台的兴起 [J]. 金融研究, 2020 (5): 59-76.

[113] 车维汉. 由财政压力引起的制度变迁——明治维新的另一种诠释 [J]. 中国社会科学院研究生院学报, 2008 (3): 72-79.

[114] 陈绍俭. 财政压力、晋升竞争与地方政府投资 [J]. 甘肃社会科学, 2017 (4): 233-237.

[115] 陈思霞, 许文立, 张领祎. 财政压力与地方经济增长——来自中国所得税分享改革的政策实验 [J]. 财贸经济, 2017 (4): 37-53.

[116] 陈晓光. 财政压力、税收征管与地区不平等 [J]. 中国社会科学,

2016（4）：53-70，206.

[117] 陈雪峰. 化解财政压力 ［J］. 新理财，2017（1）：54.

[118] 陈振明. 公共管理学：一种不同于传统行政学的研究路径 ［M］. 北京：中国人民大学出版社，2003：213.

[119] 崔运武. 论我国省以下财政事权与支出责任划分改革的若干问题 ［J］. 上海行政学院学报，2019（2）：4-13.

[120] 大卫·休谟. 人性论 ［M］. 关文运译. 北京：商务印书馆，2016.

[121] 邓子基. 财政平衡观与积极财政政策的可持续性 ［J］. 当代财经，2001（11）：22-25+80.

[122] 董礼胜. 欧盟成员国中央与地方关系比较研究 ［M］. 北京：中国政法大学出版社，2000：129-131.

[123] 董毅. 澳大利亚地方政府性债务管理经验及启示 ［N］. 金融时报，2013-07-15.

[124] 窦树华. 全国人民代表大会年鉴2014 ［M］. 北京：中国民主法制出版社，2015：49.

[125] 段迎君，傅帅雄. 财政分权、晋升激励与农村脱贫 ［J］. 中国软科学，2020（2）：73-81.

[126] 付文林，沈坤荣. 均等化转移支付与地方财政支出结构 ［J］. 经济研究，2012（5）：45-57.

[127] 傅勇. 财政分权、政府治理与非经济性公共品供给 ［J］. 经济研究，2010（8）：49-61.

[128] 高正斌，张开志，倪志良. 财政压力、税收征管与企业税收负担 ［J］. 现代经济探讨，2019（4）：37-47.

[129] 古志辉，蔡方. 中国1978~2002年的财政压力与经济转轨：理论与实证 ［J］. 管理世界，2005（7）：5-15.

[130] 管永昊，刘林林，贺伊琦. 复杂适应系统视角下我国县级财政能力建设——一个探索性研究 ［J］. 财贸研究，2017（2）：64-70.

[131] 管治华，蒋长流. 新型城镇化建设中县级财政保障压力与缓解对策

［J］．财政研究，2015（7）：28-33.

［132］郭丹，程小青，李彬源．左传［M］．北京：中华书局，2016.

［133］韩俊．中国农村改革2002-2012：促进三农发展的制度创新［M］．上海：上海远东出版社，2012：117.

［134］何帆．传统计划体制的起源、演进和衰落［J］．经济学家，1998（2）：25-30.

［135］何帆．为市场经济立宪——当代中国的财政问题［M］．北京：今日中国出版社，1998.

［136］何显明．浙江地方政府创新实践的生成机制与演进逻辑［J］．中共宁波市委党校学报，2008（30）：15-22.

［137］洪洋．县级财政困难成因及对策：一个文献综述［J］．地方财政研究，2019（4）：78-83.

［138］洪源，张玉灶，王群群．财政压力、转移支付与地方政府债务风险——基于央地财政关系的视角［J］．中国软科学，2018（9）：173-184.

［139］侯林岐，张杰．多维政绩考核、地方政府竞争与城市生产效率损失［J］．现代经济探讨，2020（1）：19-28.

［140］侯星宇，张霄霖．中国分税制改革视角下地方财政与房价的相关性实证研究［J］．现代商业，2014（9）：126.

［141］胡平生，张萌．礼记［M］．北京：中华书局，2017.

［142］胡胜，陈小林，蔡报纯．地方政府债务风险的博弈论分析及优化治理研究［J］．中国软科学，2017（8）：82-90.

［143］华莱士·E.奥茨．财政联邦主义［M］．陆符嘉译．上海：译林出版社，2012.

［144］黄仁宇．十六世纪明代中国之财政与税收［M］．上海：三联书店，2001：26-39.

［145］吉富星，鲍曙光．中国式财政分权、转移支付体系与基本公共服务均等化［J］．中国软科学，2019（12）：170-177.

［146］贾俊雪，郭庆旺，宁静．财政分权、政府治理结构与县级财政解困

［J］．管理世界，2011（1）：31-39.

［147］贾康，白景明．县乡财政解困与财政体制创新［J］．财税与会计，2002（5）：9-13.

［148］卡尔·波兰尼．大转型：我们时代的政治与经济起源［M］．杭州：浙江人民出版社，2007：5.

［149］卡尔·冯·克劳塞维茨．战争论［M］．盛峰峻译．武汉：武汉大学出版社，2014.

［150］科斯，阿尔钦，诺斯．财产权利与制度变迁：产权学派与新制度学派［M］．上海：上海人民出版社，1994.

［151］肯尼思·J．阿罗．社会选择与个人价值［M］．丁建峰译．上海：格致出版社，2020.

［152］李长青，禄雪焕，逯建．地方政府竞争压力对地区生产效率损失的影响［J］．中国软科学，2018（12）：87-94.

［153］李成威，杜崇珊．公共风险、公共债务与财政健康度［J］．现代经济探讨，2021（3）：43-49.

［154］李春根，舒成．税收公平与税收遵从［J］．税务研究，2015（12）：120-121.

［155］李建军，王鑫．地方财政可持续性评估——兼论税收分权能否提升地方财政可持续性［J］．当代财经，2018（12）：37-47.

［156］李佩珈，陈巍．巴西地方政府债务管理的主要经验及借鉴［J］．国际金融，2015（2）：25-29.

［157］李森，赵子坤．论深化财政体制研究需协调好的几个关系［J］．行政事业资产与财务，2013（1）：13-16.

［158］李山，轩新丽．管子［M］．北京：中华书局，2019.

［159］李文，王佳．地方财政压力对企业税负的影响——基于多层线性模型的分析［J］．财贸研究，2020（5）：52-65.

［160］李一花，韩芳．地方政府间税收竞争、财政压力与非税收入研究［J］．公共财政研究，2018（4）：56-72.

［161］李一花．县级财政转移支付制度的均等化效果分析［J］．当代经济研究，2015（2）：80-86.

［162］李勇坚，夏杰长，胡东兰．财政压力对深化改革的影响研究——基于1990年代服务业改革的经验与教训［J］．财政研究，2018（2）：26-36.

［163］廖朴，殷文倩．地方政府运用保险资金缓解财政压力研究——以北京市为例［J］．地方财政研究，2015（10）：76-83.

［164］刘建民，梁合昌，吴金光．地方财政压力与政府非税收入——基于营改增后增值税收入划分调整的视角［J］．税务研究，2022（1）：106-112.

［165］刘明中．中央财政"三奖一补"办法出炉［N］．中国财经报，2005-05-25.

［166］刘穷志，苗高杰．精简乡镇行政机构有助于县级财政解困吗？——来自河南省"撤乡并镇"改革的准自然实验证据［J］．经济社会体制比较，2019（4）：107-117.

［167］刘仁伍．宏观审慎管理：框架、机制与政策［M］．北京：社会科学文献出版社，2012：49.

［168］刘尚希，石英华，武靖州．公共风险视角下中央与地方财政事权划分研究［J］．改革，2018（8）：15-24.

［169］刘尚希．当前省直管县改革存在的误区［J］．中国党政干部论坛，2014（7）：12-15.

［170］刘尚希．论非税收入的几个基本理论问题［J］．湖南财经学院学报，2013（6）：129-130.

［171］刘尚希等．2017年地方财政经济运行调研总报告［R］．北京：中国财政科学研究院课题组，2017.

［172］刘守刚．国家的生产性与公共产品理论的兴起——一个思想史的回溯［J］．税收经济研究，2019（3）：85-95.

［173］刘天旭．财政压力、政府行为与社会秩序［M］．北京：知识产权出版社，2010：131.

［174］刘西友．地方政府性债务风险分析及管理机制创新研究［M］．兰

州：兰州大学出版社，2014：179-182，275.

[175] 吕冰洋，李钊．疫情冲击下财政可持续性与财政应对研究［J］．财贸经济，2020，41（6）：5-18.

[176] 吕冰洋，台航．国家能力与政府间财政关系［J］．政治学研究，2019（3）：94-107.

[177] 吕风勇．全国县域金融发展现状及影响因素——基于城市市辖区和市辖县比较的视角［J］．银行家，2021（11）：57-59.

[178] 罗必良．分税制、财政压力与政府"土地财政"偏好［J］．学术研究，2010（10）：27-35.

[179] 罗森，盖亚．财政学［M］．郭庆旺译．北京：中国人民大学出版社，2015.

[180] 马九杰，亓浩，吴本健．农村金融机构市场化对金融支农的影响：抑制还是促进？——来自农信社改制农商行的证据［J］．中国农村经济，2020（11）：79-96.

[181] 马克思，恩格斯．马克思恩格斯全集（第一卷）［M］．中共中央马克思恩格斯列宁斯大林著作编译局编译．北京：人民出版社，1956：31.

[182] 马克斯·韦伯．经济与社会（上）［M］．北京：商务印书馆，1998：239.

[183] 马戎，刘世定，邱泽奇．中国乡镇组织变迁研究［M］．北京：北京大学出版社，2000.

[184] 马戎，刘世定．中国乡镇组织变迁研究［M］．北京：华夏出版社，2000：27.

[185] 马万里．中国地方政府隐性债务扩张的行为逻辑——兼论规范地方政府举债行为的路径转换与对策建议［J］．财政研究，2019（8）：60-71.

[186] 马兹晖．中国地方财政收入与支出［J］．管理世界，2008（3）：41-42.

[187] 曼瑟·奥尔森．集体行动的逻辑——公共物品与集团理论［M］．陈郁，郭宇峰，李崇新译．北京：中国人民大学出版社，2020.

［188］毛晖，陈志勇，雷莹．美国地方政府债务危机管理经验及启示［J］．地方财政研究，2015（1）：87-90.

［189］毛捷，韩瑞雪，徐军伟．财政压力与地方政府债务扩张——基于北京市全口径政府债务数据的准自然实验分析［J］．经济社会体制比较，2020（1）：22-33.

［190］毛捷，吕冰洋，陈佩霞．分税的事实：度量中国县级财政分权的数据基础［J］．经济学（季刊），2018（1）：499-526.

［191］倪红日．改革开放以来中央与地方财政关系的演进与展望［J］．经济纵横，2018（6）：31-38.

［192］宁静，赵旭杰．纵向财政关系改革与基层政府财力保障：准自然实验分析［J］．财贸经济，2019（1）：53-69.

［193］庞明礼，薛金刚．行政问责的困境与出路：基于双外部性的分析视角［J］．学习与实践，2017（6）：7.

［194］亓寿伟，毛晖，张吉东．财政压力、经济刺激与以地引资——基于工业用地微观数据的经验证据［J］．财贸经济，2020（4）：20-34.

［195］钱先航，曹廷求，李维安．晋升压力、官员任期与城市商业银行的贷款行为［J］．经济研究，2011（12）：72-85.

［196］钱颖一．激励理论与中国的金融改革［J］．金融博览，1997（2）：24-25.

［197］秦士坤．中国城市财政压力现状与风险识别——基于新口径的测算［J］．中央财经大学学报，2020（10）：10-25.

［198］权飞过，王晓芳．财政分权、金融结构与企业创新［J］．财经论丛，2020（1）：22-32.

［199］任克强．政绩跑步机：关于环境问题的一个解释框架［J］．南京社会科学，2017（6）：84-90.

［200］申珍妮．财政压力与地方政府税收努力——基于省级数据的经验研究［J］．税务研究，2018（10）：108-114.

［201］石磊，王奎泉，朱悦．央地关系、转移支付与保基层运转［J］．财

经论丛，2022（1）：36-45.

[202] 司马迁．史记［M］．郑红峰译．北京：光明日报出版社，2014.

[203] 斯蒂芬·贝利．地方政府经济学：理论与实践［M］．左昌盛，周雪莲，常志霄译．北京：北京大学出版社，2006：133-136.

[204] 孙开，王冰．政府间普通教育事权与支出责任划分研究——以提供公平而有质量的教育为视角［J］．财经问题研究，2018（8）：73-81.

[205] 孙开，张磊．分权程度省际差异、财政压力与基本公共服务支出偏向——以地方政府间权责安排为视角［J］．财贸经济，2019（8）：18-32.

[206] 孙开，张磊．政府竞争、财政压力及其调节作用研究——以地方政府财政支出偏向为视角［J］．经济理论与经济管理，2020（5）：22-34.

[207] 孙开．财政体制改革问题研究［M］．北京：经济科学出版社，2004.

[208] 谭融，刘萍．论财政压力下的乡镇政府改革——以广西 NK 镇为例［J］．天津师范大学学报（社会科学版），2007（6）：22-28.

[209] 陶勇．中国县级财政压力研究［M］．上海：复旦大学出版社，2014.

[210] 汪冲．渐进预算与机会主义——转移支付分配模式的实证研究［J］．管理世界，2015（1）：18-29.

[211] 汪德华．如何认识审计工作报告揭示的地方政府债务问题［J］．中国财政，2018（4）：42-43.

[212] 王立国，梁明月．地方政府行政成本控制合理化探讨［J］．理论探索，2014（5）：71-76.

[213] 王乔．新冠肺炎疫情下我国财政风险防范及建议［J］．税务研究，2020（6）：5-9.

[214] 王术华．财政压力、政府支出竞争与地方政府债务——基于空间计量模型的分析［J］．经济与管理评论，2017（5）：74-82.

[215] 王雅莉，朱金鹤．地方政府间多维竞争对城市污染的影响研究［J］．现代经济探讨，2020（4）：48-58.

[216] 吴俊培．分税制财政管理体制下税收问题研究［J］．税务研究，

2019（9）：5-10.

[217] 吴俊培. 论中央和地方的财政关系 [J]. 经济研究, 1994（4）：39-45.

[218] 吴敏, 周黎安. 财政压力的多层级传递与应对——基于取消农业税改革的研究 [J]. 世界经济文汇, 2020（1）：41-59.

[219] 武靖州. 公共风险视角下财政政策目标重构与转型研究 [J]. 财政研究, 2020（11）：33-42.

[220] 武普照, 孙超, 赵宝廷. 地方政府财政压力、官员晋升激励与土地财政行为：理论分析与实证检验 [J]. 现代财经（天津财经大学学报）, 2019（10）：95-113.

[221] 席鹏辉, 梁若冰, 谢贞发, 苏国灿. 财政压力、产能过剩与供给侧改革 [J]. 经济研究, 2017（9）：86-102.

[222] 谢旭人. 国务院关于县级基本财力保障机制运行情况的报告 [R]. 中华人民共和国全国人民代表大会常务委员会公报, 2012.

[223] 谢贞发. 基本公共服务均等化建设中的财政体制改革研究：综述与展望 [J]. 南京社会科学, 2019（5）：27-33.

[224] 邢春政. 政府行政成本对经济增长的影响研究 [J]. 通化师范学院学报, 2021（1）：108-113.

[225] 徐正英, 常佩雨. 周礼 [M]. 北京：中华书局, 2014.

[226] 亚当·斯密. 国富论 [M]. 文竹译. 北京：中国华侨出版社, 2019.

[227] 阎坤. 中国县乡财政困境分析与对策研究 [J]. 华中师范大学学报（人文社会科学版）, 2007, 46（2）：2-9.

[228] 杨灿明. 基层财政管理体制改革研究 [J]. 当代财经, 2006（4）：23-28.

[229] 杨光凯. 贵州省县级财政困境与出路 [J]. 地方财政研究, 2019（4）：71-77.

[230] 杨华. 日本地方政府债务管理及近年来的改革动向 [J]. 首都经济贸易大学学报, 2011（4）：13-17.

［231］杨龙见，尹恒．县级政府财力与支出责任：来自财政层级的视角［J］．金融研究，2015（4）：82-98．

［232］叶坦．大变法：宋神宗与十一世纪的改革运动［M］．上海：三联书店，1996：3-7．

［233］余锦亮，卢洪友，朱耘婵．人口增长、生产效率与地方政府财政支出规模——理论及来自中国地级市的经验证据［J］．财政研究，2018（10）：42-54．

［234］余亮．我国央地政府间财政事权划分的理论分析［J］．经济研究导刊，2019（4）：109-111，117．

［235］余英，李晨．流动人口市民化的财政压力效应——基于28个核心城市面板数据的分析［J］．商业研究，2018（8）：161-166．

［236］余英．城市融资、财政压力与制度变迁——基于文献研究的视角［J］．湖南城市学院学报，2015，36（5）：12-18．

［237］余英．中心城市财政压力及其缓解——基于美国学术文献的考察［J］．徐州工程学院学报（社会科学版），2016，31（5）：55-62．

［238］约翰·希克斯．经济史理论［M］．厉以平译．北京：商务印书馆，1987．

［239］约瑟夫·熊彼特．经济分析史（第一卷—第三卷）［M］．朱泱等译．北京：商务印书馆，1996．

［240］岳红举，王雪蕊．中央与地方政府间事权与支出责任划分的制度化路径［J］．财经科学，2019（7）：54-66．

［241］詹姆斯·M.布坎南，戈登·塔洛克．同意的计算——立宪民主的逻辑基础［M］．陈光金译．北京：中国社会科学出版社，2000．

［242］詹姆斯·M.布坎南．公共物品的需求与供给［M］．马珺译．上海：上海人民出版社，2017．

［243］詹姆斯·M.布坎南．民主财政论：财政制度与个体选择［M］．北京：中国人民大学出版社，2020．

［244］张彩云，苏丹妮，卢玲等．政绩考核与环境治理——基于地方政府间

策略互动的视角 [J]．财经研究，2018 (5)：4-22.

[245] 张富泉，周良荣，夏新斌．分税制支出端改革与财政转移支付均衡指数研究 [J]．中国软科学，2019 (10)：173-183.

[246] 张季风．日本财政困境解析 [J]．日本学刊，2016 (2)：69-90.

[247] 张克中，张文涛，万欣．税收分享与财政失衡：中国增值税分享制度的重构 [J]．财贸经济，2021 (3)：44-58.

[248] 张路，龚刚．房地产周期、地方政府财政压力与融资平台购地 [J]．财经研究，2020 (6)：4-18.

[249] 张五常．陆家嘴 VS 华尔街 VS 香港中环 [J]．中国市场，2009 (24)：7.

[250] 张馨．财政公共化变革：新公共管理的启迪 [J]．财政研究，2007 (4)：2-7.

[251] 张亚红，刘佳．陕西省直管县财政体制改革的政策效应研究——基于县级面板数据的实证分析 [J]．华东经济管理，2018 (5)：70-75.

[252] 张晏，龚六堂．分税制改革、财政分权与中国经济增长 [J]．经济学，2005 (1)：75-108.

[253] 张原，吴斌珍．财政分权及财政压力冲击下的地方政府收支行为 [J]．清华大学学报（自然科学版），2019 (11)：940-952.

[254] 张曾莲，严秋斯．土地财政、预算软约束与地方政府债务规模 [J]．中国土地科学，2018 (5)：45-53.

[255] 张志敏，何爱平，赵菡．生态文明建设中的利益悖论及其破解：基于政治经济学的视角 [J]．经济学家，2014 (7)：66-72.

[256] 赵全厚，高娃，匡萍．地方政府债务应纳入资本预算——美国地方政府债务资本项目融资管理的启示 [J]．地方财政研究，2016 (3)：39-44.

[257] 赵全厚．我国财税体制改革演进轨迹及其阶段性特征 [J]．改革，2018 (4)：29-38.

[258] 赵英兰，李勇．县乡财政问题研究 [M]．济南：山东人民出版社，2014.

［259］郑骏川．地方政府财政压力、土地出让收益与房地产价格——来自中国35城市面板数据的证据［J］．宏观经济研究，2020（2）：63-74.

［260］中国财政科学研究院2017年"地方财政经济运行"东部调研组．我国东部地区财经运行状况、风险及建议［J］．财政科学，2018（1）：28-41.

［261］中国财政科学研究院2017年"地方财政经济运行"西部调研组．公共风险视角下的财政事权与支出责任划分——基于贵州、陕西的调研报告［J］．财政科学，2018（3）：5-16.

［262］中国社会科学院财经战略研究院县域经济课题组．关注县级地方政府债务状况［N］．社会科学报，2019-03-01（2）．

［263］钟晓敏．公共财政之路浙江的实践与探索［M］．杭州：浙江大学出版社，2008.

［264］周黎安，陈祎．县级财政负担与地方公共服务：农村税费改革的影响［J］．经济学（季刊），2015（1）：417-434.

［265］周黎安．中国地方官员的晋升锦标赛模式研究［J］．经济研究，2007（7）：36-50.

［266］周潇枭．审计署：中国PPP基金近九成资金闲置　地方违法违规举债减少［N］．21世纪经济报道，2018-06-22.

［267］周雪光．"逆向软预算约束"：一个政府行为的组织分析［J］．中国社会科学，2005（2）：132-143.

［268］周娅，张志华，尹李峰．新西兰的地方政府债务管理［J］．中国财政，2008（6）：66-68.

［269］朱军，寇方超，宋成校．中国城市财政压力的实证评估与空间分布特征［J］．财贸经济，2019（12）：20-34.

后 记

回首读博期间的分分秒秒，回顾论文选题、写作、求教的点点滴滴，此时此刻仍心潮澎湃、感慨万千，感激之情更是溢满心间。

首先要感谢我的博士生导师解学智教授。2014年秋天，我有幸成为解老师的学生。回想起与解老师的第一次见面，当时内心忐忑不安，然而恩师平易近人、儒雅敦厚的大师风范，让我很快放松下来。其后在读书研讨会、论文撰写过程中，恩师渊博精深的理论素养、严谨开明的治学态度给我留下深刻的印象，这将使我在做人治学方面受益终身。尽管解老师日常事务很多、工作繁忙，但他依然从论文选题、内容构思等各方面给出建议，并尽可能地在社会调研和数据搜集等最困难的工作上给予我帮助，让我的写作更为顺畅。谨此，我对恩师致以最崇高的敬意和衷心感谢！

特别感谢邢丽老师给予我的意见与帮助，一条条详细的修改意见与批注、一次次耐心的指导，为我的写作之路点亮了指引的明灯。

最后要感谢所有给予我帮助的老师、朋友、同事和同学。感谢吕冰洋老师、白彦锋老师、李成威老师、王志刚老师、赵全厚老师等给予我的指导和提出的宝贵意见。感谢好闺蜜山东财经大学的刘蕾教授毫无保留的帮助，每次电话里的畅聊都让我倍感鼓励与信心。感谢聊城大学商学院的各位同事们，是你们在日常教学中的包容、鼓励和督促，给了我更多的时间去读书、去思考。感谢那么多曾经一起互相鼓励、并肩作战的同学们，宋韶君、王燕、高娃、王玫、燕晓春……你们的陪伴使我的学术研究之路并不孤单！

更要感谢我的家人们。感谢妈妈和婆婆帮我照顾女儿，使我专心研究没有后顾之忧；感谢爱人李庆臣给予我的默默支持和照顾、理解和宽容；还有我最爱的女儿李奕萱，你一直是我奋斗的最大动力！

最后要感谢早逾不惑的自己，感谢自己能够坚持下来，还有不断奋斗的勇气。

匡　萍